U0666933

河南人口发展研究报告
（2020）

REPORT ON POPULATION DEVELOPMENT IN HENAN （2020）

主 编／何 雄 谷建全

副主编／郭 玮 张车伟 杜本峰 陈东辉

REPORT ON POPULATION
DEVELOPMENT IN HENAN
(2020)

经济管理出版社
ECONOMY & MANAGEMENT PUBLISHING HOUSE

图书在版编目（CIP）数据

河南人口发展研究报告.2020/何雄，谷建全主编.—北京：经济管理出版社，2021.4
ISBN 978－7－5096－7897－8

Ⅰ.①河…　Ⅱ.①何…②谷…　Ⅲ.①人口—研究报告—河南—2020　Ⅳ.①C924.24

中国版本图书馆 CIP 数据核字（2021）第 056929 号

组稿编辑：申桂萍
责任编辑：申桂萍　谢　妙
责任印制：张莉琼
责任校对：王淑卿

出版发行：经济管理出版社
　　　　　（北京市海淀区北蜂窝 8 号中雅大厦 A 座 11 层　100038）
网　　　址：www.E－mp.com.cn
电　　　话：（010）51915602
印　　　刷：唐山昊达印刷有限公司
经　　　销：新华书店
开　　　本：720mm×1000mm/16
印　　　张：18.25
字　　　数：348 千字
版　　　次：2021 年 4 月第 1 版　　2021 年 4 月第 1 次印刷
书　　　号：ISBN 978－7－5096－7897－8
定　　　价：88.00 元

编委会

前　言

　　本书由河南省发展和改革委员会委托河南省人口发展研究课题组主持编撰，全书分三个部分：总报告、分报告和专题报告。本书根据河南省政府、统计局、民政厅等相关部门发布的数据和资料，结合作者们的深入调查和研究，系统梳理了近年来尤其是 2019 年河南人口发展的现状、趋势和问题，对在城乡社会治理、人口老龄化挑战下河南人口发展面临的热点、难点及焦点问题进行了深入研究，并给出了对策建议。

　　总报告由河南省人口发展研究课题组撰写，代表本书对河南人口发展评估与形势预测的基本观点。总报告指出，人口问题始终是一个国家或地区面对的基础性、全局性和战略性问题。当前，河南人口发展进入关键转折期，既面临诸多问题和潜在风险，又存在劳动力总量充裕、仍处于人口红利期等诸多有利条件，因此，统筹解决好人口问题有较大的回旋空间。总报告主要从五个方面对 2019 年度河南省人口发展评估相关问题进行了系统分析：第一，2019 年河南人口发展现状。2019 年河南人口规模保持温和增长，常住人口老龄化加剧，西北部城镇化率相对较高，豫东南成为人口输出主力军，整体就业稳定，居民寿命持续提高，人口素质不断提升。第二，河南人口发展面临的问题与挑战。主要包括出生人口性别比长期偏高，家庭户规模持续小型化，老龄化进程加速，劳动人口持续减少，城镇化水平落后，人口总体素质偏低，人口与环境矛盾凸显，等等。第三，河南人口发展指标比较分析。从四个维度来分析河南人口在全国的位次，分析表明，河南人口规模优势明显，人口结构较为优化，人口素质明显提高，人口分布相对不均衡。第四，2020 年河南人口发展趋势预测。从人口发展趋势的特征化事实和 HP 分解、人口发展趋势的测度与特征、人口发展态势和经济社会间的耦合协调度这三个方面对 2020 年河南人口发展进行了预测分析。第五，促进河南人口均衡协调发展的对策建议。重点是制定实施人口均衡型社会发展战略，构建人口均衡协调发展政策体系，推动人口内部均衡协调发展，促进人口发展与外部环境动态均衡，完善人口均衡协调发展综合评价体系。

分报告和专题报告这两大板块，邀请了河南省内专家学者分别从不同视角对人口老龄化、城乡人口融合、卫生健康、养老产业、教育事业、社会保障、婴幼儿照护、农民工就业等河南人口发展中的重大事项进行了深入剖析，客观反映了近年来河南人口发展的基本状况、趋势以及面临的挑战和难题，提出了促进人口均衡协调发展、积极应对人口老龄化的"河南方案"，展望了2020年河南人口发展的形势趋向。

编　者

目　录

I　总报告

1. 2019 年河南人口发展评估及 2020 年发展形势预测

河南省人口发展研究课题组*

摘　要：人口问题始终是一个国家或地区面对的基础性、全局性和战略性问题。当前，河南人口发展进入关键转折期，既面临诸多问题和潜在风险，又存在劳动力总量充裕、仍处于人口红利期等诸多有利条件，因此，统筹解决好人口问题有较大的回旋空间。总报告拟从五个方面对 2019 年度河南省人口发展评估相关问题进行了系统分析：第一，2019 年河南人口发展现状。2019 年河南人口规模保持温和增长，常住人口老龄化加剧，西北部城镇化率相对较高，豫东南成为人口输出主力军，整体就业稳定，居民寿命持续提高，人口素质不断提升。第二，河南人口发展面临的问题与挑战。主要包括出生人口性别比长期偏高，家庭户规模持续小型化，老龄化进程加速，劳动人口持续减少，城镇化水平落后，人口总体素质偏低，人口与环境矛盾凸显，等等。第三，河南人口发展指标比较分析。从四个维度来分析河南人口在全国的位次，分析表明，河南人口规模优势明显，人口结构较为优化，人口素质明显提高，人口分布相对不均衡。第四，2020 年河南人口发展趋势预测。从人口发展趋势的特征化事实和 HP 分解、人口发展趋势的测度与特征、人口发展态势和经济社会间的耦合协调度这三个方面对 2020 年河南人口发展进行了预测分析。第五，促进河南人口均衡协调发展的对策建议。重点是制定实施人口均衡型社会发展战略，构建人口均衡协调发展政策体系，推动人口内部均衡协调发展，促进人口发展与外部环境动态均衡，完善人口均衡协调发展综合评价体系。

关键词：河南省　人口发展　人口形势　协调发展

---

* 课题组负责人：谷建全，博士，河南省社会科学院院长，二级研究员。课题组成员：陈东辉，河南省社会科学院社会发展研究所研究员；杜明军，博士，河南省社会科学院经济研究所研究员；武文超，博士，河南省社会科学院经济研究所副研究员；冯庆林，河南省社会科学院社会发展研究所助理研究员；石涛，河南省社会科学院经济研究所助理研究员；李三辉，河南省社会科学院社会发展研究所助理研究员；刘林曦，河南大学新闻与传播学院 2020 级新闻与传播专业研究生。

人口问题始终是一个国家或地区面对的基础性、全局性和战略性问题。进入21世纪，我国人口发展的内在动力和外部条件发生了显著改变，出现了重要转折性变化，河南也不例外。当前，河南人口发展进入了关键性的转折时期，在存在诸多问题和风险挑战的同时，还具备劳动力总量充裕、仍处于人口红利期等诸多有利因素，统筹解决好人口发展问题具有较大的回旋空间。

2019年全省人口总量平稳增长，新型城镇化快速发展，全面放开"二孩"政策效应持续显现，出生婴儿性别比趋于正常，人口流动持续活跃。当前，从河南省常住人口结构来看，15~64岁人口占常住人口的比重为67.57%，也就是说河南仍处在人口红利的阶段。但是，受出生人口下降以及人口年龄结构的影响，加之劳动适龄人口到省外务工、经商、求学，预计老龄化将继续加重。开展2019年度河南省人口发展评估专题研究，有助于准确理解和把握河南省人口发展变化的趋势性特征，有助于提高人口研究对经济社会发展宏观决策的支撑作用，对于实现人口与经济社会及资源环境长期均衡可持续发展具有重大的理论价值和现实意义。课题组在深入调查研究的基础上，运用数据分析法，建立人口发展态势模型，全面分析河南省人口发展的基本趋势，以期对未来人口发展做出科学判断，并提出具有前瞻性、针对性的政策建议。

一、2019年河南人口发展现状

2019年，河南省户籍人口数量继续排在全国第一位，常住人口数量排在全国第三位，人口密度是全国水平的3.97倍。总的来看，河南省人口规模保持温和的增长态势，人口出生率明显回落，人口老龄化的趋势持续加剧；新型城镇化持续推进，中心城市人口规模快速发展，外出务工导致了大规模的人口流动。与此同时，全省就业水平保持稳定，居民收入稳步提升，居民寿命持续提高，人口文化素质不断改善，人口与经济社会实现同步发展。

（一）人口增长：人口规模保持温和增长，人口出生率明显回落

根据2019年河南省国民经济和社会发展统计公报显示，截至2019年末，河南省常住人口数量为9640万人，占全国总人口的6.9%，比2018年末增加了35万人。常住人口数量排在广东省和山东省之后，居全国第三位，其中，城镇常住人口5129万人，城镇化率为53.21%，比2018年末提高了1.5个百分点。河南省常住人口多年来一直保持增长趋势，但增长幅度明显低于户籍人口的增长幅

度。2010 年以来，河南省常住人口增长 235 万人，增幅为 2.5%，增幅排在我国内地 31 个省市区的第 28 位①，仅高于人口净流出的辽宁、吉林、黑龙江。

2019 年末，河南省年末总人口数量达到 10952 万人，比 2018 年末增加了 46 万人，年末总人口数量排在全国第 1 位（见图 1）。从年末总人口的增长情况来看，2019 年，河南省出生人口 120 万人，出生率为 11.02‰；死亡人口 75 万人，死亡率为 6.84‰；自然增长率为 4.18‰。由于河南省分别在 2014 年和 2016 年逐步放宽了"二孩"政策，所以河南省的人口出生率从 2014 年开始，经历了一个 4~5 年的小高峰，在 2016 年达到近年来最高的 13.26‰，并在 2018 年和 2019 年出现明显的回落。与此同时，2011 年以来，河南省每年的人口死亡率总体保持平稳，基本都维持在 6.6‰到 7.1‰的区间。因此，河南省的人口自然增长率的总体走势与人口出生率基本一致，在 2013 年到 2017 年经历了一个小高峰，并于 2018 年和 2019 年出现了下滑（见图 2）。

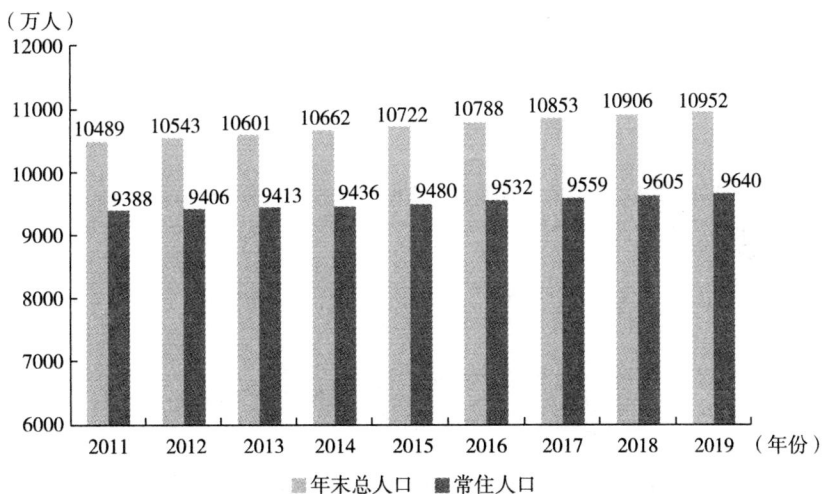

图 1 2011~2019 年末河南省总人口和常住人口数量

数据来源：历年《河南统计年鉴》。

从全国总体的人口发展趋势来看，2011 年起已经有部分地区陆续开始实施"单独二孩"政策，2013 年党的十八届三中全会决定在全国范围内实施"单独二孩"政策，随后，2015 年党的十八届五中全会决定实施全面放开"二孩"政策。

① 全国及各省、市、区 2010~2019 年主要人口数据来源于国家统计局国家数据网站：https://data.stats.gov.cn。

与此同时，我国第三个生育高峰（1985～1991 年）出生的人口逐步进入生育年龄。在此背景下，2012 年起，我国人口出生率逐步上升，达到12‰以上并保持到 2017 年。2018 年和 2019 年人口出生率出现明显下滑，分别为 10.94‰和10.48‰。我国的人口死亡率多年保持在 7.1‰左右，因此，全国的人口自然增长率也在 2018 年和 2019 年出现了明显的下滑（见图 3）。

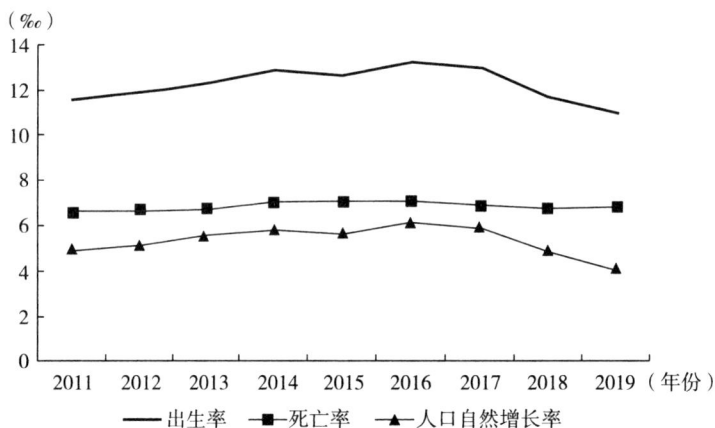

图 2　2011～2019 年河南省人口出生率、死亡率和自然增长率

数据来源：历年《河南统计年鉴》。

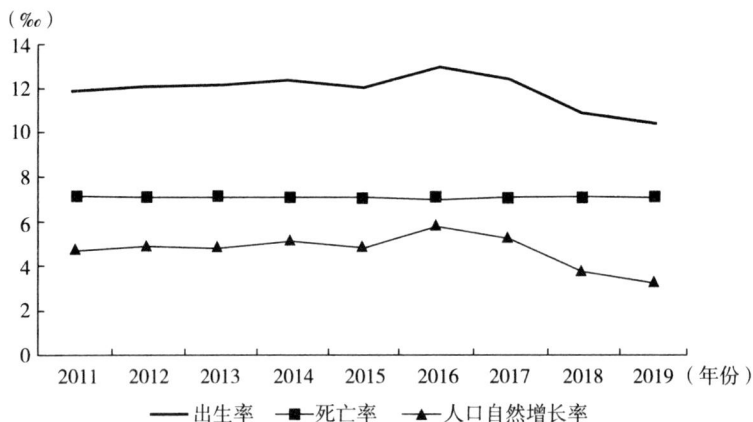

图 3　2011～2019 年中国人口出生率、死亡率和自然增长率

数据来源：历年《河南统计年鉴》。

通过对比可以看到，河南省和全国一样，在经历过放开"二孩"政策带来的生育"小高峰"以后，人口增长在 2018 年和 2019 年出现了下滑趋势。这与全面放开"二孩"政策边际效应减弱、育龄妇女明显减少、婚育年龄推迟、生育能力下降、经济社会因素对生育行为影响增大等因素有关。

（二）人口结构：新型城镇化持续推进，常住人口老龄化加剧

2019 年末，河南省常住人口城镇化率达到了 53.21%，相较于 2018 年上升了 1.5 个百分点。近年来，河南省城镇化始终保持着较快的发展速度，相较于 2011 年末的 40.57%，8 年间常住人口城镇化率提升了 12.64 个百分点（见图 4）。与此相对应，河南省城镇人口从 2011 年末的 3809 万人发展到 2019 年末的 5129 万人，增长了 1320 万人，城镇人口每年平均增长约 165 万人。城镇新增人口的快速增长，带来了河南省城市建设日新月异的变化。然而，从全国范围内来看，河南省城镇化发展还处于相对滞后的水平，与全国 60.60% 的常住人口城镇化率相比仍具有一定的差距。

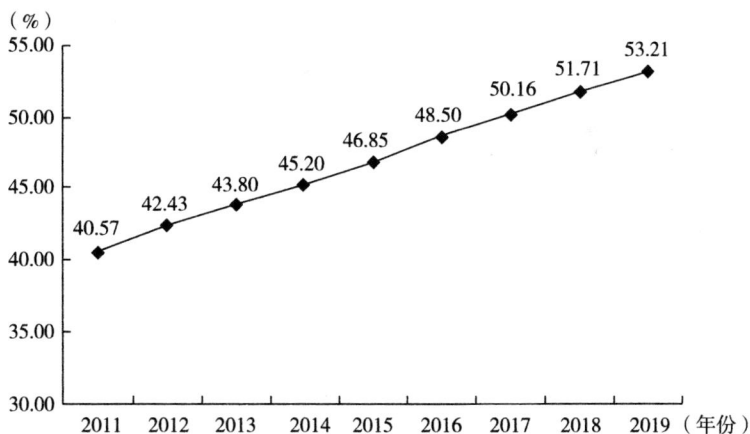

图 4　2011～2019 年河南省常住人口城镇化率

数据来源：历年《河南统计年鉴》。

近年来，河南省人口老龄化的趋势明显。2019 年末，河南省常住人口中，0～14 岁人口占总人口的比例为 21.27%，15～64 岁人口占总人口的比例为 67.57%，65 岁及以上人口占总人口的比例为 11.16%。从变化趋势来看，由于近年来生育政策调整的影响，人口出生率出现了"小高峰"，2010 年以来，河南省 0～14 岁人口占总人口的比例总体保持平稳并略有上升。15～64 岁人口占比则持续下降，从 2010 年的 70.64% 逐步下降到 2019 年的 67.57%。65 岁及以上人口占比则保持着明显的上升趋势，从 2010 年的 8.36% 逐年上升到 2019 年末的 11.16%，9 年间上升了 2.8 个百分点（见图 5）。近年来，随着新中国成立后第一个人口生育高峰（1951～1958 年）出生的人群进入老年，以及河南大量劳动适龄人口外出打工，加之人均预期寿命逐渐提高，使得河南省常住人口老龄化的趋势不断加深。可以预见，随着我国第二个生育高峰（1962～1976 年）出生的人口逐步开始进入老年，与此同时，外出务工和医疗健康条件改善的趋势很可能将继续保持，在未来一段时期内，河南人口老龄化的趋势将进一步加深，社会抚养负担将逐步加重。

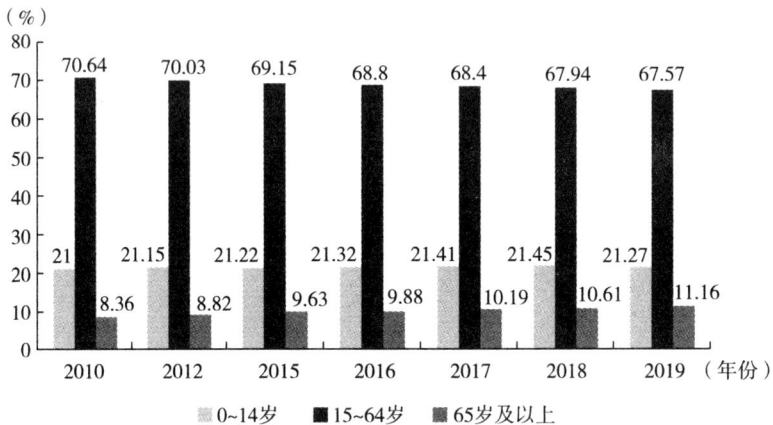

图 5　2010～2019 年河南省人口年龄结构

数据来源：历年《河南统计年鉴》。

从河南人口中的男女比例来看，2019 年末，在河南常住人口中，男性 4885 万人，占比为 50.68%；女性 4755 万人，占比为 49.32%（见图 6）。

（三）人口布局：中心城市快速发展，西北部城镇化率相对较高

2019 年末，河南省常住人口超过 1000 万人的城市共 2 个，即郑州和南阳；500 万到 1000 万人的城市共 8 个，即洛阳、平顶山、安阳、新乡、商丘、信阳、周口和驻马店；其余 8 个城市人口规模均在 500 万人以下。2019 年，河南省多数城市常住人口实现了增长，而常住人口负增长的城市仅有平顶山、信阳和周口。其中，常住人口增长最多的城市是郑州市，增长规模达到 21.6 万人，其余城市常住人口增长速度均明显低于郑州，而其中相对增长较快的洛阳、许昌也是河南省经济基础较好、转型升级较快的城市。由此可以看出，经济发展对于城市人口规模扩张有着重要影响（见表 1）。

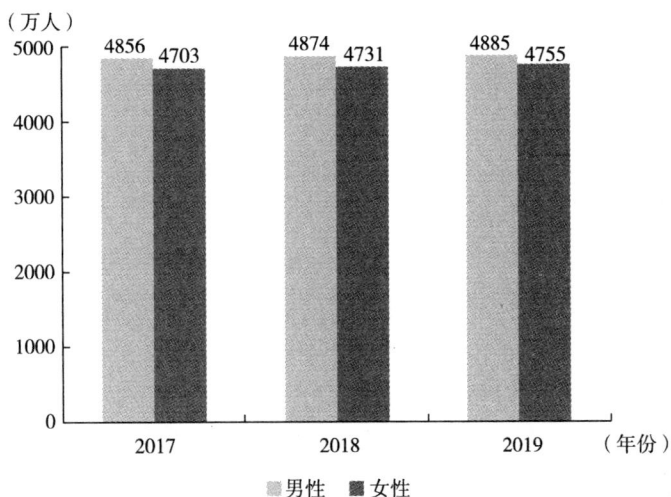

图6 2017～2019 年河南省常住人口中男女人口数量

数据来源：历年《河南统计年鉴》。

表1 2018～2019 年河南省辖市常住人口数量 单位：万人

地区	2018 年常住人口	2019 年常住人口	常住人口增长
郑州	1013.6	1035.2	21.6
开封	456.5	457.5	1.0
洛阳	688.8	692.2	3.4
平顶山	502.8	502.6	-0.2
安阳	517.6	519.2	1.6
鹤壁	162.7	163.2	0.5
新乡	579.4	581.4	2.0
焦作	359.1	359.7	0.6
濮阳	360.9	361.0	0.1
许昌	443.7	446.2	2.5
漯河	266.5	266.8	0.3
三门峡	227.3	227.7	0.3
南阳	1001.4	1003.6	2.2
商丘	732.5	733.4	0.9
信阳	647.4	646.4	-1.0
周口	867.8	866.2	-1.6

地区	2018 年常住人口	2019 年常住人口	常住人口增长
驻马店	703.7	704.6	0.9
济源	73.3	73.4	0.1

数据来源：2018 年数据来源于《河南省统计年鉴 2019》，2019 年数据来源于河南省 18 个省辖市的《国民经济与社会发展统计公报》。

从河南常住人口的区域分布来看，郑州和洛阳两个中心城市表现出常住人口规模和城镇化率双高的特点，尤其是郑州市，无论是常住人口数量还是城镇化率均排在河南省第一位。相对而言，西部和北部区域城市的常住人口规模不大，但城镇化率较高；东部和南部区域的南阳、商丘、周口、驻马店、信阳等传统农区城市常住人口规模较大，但城镇化率不高。

（四）人口流动：人口输出规模较大，豫东南成为人口输出主力军

2019 年末，河南省户籍人口 10952 万人，常住人口 9640 万人，可以看出，河南是一个人口净流出的大省，人口净流出 1312 万人。据统计，2019 年末河南省农村劳动力转移就业总量 3040.89 万人，其中，省内转移 1826.01 万人，省外输出 1214.88 万人[①]。由此可以看出，外出务工是河南人口流动的主要因素。

从城市的层面来看，郑州市人口净流入 153.6 万人，济源市人口净流入 1.6 万人，而其余 16 个城市都处于人口净流出的状态。其中，人口净流出规模较大的是处于豫东、豫南的周口、信阳、驻马店、南阳、商丘等城市，净流出人口规模分别为 300 万人、241.5 万人、218.2 万人、198.3 万人和 197 万人，总计达到 1155 万人，占全省人口净流出规模的 88% 以上。这些城市处在传统农区，外出务工人员相对较多。

表2　2019 年末河南省及其地市户籍人口和常住人口数量　单位：万人

地区	户籍人口	常住人口	人口净流出
全省	10952	9640	1312
郑州	881.6	1035.2	−153.6
开封	527.8	457.5	70.3
洛阳	717.0	692.2	24.8
平顶山	555.2	502.6	52.6

---

① 数据来源：《2019 年河南省国民经济和社会发展统计公报》。

地区	户籍人口	常住人口	人口净流出
安阳	594.8	519.2	75.6
鹤壁	166.5	163.2	3.3
新乡	619.8	581.4	38.4
焦作	377.9	359.7	18.2
濮阳	400.9	361.0	39.9
许昌	500.5	446.2	54.3
漯河	285.3	266.8	18.5
三门峡	230.9	227.7	3.2
南阳	1201.9	1003.6	198.3
商丘	930.4	733.4	197.0
信阳	887.9	646.4	241.5
周口	1166.2	866.2	300.0
驻马店	922.8	704.6	218.2
济源	71.8	73.4	-1.6

数据来源：河南 18 个省辖市的《国民经济与社会发展统计公报》，为初步统计数。

(五) 人民生活：就业大局保持稳定，居民收入稳步提升①

2019 年，河南省城镇新增就业 138.3 万人，失业人员实现再就业 36.08 万人，就业困难人员实现就业 12.84 万人，年末城镇登记失业率为 3.17%。全年新增农村劳动力转移就业 45.8 万人，新增外出务工人员返乡下乡创业 25.7 万人。

2019 年，河南省居民人均可支配收入 23902.68 元，比上年增长 8.8%；居民人均消费支出 16331.79 元，增长 7.7%。按城乡划分，城镇居民人均可支配收入 34200.97 元，人均消费支出 21971.57 元；农村居民人均可支配收入 15163.75 元，人均消费支出 11545.99 元。

2019 年，河南省婚姻登记 763893 对，比 2018 年减少 45099 对；离婚登记 312488 对，比 2018 年减少 13978 对。

2019 年，河南 68.7 万农村贫困人口实现脱贫，全年全省为 226 万名 80 岁以上老人发放高龄津贴。发放城市居民最低生活保障金 16.85 亿元，共保障城市低

---

① 就业、居民收入和社会保障数据来源于《2019 年河南省国民经济和社会发展统计公报》，婚姻登记数据来源于民政部网站（http://www.mca.gov.cn）。

保人员 44.07 万人。发放农村最低生活保障金 57.54 亿元，共保障农村低保人员 272.60 万人。医保范围内住院医疗费用平均报销比例稳定在 75% 左右。

（六）人口素质：居民寿命持续提高，人口文化素质不断改善

截至 2018 年底，河南省人口平均预期寿命超过 76 岁，相比 2010 年人口普查数据的 74.57 岁有进一步提高[①]。2018 年，全省婴儿死亡率为 3.76‰，孕产妇死亡率不足万分之 1.1，卡介苗接种率达到 99.3%，脊髓灰质炎疫苗、麻疹疫苗和乙肝疫苗接种率均超过 98%[②]。2019 年，河南省居民健康素养达到 19.11%[③]。

2019 年，河南省教育事业稳步发展，高等教育、职业教育和中小学在校生规模均实现增长[④]。其中，普通高等教育在校生 231.97 万人（其中研究生 5.54 万人），成人高等教育在校生 42.03 万人，中等职业技术教育在校生 137.87 万人，普通高中在校生 215.88 万人，初中在校生 468.48 万人，小学在校生 1012.48 万人，分别增长 17.89 万人（其中研究生增长 0.53 万人）、8.17 万人、1.24 万人、5.82 万人、16.6 万人、17.88 万人。

2019 年，全省特殊教育招收残疾儿童 1.05 万人，在校残疾儿童 5.49 万人。全年共安排"两免一补"经费 151.00 亿元，共资助义务教育阶段学生 1480.96 万人次。新建、改扩建幼儿园 1108 所、农村寄宿制学校 900 所，幼儿园在园幼儿 430.87 万人。扩大和提高农村中小学教师岗位、教龄津贴和生活补贴的范围和标准，实现农村中小学教师全覆盖。

（七）近年来河南省生育政策的变化

2011 年以来，河南省贯彻中央关于人口发展的有关精神，逐步放开"二孩"政策。2011 年底，河南开始实施"双独二孩"政策，允许双方都是独生子女的夫妻按要求可以生育两个子女。2014 年 5 月，河南省公布了"单独二孩"政策实施细则，放开了夫妻双方有一个是独生子女的家庭可以生育"二孩"的政策。2016 年 1 月 1 日，全国人大常委会对于《中华人民共和国人口与计划生育法》的修正案正式实施，河南贯彻落实新要求，实施"全面放开二孩"政策。2020 年 6 月 3 日，河南省人大常委会表决通过了新修改的《河南省人口与计划生育条例》，其明确提出，提倡一对夫妻（含再婚夫妻）生育两个子女。

[①] 数据来源：2019 年 8 月 30 日河南省政府新闻办召开的"壮丽 70 年·奋斗新时代"系列主题第五场新闻发布会。

[②] 数据来源：《河南省统计年鉴 2019》。

[③] 数据来源：2020 年 3 月 8 日河南省新冠肺炎疫情防控专题第二十五场新闻发布会。

[④] 数据来源：《2019 年河南省国民经济和社会发展统计公报》，以及 2020 年河南省政府工作报告。

二、河南省人口发展面临的问题与挑战

人口发展有其自身的惯性，无论是人口数量、人口结构还是人口素质都会对经济社会的发展产生深远的影响，而一旦有关人口的政策出现偏误或预判不足，导致的后果有可能会延续相当长的时间。通过对 2019 年河南人口发展现状及其特征的分析，当前河南人口发展主要面临以下突出问题及挑战：

（一）出生人口性别比长期偏高的负面影响将持续存在

自 20 世纪 80 年代以来，由于受到"偏好男孩"的生育选择及最严格的计划生育政策影响，河南省的出生人口性别比长期偏高，2000 年第五次人口普查时的数据为 118.46，2010 年第六次人口普查时的数据为 118。随着全面放开"二孩"政策的实施以及生育观念的转变，截至 2018 年的调查结果显示，出生婴儿性别比比"二孩"放开前的 2015 年下降了 7.15 个百分点，出生婴儿性别比才趋于正常（正常值为 103～107）①。几十年来出生人口性别比长期偏高造成的人口性别结构失衡的问题，最直接的后果就是导致婚姻挤压现象的发生，造成大量农村大龄男青年不能结婚，进而影响人口再生产、社会稳定、人口经济社会结构变化等社会经济生活的方方面面，并且这种结构性问题的影响将持续多年。此外，从男女人口数量上也能反映出该问题的严重程度。2019 年河南省常住人口中男性人口 4885 万人，女性人口 4755 万人，男性人口比女性人口多 130 万人，男女性别比为 102.73。考虑到常住人口中女性老龄人口比重偏高，故而除去老年人口的男女性别比绝对要高于总人口性别比，性别结构失衡造成的影响也将更为严重，对此必须要有清醒的认识。

（二）家庭户规模持续小型化带来巨大挑战

据历次人口普查数据显示，河南省家庭户规模正在逐渐趋向小型化、核心化（见图 7）。虽说"单独二孩""全面放开二孩"政策的出台在一定程度上有助于减缓家庭户规模的持续减小，但持续走低的生育意愿与出生率预示着家庭户规模将持续小型化（见图 8）。家庭户规模下降受到经济、社会、政策、文化等多种因素的共同影响，也是经济发展和社会进步的必然趋势。家庭结构、家庭

---

① 数据来源：《2018 年河南人口发展报告》。

规模及其人际关系方面的变迁不仅影响着人们的行为，也影响着整个社会生活，必然会给河南省社会经济的发展以及城乡居民的生产生活带来深远的影响。作为公共政策的制定者和执行者，全省各级地方政府，对此必须要有充分认识和正确把握。

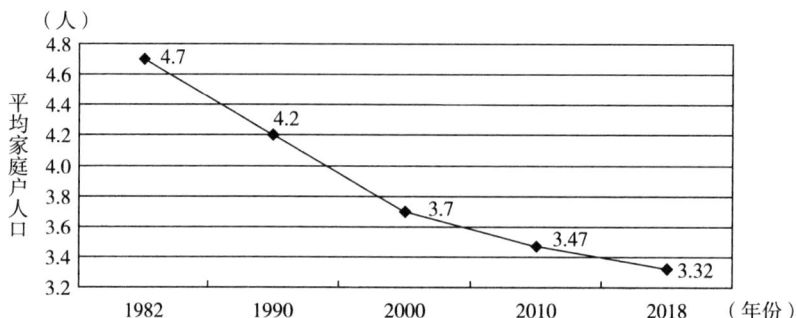

图 7　河南省家庭户规模变化趋势

数据来源：人口普查数据。

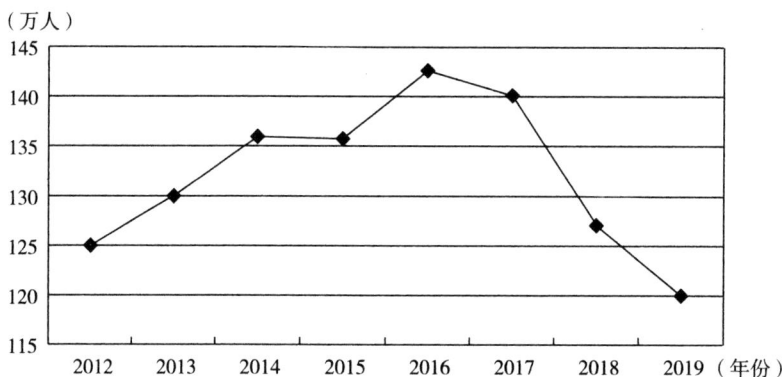

图 8　河南省出生人口变化趋势

数据来源：人口普查数据。

（三）老龄化进程加速发展给养老服务体系带来压力

从表 3 可以看出，河南老龄化进程正在加速发展。面对人口老龄化的严峻形势，河南省积极推进养老服务体系建设，截至 2019 年底，全省养老机构超 3300 家，社区养老服务设施近 2500 个，郑州、许昌、洛阳、鹤壁、商丘、焦作、信阳这七个城市先后分五个批次被确定为全国居家和社区养老服务综合改革试点地区。积极推动医养融合发展，截至 2019 年底，全省共建成医养结合机构 312 家，床位 19.5 万张，与养老机构建立协作服务关系的医疗机构有 1621 家，约 90% 的医疗机构为老年人专设挂号、导诊等就医绿色通道。建成老年医院、康复医院、护理院、安宁疗护中心等专业机构 131 家，287 家二级以上医疗机构开设了老年病科，占二级以上医疗机构总数的 49.9%。积极推进农村养老服务，对农村敬老院实施安全、清洁、文化、医疗、康复"五项工程"提升改造，支持建设农村幸福院 8000 多家。河南虽然在养老服务中取得了一定成效，但由于老年人口基数大、增速快，高龄化、失能化、空巢化趋势明显，当前河南在应对人口老龄化过程中依然面临较大压力。人口迅速老龄化与市场经济和社会转型所带来的一系列变化交织在一起，使得未来河南省社会经济面临的挑战不仅仅是经济意义上的，更是社会意义上的多方面挑战。如何建立起公平、合理、有效的制度安排和社会应对机制，加快推进基本公共服务体系建设，是应对"银发浪潮"的关键所在。

表 3　河南省常住人口年龄结构

年份	0~14 岁（%）	15~64 岁（%）	65 岁及以上（%）
2007	20.38	72.05	7.57
2008	19.89	72.30	7.81
2009	19.26	71.90	8.84
2010	21.00	70.64	8.36
2011	21.14	70.25	8.61
2012	21.15	70.03	8.82
2013	21.12	69.82	9.06
2014	21.20	69.43	9.37
2015	21.22	69.15	9.63
2016	21.32	68.80	9.88
2017	21.41	68.40	10.19
2018	21.45	67.94	10.61
2019	21.27	67.57	11.16

数据来源：历年《河南统计年鉴》；2019 年数据来源于《2019 年河南省国民经济和社会发展统计公报》。

（四）劳动力人口持续减少给经济社会发展带来挑战

劳动年龄人口参与劳动生产，负责为整个社会提供赖以生存的劳动成果，该部分人口所占比重的多少，会对整个经济社会的发展产生决定性影响。从表3可以看出，河南省15~64岁劳动年龄人口占常住人口的比重近年来呈逐渐下降趋势，人口抚养比也从2015年的44.47%上升到2019年的47.99%，劳动力人口的抚养负担进一步加重。劳动年龄人口比重不断下降，一方面，意味着人口红利的逐步消失，人口老龄化程度的日益加深，这势必导致劳动力供给总量的下降，进而减缓经济增长速度；另一方面，这在一定程度上会倒逼经济发展方式转变和产业结构升级换代，促进产业结构的优化调整。因此，在经济转型的背景下，面对不断下滑的劳动年龄人口，如果应对策略不当，不仅会影响社会保障、投资、消费，还将对经济的可持续发展产生消极的影响，从而给河南省的经济社会发展带来严峻挑战。

（五）城镇化总体水平落后制约全省高质量发展

近年来，河南省常住人口城镇化率以高于全国平均水平的速度加快发展，截至2019年底，全省城镇化率达到53.21%，距离全国60.60%的水平越来越近，但依然还有7.39个百分点的差距。城镇化的快速发展，为全省经济社会发展提供了持续不断的动力，也使农村的经济社会结构及土地使用方式等发生了重大变革。虽然城镇人口已经过半，但城镇化总体水平落后、区域发展不平衡等问题仍是制约全省进一步高质量发展的症结所在。具体表现：一是乡村振兴任重道远。推动城镇化，其目的不是为了消灭农村，而是要实现城乡融合发展。然而，目前各种要素资源向城镇汇集，部分农村地区呈现出人才、教育、医疗、卫生等资源凋敝的现象，致使实现乡村振兴困难重重，亟待理顺城市与农村协调发展的关系。二是城镇化发展的质量不高。城镇化的核心是"人的城镇化"，只有坚持以人民为中心的发展思想，新型城镇化才能持续释放强大的发展潜力。然而当前河南省在户籍管理、农民工子女教育、社会保障等制度方面还有待进一步完善，此外，城市公共服务设施指标的排名在全国靠后，亟待通过深入推进百城建设提质工程来实现城镇化从"关注速度"向"关注质量"转变。三是区域发展不平衡制约着经济社会高质量发展。全省各地市由于受人口总量、经济发展水平、地域环境等方面因素的影响，城镇化的发展速度和发展质量存在较大差距。从表4可以看出，18个省辖市中有7个城镇化率低于全省平均水平，尤其是传统的农业大市城镇化率普遍不高，严重制约了全省高质量发展。亟待通过选择更为合适的城镇化发展模式和路径来妥善破解这些难题，否则将会严重制约河南省经济社会的高质量发展。

表4 2019 年河南省各地市城镇化率 单位：%

省辖市	城镇化率	比 2018 年提高
郑州市	74.58	1.20
济源示范区	63.61	1.25
鹤壁市	61.31	1.24
焦作市	60.94	1.52
洛阳市	59.10	1.53
三门峡市	57.70	1.41
平顶山市	55.50	1.52
新乡市	54.91	1.50
许昌市	54.13	1.50
漯河市	53.97	1.50
安阳市	53.25	1.50
开封市	50.28	1.43
信阳市	48.98	1.43
南阳市	47.73	1.50
濮阳市	46.80	1.52
商丘市	44.83	1.53
驻马店市	44.63	1.53
周口市	44.36	1.54

数据来源：中商产业研究院大数据库。

（六）人口总体素质偏低影响河南经济社会高质量发展

受教育程度是反映一个地区人口总体素质的重要指标。总体而论，河南是人口数量大省，但不是人力资源强省。从第六次人口普查数据可以看出，河南省每10万人中具有高中以上文化程度的人数明显低于全国平均水平（见图9）。经过近十年时间的发展，河南省人口素质至今依然不能适应经济社会的高质量发展（见图10、表5）。2018 年的抽样调查显示，河南每 10 万人中具有中职、大学及研究生受教育程度的人数普遍低于全国平均水平，两者相差 5661 人。此外，河南高中以上受教育程度人数所占比例虽比第六次人口普查时提高了 6.9 个百分点，达到 26.5%，但与全国平均水平的 31.6% 相比依然偏低。这一方面说明虽然近十年来河南大力发展高等教育，但与全国平均水平相比仍有差距；另一方面也说明河南对高素质人才的吸引力低于全国平均水平。通过以上分析可以看出，人口文化素质整体不高依然是制约河南经济社会高质量发展的瓶颈。

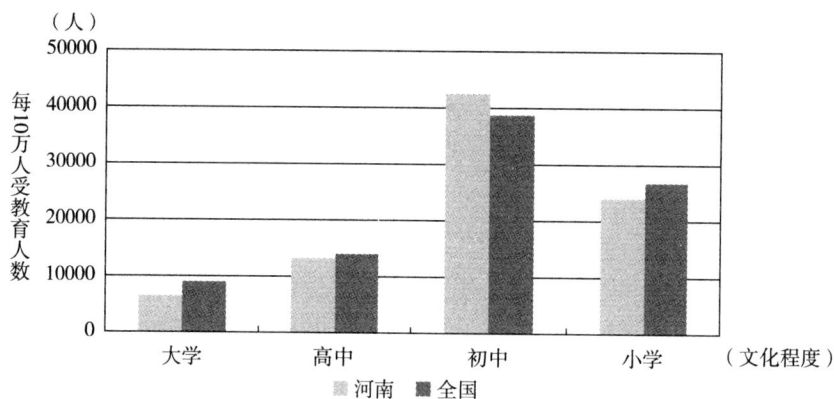

图9　河南与全国各阶段受教育程度人数比较

数据来源：第六次人口普查数据。

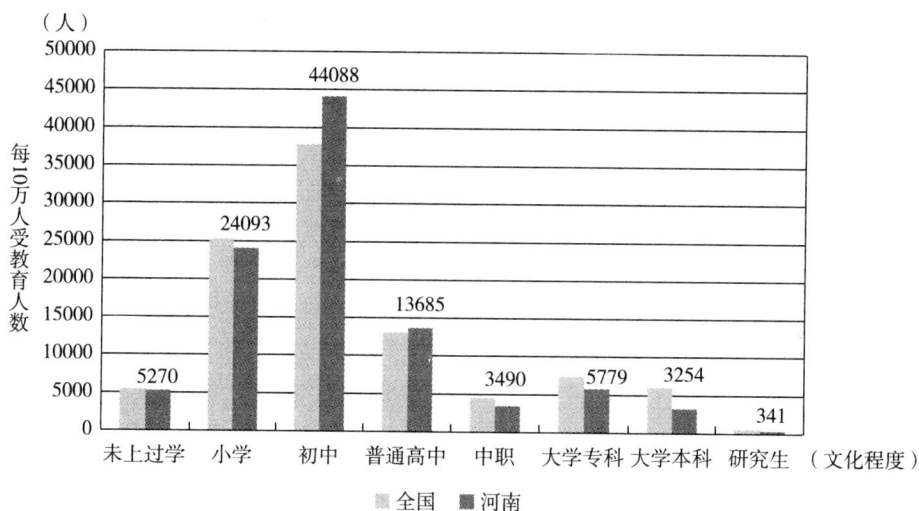

图10　2018年河南与全国各阶段受教育程度人数比较

数据来源：《河南统计年鉴》。

表5　2018年河南与全国各阶段受教育程度人数比较　　　　单位：人

地区	未上过学	小学	初中	普通高中	中职	大学专科	大学本科	研究生
全国	5402	25273	37762	13038	4514	7375	6038	598
河南	5270	24093	44088	13685	3490	5779	3254	341

数据来源：根据《中国统计年鉴2019》中表2－14分地区按性别、受教育程度分的6岁及以上人口（2018）的统计数据计算而得。计算公式：各阶段受教育人数/抽样总人数×10万＝每10万人受教育人数。

（七）人口发展与资源、环境的矛盾日益凸显

河南作为人口大省，人口总量大的压力始终存在，由此导致人口与资源环境的承载力始终处于紧平衡状态。突出表现在以下几个方面：首先，伴随人口密度的不断增加，土地负担日益超重。2019 年，河南省人口密度达每平方千米 577 人，在全国排名靠前。河南的土地面积仅占全国的 1.74%，但却养育着占全国总人口 6.9% 的人口，全省人均耕地仅有 1.12 亩，未达到全国平均水平。其次，人均水资源和矿产资源严重偏低。多年来，全省水资源总量平均为 403.5 亿立方米，人均水资源量约 383 立方米，仅相当于全国平均水平的 1/5。此外，随着国民经济的快速发展，河南省近年来矿产资源的供需矛盾也日益突出，保障能力日趋紧张。最后，生态环境保护问题依然十分严峻。2019 年，河南省虽然高质量地完成了国家下达的主要污染物总量减排、大气污染防治、水污染防治、土壤污染防治这四大目标①，但保护生态环境、防治污染永远在路上，如何促使企业实现转型发展、绿色发展，优化发展布局，从而推动经济社会高质量发展，是当前应该重点关注的话题。此外，伴随城镇化速度加快及城镇人口增多，各种生活垃圾、汽车尾气排放等生活污染问题也将更为突出，必须要时刻加以防控。

三、河南人口发展指标比较分析

2017 年，国务院和河南省人民政府先后发布了《国务院关于印发国家人口发展规划（2016—2030 年）的通知》（国发〔2016〕87 号）和《河南省人民政府办公厅关于印发河南省人口发展规划（2016—2030 年）的通知》（豫政办〔2017〕61 号），其中关于人口发展的规划，将人口的预期目标指标设定为人口总量、人口结构、人口素质、人口分布。因此，为了更好地避免指标非统一性导致对比分析的省级差异性，本节将参考上述文件的分类，从四个维度来分析河南人口在全国的位次，尤其是在中部省份的位次，以寻找发展优势与差距。

（一）人口规模指标对比分析②

人口规模指标包括全省总人口、人口增量规模和总和生育率三个指标，结合

---

① 《河南省生态环境状况公报 2019》。
② 以下所有数据，未经特殊说明均来自《中国统计年鉴 2019》及《中国人口和就业统计年鉴 2019》。

数据可得性，全省总人口指标由常住人口规模总量表示，人口增量规模由每年人口规模增量表示，总和生育率由出生率表示。

1. 总人口指标对比分析

河南常住人口规模处于全国第 3 位，人口持续保持规模优势。2018 年，全国 31 个省市区①人口平均值为 4504.94 万人，呈现出黄河流域、环渤海及珠江三角洲人口规模大、省市集中分布的空间特点。具体来看，人口低于 5000 万的省市区有 21 个②，超过 5000 万的省市区有 10 个，超过 9000 万的省市区有 3 个。河南人口总数为 9605 万人，居全国第 3 位，仅次于山东（10047 万人）、广东（11346 万人），河南人口规模位于全国人口规模大省的第一方阵，人口在全国各省市区有规模优势。

2. 人口增量指标对比分析

人口增量规模处于全国第 4 位，人口有增量规模优势。2018 年，全国 31 个省市区人口增量平均数为 26.45 万人，呈现出东高西低、南高北低的空间分布格局。具体来看，全国各省市区人口增量低于 20 万的省市区有 15 个，其中，北京、黑龙江、吉林、辽宁四省人口增量为负数；人口增量超过 20 万的省市区有 17 个，人口增量超过 40 万的省市区有 7 个，人口增量超过 60 万的省市区有 3 个，超过 100 万的省市区仅有广东省 1 个。而河南省人口增量为 46 万，居全国人口增量的第 4 位，仅次于安徽（69 万人）、浙江（80 万人）、广东（69 万人），在全国有人口增量优势。

3. 人口出生率指标对比分析

人口出生率处于全国第 14 位，人口增长潜力处于中等水平。2018 年，全国 31 个省市区人口出生率的平均值为 11.11‰，呈现出由西南向东北依次递减的空间分布格局。具体来看，全国各省市区人口增量低于 11.11‰ 的省市区有 15 个，其中，黑龙江、吉林、辽宁等 9 个省市区人口出生率低于 10‰；人口出生率超过 11.11‰ 的省市区有 16 个，其中，河南省人口出生率为 11.72‰，居全国第 14 位，处于全国人口出生率第三方阵。从中部地区来看，河南人口出生率位于第 3 位，低于安徽（12.41‰）、湖南（12.19‰），略高于湖北（11.54‰）、陕西（10.67‰）及山西（9.63‰），人口增长潜力处于中部地区的中等水平。近年来，一方面，河南省加大了对新生婴儿出生及适龄妇女生育的医疗保障，生育医疗保障体系逐步建立和完善，解决了生孩子的后顾之忧；另一方面，河南省积极响应国家全面放开"二孩"政策，加大宣传教育，鼓励和支持广大适龄婚育人群响应政策，为提高出生率发挥了重要作用。

---

① 不含港澳台地区，统计口径为常住人口。
② 区间划分以自然断点 Jenks 方法断点为主，部分以国家或国际标准为主。

（二）人口结构指标对比分析

人口结构指标包括出生人口、性别比和人口老龄化程度三个指标，其中，出生人口由新生人口表示，性别比由男女人口性别比重表示，人口老龄化程度由65 岁及以上人口占比表示。

1. 出生人口对比分析

河南出生人口规模在全国有领先优势。2018 年，全国 31 个省市区出生人口规模平均值为 507.63 万人，呈现出由东南向西北依次递减的空间分布格局。具体来看，全国各省市区人口出生规模低于 507.63 万人的省市区有 17 个，其中，青海、西藏、宁夏、海南等 8 个省市区人口出生规模低于 200 万人；人口出生规模超过 507.63 万人的省市区有 14 个，其中，河南省人口出生规模为 1125.71 万人，居全国第 3 位，处于全国人口出生规模的第一方阵。从中部地区来看，河南人口出生规模位于第 1 位，高于安徽（784.81 万人）、湖南（840.99 万人）、湖北（682.82 万人）、陕西（412.29 万人）及山西（358.04 万人），人口出生规模处于中部地区和全国领先水平。

2. 人口性别比对比分析

人口男女性别比处于合理区间，人口性别结构在中部地区有优势。2018 年，全国 31 个省市区人口男女性别比平均值为 104.37%，处于 102%~107% 的国际标准内，人口男女性别比基本合理，但大部分地区男女性别比例失衡，呈现出南部男性偏多、西部及北部女性偏多的空间分布格局，中部地区男女比例相对较为合理。具体来看，全国人口男女性别比低于 102% 的省市区有 11 个，为女性偏多；男女性别比高于 107% 的省市区有 8 个，为男性偏多；男女性别比位于102%~107% 的省市区有 12 个，男女比例较为平衡。河南省人口男女比例为102.45%，与山西（104.73%）、安徽（106.06%）、湖北（106.15%）等省份均处于人口男女比例合理区间，明显好于陕西（100.47%）、湖南（101.51%）等地区，在中部地区有性别结构优势。

3. 人口老龄化程度对比分析

人口老龄化程度处于全国第 14 位，在中部地区有年龄结构优势。2018 年，全国 31 个省市区人口老龄化（65 岁及以上人口占比）平均值为 11.27%，超过国际老龄化人口标准 4.27 个百分点，处于老龄化社会，呈现出由东向西依次递减的空间分布格局。具体来看，全国人口老龄化比率低于 7% 的省市区只有西藏，其余地区人口老龄化程度均高于 7%，其中，河南省人口老龄化程度为11.06%，位于全国第 14 位，处于全国人口老龄化的第三方阵，人口增长潜力一般。从中部地区来看，河南老龄化程度排第 3 位，高于山西（10.33%），略高于陕西（11.16%），低于湖南（12.49%）、湖北（12.49%）及安徽（13.20%），河南人口在中部地区有年轻化优势。

（三）人口素质指标对比分析

人口素质指标包括人均预期寿命、劳动年龄人口平均受教育年限，其中，人均预期寿命由第六次人口普查 2010 年的数据表示；劳动年龄人口平均受教育年限按小学 6 年、初中 9 年、高中 12 年、大学 16 年、研究生 19 年标准计算而得①。

1. 人均预期寿命

人均预期寿命高于全国平均水平，人口寿命明显提升。2010 年，全国 31 个省市区人均预期寿命平均值为 74.91 岁，呈现出由东向西依次递减的空间分布格局。具体来看，全国人均预期寿命低于 74.91 岁的省市区包括贵州、青海、云南、西藏等 14 个地区，其余地区人均预期寿命均高于全国平均水平。2010 年，河南省人均预期寿命为 74.57 岁，低于全国平均水平；2019 年河南省人均预期寿命达到 77.5 岁，超过全国平均水平 0.2 岁，这也是河南首次超过全国平均水平，人口预期寿命明显提升。近年来，河南省逐步加大在医疗保障、居民生活幸福感等方面下功夫，突出对农村地区体育、医疗、文化等基础设施建设，不断提高居民生活的幸福感、满意度，人均预期寿命明显提升。

2. 劳动年龄人口平均受教育年限

劳动年龄人口平均受教育年限位于全国第 13 位，人口受教育程度还存在较大提升空间。2018 年，全国 31 个省市区劳动年龄人口平均受教育年限的平均值为 11.89 年，劳动年龄人口平均受教育年限较高的地区主要分布在上海、北京和东部沿海发达地区，其次是中部教育资源较为丰富的地区，最低的仍旧是西部地区。河南省劳动人口平均受教育年限为 12.11 年，高于全国平均水平，位于全国第 13 位，劳动人口平均受教育年限水平相对较高。从中部地区来看，河南劳动年龄人口平均受教育年限位于第 4 位，低于湖南（12.60 年）、湖北（12.27 年）、山西（12.37 年），高于陕西（11.91 年）、安徽（11.92 年），整体位于全国第二方阵。由此可见，得益于近年来河南省大力推进教育高质量发展，加大对基础教育等各类教育的投入力度，尤其是突出对高等教育事业发展的投入力度，在省内 100 多家高等学校规模的基础上，进一步加大高水平大学的建设力度，劳动人口受教育的广度加大、深度加强，劳动力素质明显提高。但是，受限于高水平大学的数量和规模，硕士和博士等高素质教育仍然与其他地区有一定差距。

---

① 考虑到数据的可得性，以 14～65 岁人口作为劳动力人口进行估算。

（四）人口分布对比分析

参考国家发改委统计标准，人口分布由常住人口城镇化率表示。

人口城镇化率处于全国第 27 位，城镇化发展还有较大提升空间。2018 年，全国 31 个省市区人口城镇化率的平均值为 59.99%，人口城镇化率较高的地区主要分布在上海、北京和东部沿海发达地区，其次是东北及中部地区，最低的仍旧是西部地区。河南省人口城镇化率为 51.71%，低于全国平均水平，位于全国第 27 位，人口城镇化率水平相对较为靠后。从中部地区来看，低于湖北（60.30%）、山西（58.41%）、陕西（58.13%）、湖南（56.02%）、安徽（54.69%），整体位于全国第四方阵，人口城镇化发展与其他地区仍有较大差距，人口城镇化发展潜力及空间较大。

（五）小结

基于上述对比分析，得出如下结论：

一是河南人口规模优势明显。河南人口总量位于全国第 3 位、人口增量位于全国第 4 位，人口规模和增量位居全国第一方阵，同时，人口出生率保持着两位数的增长，人口规模增长潜力大。

二是河南人口结构优势明显。河南出生人口位于全国第 3 位，人口性别比及人口老龄化程度均处于国际标准范围内，人口结构在国内优势明显。

三是人口素质明显提高。河南省人口预期寿命超全国平均水平，劳动人口受教育程度位于全国第二方阵，人口素质明显提高，但与发达地区相比，仍有较大提升空间。

四是人口分布相对不均衡。河南省人口城镇化率低于全国平均水平，仍有大部分人口分布在农村地区，人口城镇化提升空间较大。

四、2020 年河南人口发展趋势预测

如今，经济社会处于快速转型期，人口问题面临着前所未有的复杂局面，人口安全风险依然存在。河南是一个人口大省，如何准确判断人口在未来若干年的发展趋势显得非常重要。本报告以 1978～2018 年人口相关数据作为基础，对河南人口发展趋势做出预测。

（一）河南人口发展趋势的特征化事实与 HP 分解

依托 HP 滤波将河南人口数据时间序列分解为稳态趋势成分与随机不确定性成分，通过统计性描述，以发现其典型性变动特征和潜在趋势。

1. 河南省人口发展的特征化事实

（1）数据来源。为了发现河南省人口规模总数时间序列的趋势变化特征和周期性等不确定因素的影响，考虑到数据的可得性，选择了河南省 1978 年至 2018 年的人口总数时间序列数据进行分析，以得到人口总数指标的特征化事实（见表6）。

表6　1978～2018 年河南省人口总数及其 HP 滤波分解

年份	总人口数（万人）	趋势项（万人）	随机项（万人）	趋势项比重（%）	随机项比重（%）
1978	7067	7046.8923	20.107747	99.71547	0.2845302
1979	7189	7173.2145	15.785483	99.78042	0.2195783
1980	7285	7299.587	−14.587049	100.2002	−0.200234
1981	7397	7426.0996	−29.099584	100.3934	−0.3933971
1982	7519	7552.8054	−33.805387	100.4496	−0.4495995
1983	7632	7679.685	−47.684974	100.6248	−0.6248031
1984	7737	7806.6343	−69.634348	100.9	−0.9000174
1985	7847	7933.4303	−86.430301	101.1014	−1.101444
1986	7985	8059.6755	−74.675536	100.9352	−0.9351977
1987	8148	8184.7567	−36.756683	100.4511	−0.451113
1988	8317	8307.8737	9.1263178	99.89027	0.1097309
1989	8491	8428.1346	62.865419	99.25962	0.7403771
1990	8649	8544.6702	104.32976	98.79374	1.206264
1991	8763	8656.7687	106.2313	98.78773	1.212271
1992	8861	8763.9788	97.021199	98.90508	1.094924
1993	8946	8866.115	79.885024	99.10703	0.8929692
1994	9027	8963.2342	63.765791	99.29361	0.7063896
1995	9100	9055.5932	44.406804	99.51202	0.4879869
1996	9172	9143.608	28.391953	99.69045	0.3095503
1997	9243	9227.8059	15.194109	99.83562	0.164385
1998	9315	9308.7848	6.2151658	99.93328	0.0667221
1999	9387	9387.181	−0.18096912	100.0019	−0.0019279

续表

年份	总人口数（万人）	趋势项（万人）	随机项（万人）	趋势项比重（%）	随机项比重（%）
2000	9488	9463.6459	24.354074	99.74332	0.2566829
2001	9555	9538.8309	16.169116	99.83078	0.1692215
2002	9613	9613.4479	− 0.44790601	100.0047	− 0.0046594
2003	9667	9688.2495	− 21.249478	100.2198	− 0.2198146
2004	9717	9763.987	− 46.986965	100.4836	− 0.4835542
2005	9768	9841.3586	− 73.358612	100.751	− 0.7510095
2006	9820	9920.9452	− 100.94519	101.028	− 1.027955
2007	9869	10003.144	− 134.14409	101.3592	− 1.359247
2008	9918	10088.1	− 170.10031	101.7151	− 1.715067
2009	9967	10175.624	− 208.62351	102.0931	− 2.093143
2010	10437	10265.098	171.9019	98.35296	1.647043
2011	10489	10355.387	133.61307	98.72616	1.27384
2012	10543	10445.783	97.217404	99.0779	0.9221038
2013	10601	10535.912	65.088273	99.38602	0.6139824
2014	10662	10625.644	36.355996	99.65901	0.3409866
2015	10722	10715.012	6.988177	99.93482	0.0651761
2016	10788	10804.138	− 16.138473	100.1496	− 0.1495965
2017	10853	10893.165	− 40.16471	100.3701	− 0.3700793
2018	10906	10931.273	− 25.27325	100.2317	− 0.2317371

数据来源：相关年份《河南统计年鉴》。部分数据经过作者计算整理得到。

（2）原始数据的描述性统计。对 1978 ~ 2018 年河南省人口总数进行初步的描述性统计，可以发现河南省人口总数的大致轮廓：一是共有 40 余年的河南人口总数纳入了统计范围。二是 40 余年间的河南人口总数的年均规模为 9138.85 万人。三是 40 余年间的河南人口总数的最大值为 2018 年的 10906 万人，第二为 2017 年的 10853 万人；最小值为 1978 年的 7067 万人，这些代表了时间序列特征。四是 40 余年间的人口总数的标准差为 1121.323（见表 7）。

表 7　1978 ~ 2018 年河南省人口总数的描述性统计　　　　　　单位：万人

变量	单位数（年）	均值	标准差	最小值	最大值
总人口数	41	9138.85	1121.323	7067	10906

数据来源：作者计算整理得到。

（3）河南人口发展的时间序列特征。一是河南人口发展趋势预测的原始数据，采用1978~2018年总计41个年份的时间序列数据。数据来源于权威的《河南统计年鉴》。二是河南人口发展趋势预测的原始数据，大约在第33个年份，也即大约在2010年前后有一个跃升，缘于在此期间的人口统计大普查进行了查漏补缺，尽量将全部人口统计对象纳入了统计普查范围（见图11）。

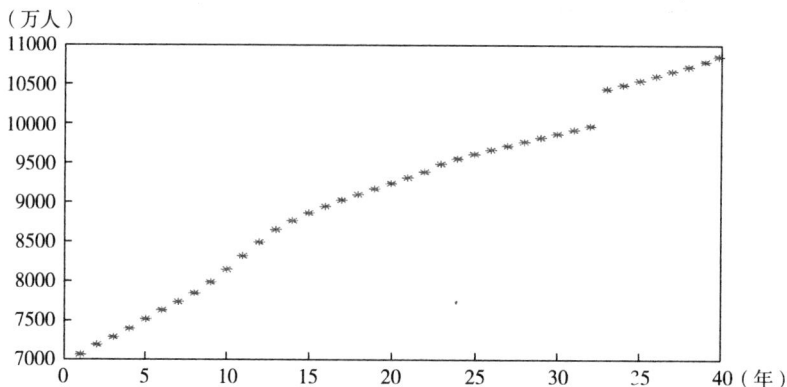

图11　河南人口发展趋势的原始数据变动特征

2. 河南省人口发展规模的时间序列 HP 分解特征

选择河南省1978年至2018年的人口总数时间序列数据进行 HP 滤波分解估算，以发现随着时间变迁的结构性特征。

（1）趋势项与随机项的描述性统计。对1978~2018年河南省人口总数进行初步的 HP 滤波，将数据分解为"趋势项+随机项"，并进行描述性统计，可以发现：一是河南省人口总数的发展存在恒等式（万人），即河南省人口总数 = 人口总数的趋势项+人口总数的随机项。前者代表人口系统的潜在增长态势；后者代表人口系统由于资源环境制约导致的人口数量发展波动。二是共有40余年的人口总数纳入了 HP 滤波，并分解为"趋势项+随机项"，进行了描述性统计分析。三是40余年间的人口总数经过 HP 滤波，分解出年均规模。趋势项年均规模为9138.85万人；随机项的年均规模为 $9.68e^{-15}$ 万人。可发现随机项的规模非常小，在人口总数的时间变迁过程中处于非主流地位。四是40余年间的人口总数经过 HP 滤波，分解出最大值。趋势项的最大值为2018年的10931.273万人；随机项的最大值为2010年的171.9019万人。趋势项的最大值和随机项的最大值发生的年份并不一致，可见外部随机要素影响的不确定性。五是40余年间的人口总数经过 HP 滤波，分解出最小值。趋势项的最小值为1978年的7046.892万人；

随机项的最小值的绝对值为 2009 年的 208.6235 万人。可见，趋势项的最小值和随机项的最小值发生的年份也呈现不一致现象。六是 40 余年间的人口总数经过 HP 滤波，分解出标准差。趋势项的标准差为 1116.33；随机项的标准差为 79.64063。这充分反映了时间序列数据的时间惯性影响。随着时间的推移，趋势项变动更加强劲（见表 8）。

表 8　1978～2018 年河南省人口总数 HP 滤波分解（趋势项 + 随机项）的描述性统计

单位：万人

变量	单位数（年）	均值	标准差	最小值	最大值
趋势项	41	9138.85	1116.33	7046.892	10931.273
随机项	41	$9.68e^{-15}$	79.64063	-208.6235	171.9019

数据来源：作者计算整理得到。

（2）趋势项比重与随机项比重的描述性统计。对 1978～2018 年河南省人口总数进行初步的 HP 滤波，分解为"趋势项比重 + 随机项比重"，进行描述性统计可以发现：一是河南省人口数据存在恒等式（%）：河南省人口总数×100% = 趋势项比重 + 随机项比重。二是共有 40 余年的总人口数纳入了 HP 滤波，分解为"趋势项比重 + 随机项比重"，并进行统计分析。三是 40 余年间的人口总数经过 HP 滤波，分解为"趋势项比重 + 随机项比重"的年均规模：趋势项为 100.0112%；随机项为 -0.0111786%。可见，随机项的比重非常小，且总体影响为负值，这意味着外部环境因素对人口系统总体趋势起阻碍作用。四是 40 余年间的人口总数经过 HP 滤波，分解为"趋势项比重 + 随机项比重"的最大值：趋势项比重的最大值为 2009 年的 102.0931；随机项比重的最大值为 2010 年的 1.647043%。可见，外部随机因素的影响呈现出时间的不一致性、不确定性。五是 40 余年间的人口总数经过 HP 滤波，分解为"趋势项比重 + 随机项比重"的最小值：趋势项比重的最小值为 2010 年的 98.35296%；随机项比重的最小值的绝对值为 2009 年的 2.093143%。可见，最小值所受外部随机因素的影响也呈现出时间的不一致性、不确定性。六是 40 余年间的人口总数经过 HP 滤波，分解为"趋势项比重 + 随机项比重"的标准差。趋势项比重的标准差为 0.8377093；随机项比重的标准差为 0.8377101。这反映了时间序列数据的 HP 滤波与分解为"趋势项比重 + 随机项比重"的变动的动态总体呈现出一致性（见表 9）。

（3）趋势项与随机项的发展态势。对总人口数据经过 HP 滤波，分解为趋势项与随机项，依据其态势发展图（见图 12）可以发现：一是人口总数与人口总数的趋势项部分的发展态势几乎重合，呈现出同步的上升发展态势，体现了人口总数发展的时间序列态势明显的惯性特征。二是人口总数的随机项，呈现出轻度波动前行态势，不仅反映了随机项受外部因素集成作用的不确定性和随机性，也反映了人口总数的随机项部分的数据规模相对较小，以及其在人口总数发展趋势中的非主流地位。

表 9　1978－2018 年河南省人口总数 HP 滤波分解

（趋势项比重＋随机项比重）的描述性统计

单位：%

变量	单位数（年）	均值	标准差	最小值	最大值
趋势项比重	41	100.0112	0.8377093	98.35296	102.0931
随机项比重	41	－0.0111786	0.8377101	－2.093143	1.647043

数据来源：作者计算整理得到。

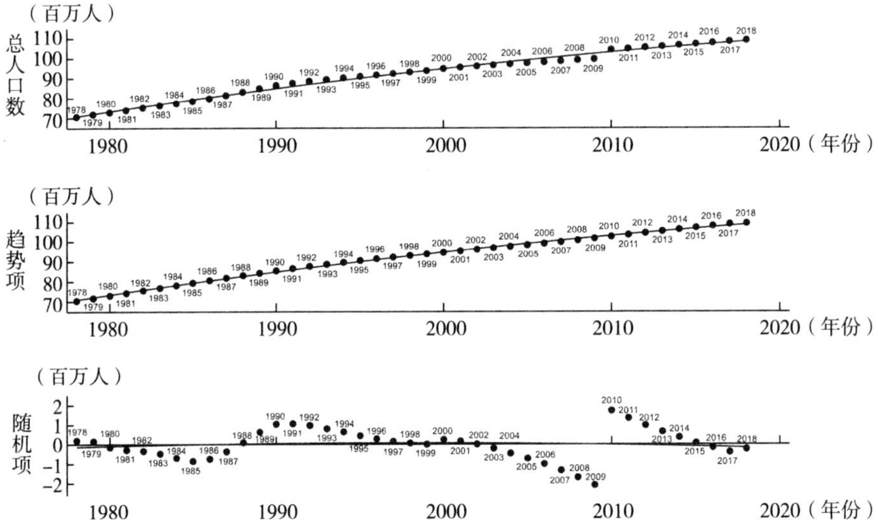

图 12　总人口数 HP 滤波分解为趋势项与随机项的发展态势

（4）趋势项比重与随机项比重的发展态势。对人口总数经过 HP 滤波，分解为趋势项比重与随机项比重，依据态势发展图可以发现：一是人口总数经过 HP 滤波，分解为趋势项的比重在 100% 左右；分解为随机项的比重的数据规模相对较小。二是人口总数经过 HP 滤波，分解为趋势项比重与随机项比重的发展态势，二者之间总体呈现出的波动态势基本一致，与二者的方差数据保持一致性。这反映了人口总数的趋势项与随机项所受的外部环境具有一致性背景（见图 13）。

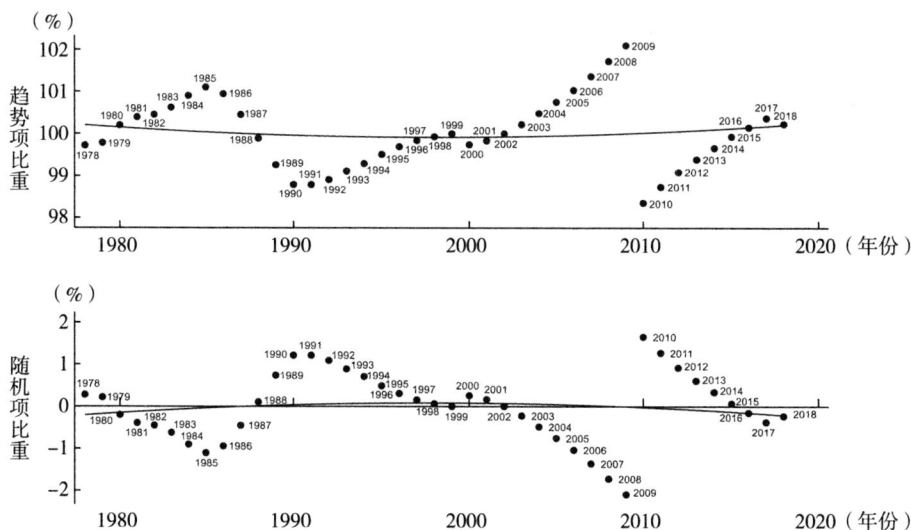

图 13　总人口数 HP 滤波分解为趋势项比重与随机项比重的发展态势

（5）河南人口趋势 HP 分解特征小结。经过对 1978～2018 年河南省人口总数的 HP 滤波分解，可以发现：一是河南省人口总数的潜在增长态势占有主流地位，外部随机因素造成的周期性表现和不确定性波动所占成分很小。二是河南省人口总数经过 HP 滤波分解出的趋势项可以反映人口系统增长的潜在规模态势，这意味着剔除外部不确定性冲击、随机性因素等合成作用后的人口增长部分。三是河南省人口总数经过 HP 滤波分解出的趋势项的方差，相对随机项的方差而言，变动大得多，这意味着河南省人口总数，随着时间的推移，呈现出时间序列特征的明显性表现，以及所受外部环境的随机性制约。

（二）河南人口发展趋势的测度与特征

运用 1978～2018 年共计 41 个年份的原始数据，采用人口发展预测的四种常用模型：马尔萨斯人口模型、阻滞型人口模型、指数曲线法人口模型、普通多项式非线性人口模型，测度未来数十年的人口发展态势，并经过模型拟合精度核检，分析模型预测结果的绝对误差、相对误差，以估计并发现人口发展态势。

1. 基于马尔萨斯模型的河南人口发展趋势

（1）马尔萨斯人口模型的基本原理方法。马尔萨斯人口模型是对群体增长的预测，由马尔萨斯提出，其有两条基本公理：一是食物是人类生存所必需的；二是两性间的情欲是必然的，且会保持现状。由此，建立对应的研究对象：$t \rightarrow x$（t）。其中，t 代表时间，x（t）代表时刻 t 的人口。

人口除了随时间变化，当然还会受到其他多方面的因素影响，但为简化计算，

令 r 为单位时间内人口增长率，则，

Δt 时间内，增长的人口为：$X(t+\Delta t) - X(t) = x(t)r\Delta t$

当 $\Delta t \to 0$ 时，可得微分方程：$\dfrac{dx}{dt} = rx$，$x(0) = 0$ 则，$x(t) = x_0 e^{rt}$，其中，

待求参数有两个，分别为：x_0，r

为便于求解，等式 $y = a + rt$ 两边取对数，其中，$y = \ln x$，$a = \ln x_0$

将该模型简化为线性模型求解。

（2）马尔萨斯人口模型函数。依据原始数据和模型公式，运用计量软件，可得拟合函数以及模型误差数据。

$x(t) = 7296.5285 e^{0.01061t}$

（3）马尔萨斯人口模型误差检验。RR = 0.967511116406639；F = 1131.63083359886；Prob = $6.90177049493209 e^{-30}$。

（4）原始数据与马尔萨斯人口模型拟合数据走势图。由原始数据与马尔萨斯人口模型拟合数据走势图可以发现：一是原始数据与马尔萨斯人口模型拟合数据之间的拟合走势关系存在一致性，有较好的拟合程度；并与模型误差检验指标 RR、F 以及 Prob 相互吻合照应。二是马尔萨斯人口模型拟合数据与原始数据一样，在 2010 年前后（第 33 个数据点左右）也存在跃升（见图 14）。

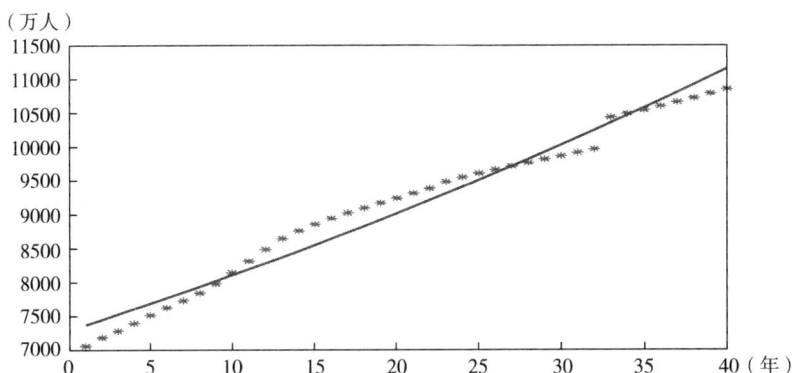

图14　原始数据与马尔萨斯人口模型拟合数据走势

（5）马尔萨斯人口模型预测结果误差分析。基于 1978～2018 年河南省人口总数的马尔萨斯模型预测趋势误差，可以发现：一是绝对误差的均值为 173.7267，标准差为 92.97062，在 0.22 至 307.37 之间变动，变动倍数为

1397.1，变动较大。二是相对误差的均值为 1.95775，标准差为 1.113927，在 0.001 至 4.35 之间变动，变动倍数较大（见表 10、表 11）。

表 10　1978～2018 年河南省人口总数趋势的马尔萨斯模型预测误差的描述性统计

变量	单位个数（年）	均值	标准差	最小值	最大值
绝对误差	41	173.7267	92.97062	0.22	307.37
相对误差	41	1.95775	1.113927	0.001	4.35

数据来源：作者计算整理得到。

表 11　1978～2018 年河南省人口总数趋势的马尔萨斯模型预测及误差分析

年份	原始总人口数（万人）	拟合值（万人）	绝对误差（万人）	相对误差（%）
1978	7067	7374.37	307.37	4.35
1979	7189	7453.03	264.03	3.67
1980	7285	7532.54	247.54	3.40
1981	7397	7612.89	215.89	2.92
1982	7519	7694.11	175.11	2.33
1983	7632	7776.18	144.18	1.89
1984	7737	7859.14	122.14	1.58
1985	7847	7942.98	95.98	1.22
1986	7985	8027.71	42.71	0.53
1987	8148	8113.35	34.65	0.43
1988	8317	8199.90	117.11	1.41
1989	8491	8287.37	203.63	2.40
1990	8649	8375.78	273.23	3.16
1991	8763	8465.13	297.88	3.40
1992	8861	8555.43	305.57	3.45
1993	8946	8646.69	299.31	3.35
1994	9027	8738.93	288.07	3.19
1995	9100	8832.16	267.84	2.94
1996	9172	8926.38	245.62	2.68
1997	9243	9021.60	221.40	2.40
1998	9315	9117.84	197.16	2.12
1999	9387	9215.11	171.90	1.83

续表

年份	原始总人口数（万人）	拟合值（万人）	绝对误差（万人）	相对误差（%）
2000	9488	9313.41	174.59	1.84
2001	9555	9412.76	142.24	1.49
2002	9613	9513.17	99.83	1.04
2003	9667	9614.66	52.34	0.54
2004	9717	9717.22	0.22	0.00
2005	9768	9820.88	52.88	0.54
2006	9820	9925.65	105.65	1.08
2007	9869	10031.53	162.53	1.65
2008	9918	10138.54	220.54	2.22
2009	9967	10246.70	279.70	2.81
2010	10437	10356.01	80.99	0.78
2011	10489	10466.48	22.52	0.21
2012	10543	10578.13	35.13	0.33
2013	10601	10690.98	89.98	0.85
2014	10662	10805.02	143.02	1.34
2015	10722	10920.29	198.29	1.85
2016	10788	11036.78	248.78	2.31
2017	10853	11154.52	301.52	2.78
2018	10906	11121.32	215.32	1.97

注：绝对误差＝拟合值－原始数，取绝对值；相对误差＝绝对误差/原始数，取百分数。

数据来源：作者计算整理得到。

（6）马尔萨斯人口模型预测结果与趋势图。河南省人口总数趋势的马尔萨斯模型预测结果参见后文小结部分。马尔萨斯模型预测趋势见图15。

2. 基于阻滞型人口模型的河南人口发展趋势

（1）阻滞型人口模型的基本假设。自然资源和环境因素会对人口增长起长期阻滞作用，人口规模增大时，人口增长率会降低。自然资源和环境因素会对人口总规模存在一个最大承载量约束。令 t 表示年份；t_0 表示初始年份；N_0 表示人口初始值；N_m 为自然资源和环境因素所允许的最大人口常数；$N(t)$ 为时刻 t 时的人口总数；r 为人口系统所固有的增长率；并且，人口总数的净相对增长率 $r(N)$ 是随着人口总数而线性递减的。

设 $r(N) = r(1 - N/N_m)$，表示人口的相对增长率随 $N(t)$ 的增加而减少。

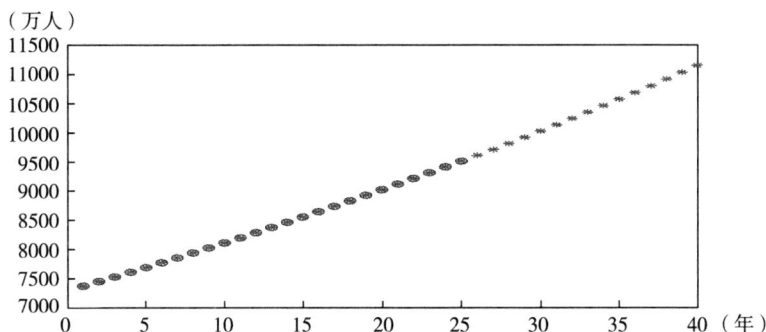

图 15　2018～2042 年河南省人口总数趋势的马尔萨斯模型预测结果趋势

当 $N(t) \to N_m$ 时，人口增长率 $r(N)$ 趋于零。

（2）阻滞型人口模型的建立与求解。

由上述假设，对于人口增长而言，有 $\dfrac{dN(t)}{dt} = r\left[\left(1 - \dfrac{N(t)}{N_m}\right)\right]N(t)$。其中，$N(t_0) = N_0$

该微分方程右端因子 $rN(t)$ 体现人口自身的增长趋势；$1 - \dfrac{N(t)}{N_m}$ 则体现自然资源和环境对人口增长的阻滞作用。

显然 $N(t)$ 越大，因子 $rN(t)$ 越大，因子 $1 - \dfrac{N(t)}{N_m}$ 越小。这表明人口的增长是源于两个因子共同作用的均衡结果。

采用求解微分方程的分离变量法，可得，

$$N(t) = \dfrac{N_m}{1 + \left(1 - \dfrac{N(t)}{N_m}\right)e^{-r(t-t_0)}}$$

此为 Logistic 函数。

（3）阻滞型人口模型解的讨论与拐点。第一，阻滞型人口模型解有三种情形：

当 $r < 0$ 时，随着 $t \to +\infty$ 必有 $N(t) \to 0$；

当 $r = 0$ 时，模型的解为常数：$N(t) = N_0$；

当 $r > 0$ 时，不论 N_0 取何值，均有 $N(t) \to N_0$，此解均有稳定性。

当 $0 < N_0 < N_m$ 时，模型的解曲线为 Logistic 曲线。

第二，阻滞型人口模型解的拐点与人口增长速度最快。

对 $\dfrac{N(t)}{t}$ 求导，可得 $\dfrac{dN^2(t)}{dt^2} = r\left[\left(1 - \dfrac{2N(t)}{N_m}\right)\right]\dfrac{dN(t)}{dt}$

可以发现：当 $0 < N < \dfrac{N_m}{2}$ 时，$\dfrac{\mathrm{d}N}{\mathrm{d}t}$ 单调递增；当 $N > \dfrac{N_m}{2}$ 时，$\dfrac{\mathrm{d}N}{\mathrm{d}t}$ 单调递减。当 $N = \dfrac{N_m}{2}$ 时，$\dfrac{\mathrm{d}N}{\mathrm{d}t}$ 取最大值。此时人口增长速度最大，即人口增长速度达到拐点。

（4）阻滞型人口模型参数估计与检验。阻滞型人口模型的待估计参数有三个：N_m，r，和 N_0。

本模型考虑了资源和环境对人口增长的阻滞作用。可以估计出人口的固有增长率 r；人口的最大容量 N_m；人口的初始理想值 N_0。因此，本模型具有较好的适应性。当 $r > 0$，$0 < N_0 < N_m$ 时，解的曲线呈现 S 形，反映了初期人口增长较快；随着时间的增加，人口增长速度逐渐变慢；当 $N = \dfrac{N_m}{2}$ 时，人口增长达到拐点。

（5）阻滞型人口模型的拟合函数及关键参数。

$$N(t) = \frac{12434.8078}{1 + \left(\dfrac{12434.8078}{6958.6438} - 1\right)} e^{-0.04054t}$$

函数系数估计：$\mathrm{Beta}[c(1)，c(2)，c(3)] = 6958.6438；0.04054；12434.8078$。

因此，人口系统的固有增长率为 4.054%；人口系统的最大容量为 12434.8078 万人；人口的初始理想值为 6958.6438 万人（与 1978 年的实际人口数 7067 万人较为接近）。

（6）原始数据与阻滞型人口模型拟合数据走势图。由原始数据与阻滞型人口模型拟合数据走势图可以发现：一是原始数据与阻滞型人口模型拟合数据之间的拟合走势存在一致性，有较好的拟合程度。二是阻滞型人口模型拟合数据与原始数据一样，在 2010 年前后（第 33 个数据点左右）也存在跃升（见图 16）。

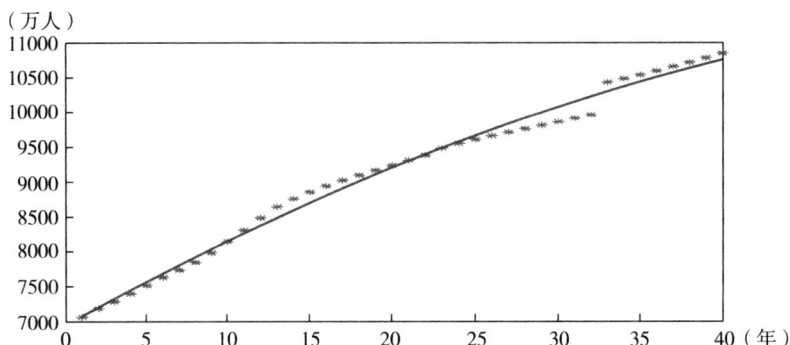

图 16　原始数据与阻滞型人口模型拟合数据走势

（7）阻滞型人口模型预测结果误差分析。基于 1978～2018 年河南省人口总数的阻滞型人口模型预测趋势误差分析，可以发现：一是绝对误差的均值为 92.0075，标准差为 64.09066，在 6.09 至 266.99 之间变动，变动倍数为 43.83，变动较大。二是相对误差的均值为 0.985，标准差为 0.6525964，在 0.06 至 2.68 之间变动，变动倍数为 44.67，变动较大（见表 12、表 13）。

表 12　1978～2018 年河南省人口总数趋势的阻滞型模型预测误差的描述性统计

变量	单位个数（年）	均值	标准差	最小值	最大值
绝对误差	41	92.0075	64.09066	6.09	266.99
相对误差	41	0.985	0.6525964	0.06	2.68

数据来源：作者计算整理得到。

表 13　1978～2018 年河南省人口总数趋势的阻滞型模型预测及误差分析

年份	原始总人口数（万人）	拟合值（万人）	绝对误差（万人）	相对误差（%）
1978	7067	7082.56	15.56	0.22
1979	7189	7205.71	16.79	0.23
1980	7285	7328.22	43.22	0.59
1981	7397	7449.77	52.77	0.71
1982	7519	7570.35	51.35	0.68
1983	7632	7689.87	57.87	0.76
1984	7737	7808.24	71.24	0.92
1985	7847	7925.40	78.40	1.00
1986	7985	8041.25	56.25	0.70
1987	8148	8155.74	7.74	0.09
1988	8317	8268.79	48.21	0.58
1989	8491	8380.34	110.66	1.30
1990	8649	8490.32	158.68	1.83
1991	8763	8598.69	164.31	1.88
1992	8861	8705.39	155.61	1.76
1993	8946	8810.37	135.63	1.52
1994	9027	8913.59	113.41	1.26
1995	9100	9015.02	84.98	0.93
1996	9172	9114.61	57.39	0.63

年份	原始总人口数（万人）	拟合值（万人）	绝对误差（万人）	相对误差（%）
1997	9243	9212.33	30.67	0.33
1998	9315	9308.17	6.83	0.07
1999	9387	9402.10	15.10	0.16
2000	9488	9494.09	6.09	0.06
2001	9555	9584.14	29.14	0.30
2002	9613	9672.24	59.24	0.62
2003	9667	9758.37	91.37	0.95
2004	9717	9842.54	125.54	1.29
2005	9768	9924.74	156.74	1.60
2006	9820	10004.98	184.98	1.88
2007	9869	10083.26	214.26	2.17
2008	9918	10159.59	241.59	2.44
2009	9967	10233.99	266.99	2.68
2010	10437	10306.46	130.54	1.25
2011	10489	10377.02	111.98	1.07
2012	10543	10445.70	97.30	0.92
2013	10601	10512.51	88.49	0.83
2014	10662	10577.48	84.52	0.79
2015	10722	10640.62	81.38	0.76
2016	10788	10701.97	86.03	0.80
2017	10853	10761.55	91.45	0.84
2018	10906	10832.38	73.62	0.68

注：绝对误差=拟合值-原始数，取绝对值；相对误差=绝对误差/原始数，取百分数。

数据来源：作者计算整理得到。

（8）阻滞型人口模型预测结果与趋势图。河南省人口总数趋势的阻滞型人口模型预测结果参见后文小结部分，其预测趋势见图17。

3. 基于指数曲线法外推模型的河南人口发展趋势

（1）指数曲线法外推预测法。指数曲线预测法称简单外推法，是用指数函数曲线拟合预测对象的历史统计数据，从而建立能描述其发展过程的预测模型，再以模型外推进行预测的方法。该方法属于非线性趋势外推预测法，是增长曲线预测法的一种形式。其适用条件是预测对象的增长趋势近似于指数函数曲线，而且判断它在预测期限内不会出现突然的变化。

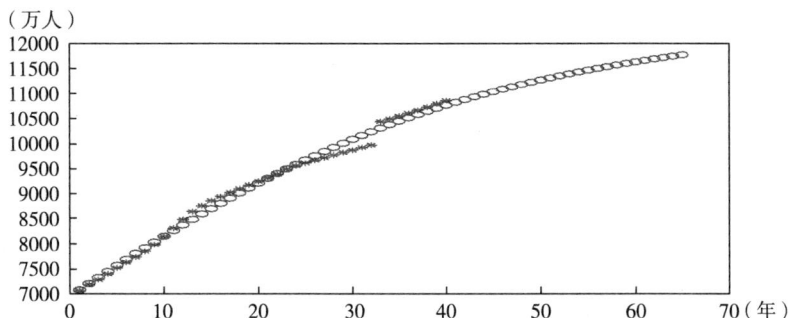

图 17　2018 ~ 2042 年河南省人口总数趋势的阻滞型人口模型预测结果趋势

指数曲线预测模型的一般形式为：$\ln y = ax^2 + bx + c$，式中，y 为预测值，x 为时间，a、b 为模型参数，$\ln y$ 中的 e 为自然对数，等于 2.718。

该模型的特点在于模型的一端为对数形式，模型的另一端为多项式形式，也可以变形为指数形式。

（2）指数曲线法外推模型的拟合函数估计及关键参数。拟合函数为 $\ln y = -0.00015667\,x^2 + 0.01703x + 8.85018$；系数值为 −0.00015667，0.01703，8.85018。

（3）原始数据与指数曲线法外推模型拟合数据走势图。由原始数据与指数曲线法外推模型拟合数据走势图可以发现：一是原始数据与指数曲线法外推模型拟合数据之间的拟合走势关系存在一致性，有较好的拟合程度。二是指数曲线法外推模型拟合数据与原始数据一样，在 2010 年前后（第 33 个数据点左右）也存在跃升（见图 18）。

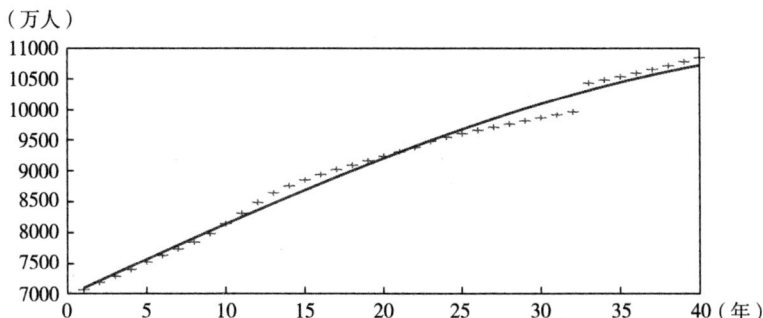

图 18　原始数据与指数曲线法外推模型拟合数据走势

（4）指数曲线法外推模型预测结果误差分析。基于 1978～2018 年河南省人口总数的指数曲线法外推模型预测趋势误差，可以发现：一是绝对误差的均值为 97.93175，标准差为 68.45663，在 5.18 至 281.3 之间变动，变动倍数为 54.31，变动较大。二是相对误差的均值为 1.04675，标准差为 0.6932213，在 0.06 至 2.82 之间变动，变动倍数为 47，变动较大（见表 14、表 15）。

表 14　1978～2018 年河南省人口总数趋势的指数曲线法外推模型预测误差的描述性统计

变量	单位个数（年）	均值	标准差	最小值	最大值
绝对误差	41	97.93175	68.45663	5.18	281.3
相对误差	41	1.04675	0.6932213	0.06	2.82

数据来源：作者计算整理得到。

表 15　1978～2018 年河南省人口总数趋势的指数曲线法外推模型预测及误差分析

年份	原始总人口数（万人）	拟合值（万人）	绝对误差（万人）	相对误差（%）
1978	7067	7094.44	27.44	0.39
1979	7189	7212.94	23.94	0.33
1980	7285	7331.12	46.12	0.63
1981	7397	7448.90	51.90	0.70
1982	7519	7566.20	47.20	0.63
1983	7632	7682.94	50.94	0.67
1984	7737	7799.03	62.03	0.80
1985	7847	7914.40	67.40	0.86
1986	7985	8028.97	43.97	0.55
1987	8148	8142.63	5.37	0.07
1988	8317	8255.32	61.68	0.74
1989	8491	8366.95	124.05	1.46
1990	8649	8477.43	171.57	1.98
1991	8763	8586.68	176.32	2.01
1992	8861	8694.61	166.39	1.88
1993	8946	8801.14	144.86	1.62
1994	9027	8906.18	120.82	1.34
1995	9100	9009.65	90.35	0.99
1996	9172	9111.47	60.53	0.66

续表

年份	原始总人口数（万人）	拟合值（万人）	绝对误差（万人）	相对误差（％）
1997	9243	9211.56	31.44	0.34
1998	9315	9309.82	5.18	0.06
1999	9387	9406.19	19.19	0.20
2000	9488	9500.58	12.58	0.13
2001	9555	9592.90	37.90	0.40
2002	9613	9683.09	70.09	0.73
2003	9667	9771.07	104.07	1.08
2004	9717	9856.75	139.75	1.44
2005	9768	9940.08	172.08	1.76
2006	9820	10020.96	200.96	2.05
2007	9869	10099.34	230.34	2.33
2008	9918	10175.14	257.14	2.59
2009	9967	10248.30	281.30	2.82
2010	10437	10318.76	118.24	1.13
2011	10489	10386.44	102.56	0.98
2012	10543	10451.29	91.71	0.87
2013	10601	10513.25	87.75	0.83
2014	10662	10572.26	89.74	0.84
2015	10722	10628.28	93.72	0.87
2016	10788	10681.24	106.76	0.99
2017	10853	10731.11	121.89	1.12
2018	10906	10790.37	115.63	1.06

注：绝对误差 = 拟合值 - 原始数，取绝对值；相对误差 = 绝对误差/原始数，取百分数。

数据来源：作者计算整理得到。

（5）指数曲线法外推模型预测结果与趋势图。河南省人口总数趋势的指数曲线法外推模型预测结果参见后文小结部分，趋势图见图 19。

4. 基于多项式曲线趋势模型的河南人口发展趋势

（1）多项式曲线趋势预测法。多项式曲线趋势预测法是曲线趋势形式的一种，它以多项式方程配合时间序列资料的真实曲线趋势，预测未来。最常用、最简单的多项式曲线趋势预测是二次多项式预测法。二次多项式是指这个多项式的项数超过 1，且最高次方数为 2。它的标准形式为：

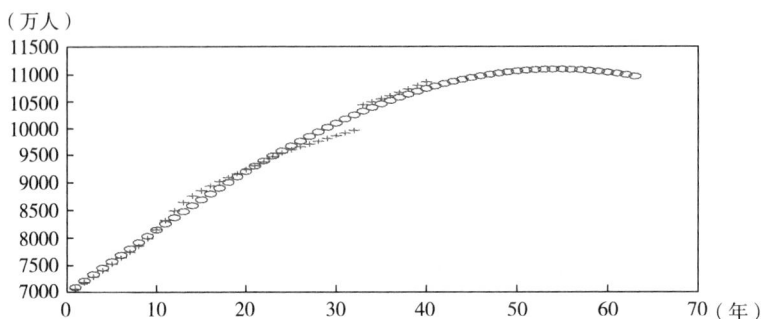

图19　2018～2042 年河南省人口总数趋势的指数曲线法外推模型预测结果趋势

$ax^2 + bx + c$（$a \neq 0$），式中，a，b，c 为常数。

（2）多项式曲线趋势模型拟合函数。$Y = -0.8562x^2 + 130.1429x + 6944.8204$；二次多项式拟合系数为 -0.8562，130.1429，6944.8204。

（3）原始数据与多项式曲线趋势模型拟合数据走势图。由原始数据与多项式曲线趋势模型拟合数据走势图可以发现：一是原始数据与多项式曲线趋势模型拟合数据之间的拟合走势关系存在一致性，有较好的拟合程度。二是多项式曲线趋势模型拟合数据与原始数据一样，在 2010 年前后（第 33 个数据点左右）也存在跃升（见图 20）。

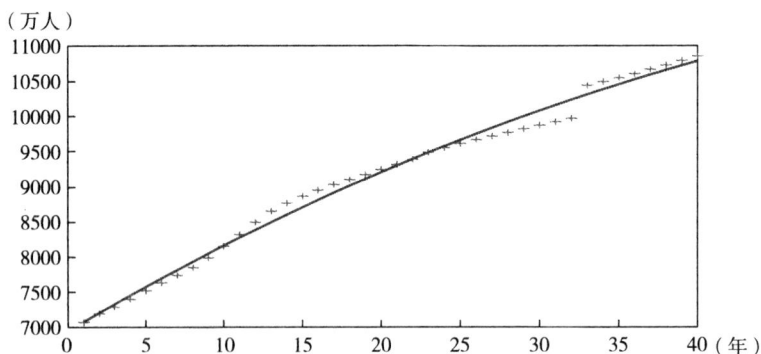

图20　原始数据与多项式曲线趋势模型拟合数据走势

（4）多项式曲线趋势模型预测结果误差分析。基于 1978～2018 年河南省人口总数的多项式曲线模型趋势预测误差，可以发现：一是绝对误差的均值为 89.4885，标准差为 63.69214，在 2.82 至 265.66 之间变动，变动倍数为 94.21，变动较大。二是相对误差的均值为 0.9620，标准差为 0.653661，在 0.03 至 2.67

之间变动，变动倍数为 89，变动较大（见表 16、表 17）。

表 16　1978～2018 年河南省人口总数趋势的多项式曲线趋势模型预测误差的描述性统计

变量	单位个数（年）	均值	标准差	最小值	最大值
绝对误差	41	89.4885	63.69214	2.82	265.66
相对误差	41	0.962	0.653661	0.03	2.67

数据来源：作者计算整理得到。

表 17　1978～2018 年河南省人口总数趋势的多项式曲线趋势模型预测及误差分析

年份	原始总人口数（万人）	拟合值（万人）	绝对误差（万人）	相对误差（%）
1978	7067	7074.11	7.11	0.10
1979	7189	7201.68	12.68	0.18
1980	7285	7327.54	42.54	0.58
1981	7397	7451.69	54.69	0.74
1982	7519	7574.13	55.13	0.73
1983	7632	7694.85	62.85	0.82
1984	7737	7813.87	76.87	0.99
1985	7847	7931.17	84.17	1.07
1986	7985	8046.76	61.76	0.77
1987	8148	8160.63	12.63	0.16
1988	8317	8272.79	44.21	0.53
1989	8491	8383.24	107.76	1.27
1990	8649	8491.98	157.02	1.82
1991	8763	8599.01	163.99	1.87
1992	8861	8704.32	156.68	1.77
1993	8946	8807.92	138.08	1.54
1994	9027	8909.81	117.19	1.30
1995	9100	9009.99	90.01	0.99
1996	9172	9108.45	63.55	0.69
1997	9243	9205.20	37.80	0.41
1998	9315	9300.24	14.76	0.16
1999	9387	9393.57	6.57	0.07

续表

年份	原始总人口数（万人）	拟合值（万人）	绝对误差（万人）	相对误差（%）
2000	9488	9485.18	2.82	0.03
2001	9555	9575.09	20.09	0.21
2002	9613	9663.28	50.28	0.52
2003	9667	9749.75	82.75	0.86
2004	9717	9834.52	117.52	1.21
2005	9768	9917.57	149.57	1.53
2006	9820	9998.91	178.91	1.82
2007	9869	10078.54	209.54	2.12
2008	9918	10156.45	238.45	2.40
2009	9967	10232.66	265.66	2.67
2010	10437	10307.15	129.85	1.24
2011	10489	10379.93	109.07	1.04
2012	10543	10450.99	92.01	0.87
2013	10601	10520.35	80.65	0.76
2014	10662	10587.99	74.01	0.69
2015	10722	10653.92	68.08	0.63
2016	10788	10718.13	69.87	0.65
2017	10853	10780.64	72.36	0.67
2018	10906	10834.55	71.45	0.66

注：绝对误差＝拟合值－原始数，取绝对值；相对误差＝绝对误差/原始数，取百分数。
数据来源：作者计算整理得到。

（5）多项式曲线趋势模型预测结果与趋势图。河南省人口总数趋势的多项式曲线趋势模型预测结果参见后文小结部分，趋势图见图21。

5. 河南人口发展趋势预测小结

（1）四种人口预测模型的预测结果及均值。各类模型虽然能较好地模拟人口增长，但其前提假设还是相当简单。人口系统演变是一个非常复杂的自组织过程，影响人口增长的因素是非常多的，预测精度毕竟是有限的。因此，模型预测结果采用四种人口预测模型的预测结果均值，以提升预测的可靠性（见表18）。

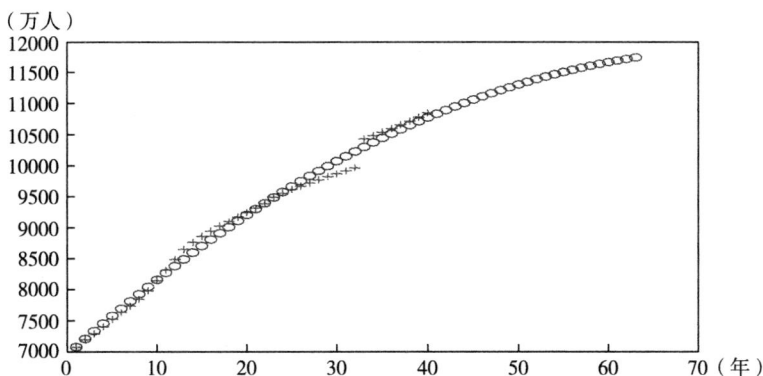

图 21　2018～2042 年河南省人口总数趋势的多项式曲线趋势模型预测结果趋势

表 18　四种人口预测模型的预测结果及均值　　　　　　　单位：万人

年份	马尔萨斯法	阻滞型法	指数曲线法外推模型	多项式曲线趋势法	平均值
2019	7453.033	10875.530	10821.361	10841.428	9997.840
2020	7532.539	10929.980	10861.665	10900.507	10056.170
2021	7612.893	10982.780	10898.704	10957.874	10113.060
2022	7694.105	11033.970	10932.443	11013.529	10168.510
2023	7776.183	11083.580	10962.851	11067.471	10222.520
2024	7859.137	11131.640	10989.900	11119.701	10275.090
2025	7942.975	11178.180	11013.563	11170.219	10326.230
2026	8027.708	11223.240	11033.819	11219.024	10375.950
2027	8113.345	11266.860	11050.650	11266.116	10424.240
2028	8199.895	11309.060	11064.039	11311.497	10471.120
2029	8287.369	11349.880	11073.973	11355.165	10516.600
2030	8375.775	11389.360	11080.444	11397.120	10560.670
2031	8465.125	11427.530	11083.446	11437.364	10603.370
2032	8555.428	11464.430	11082.974	11475.895	10644.680
2033	8646.694	11500.090	11079.031	11512.713	10684.630
2034	8738.934	11534.530	11071.620	11547.819	10723.230
2035	8832.158	11567.810	11060.747	11581.213	10760.480
2036	8926.377	11599.940	11046.422	11612.894	10796.410
2037	9021.600	11630.970	11028.660	11642.863	10831.020
2038	9117.839	11660.910	11007.477	11671.120	10864.340

年份	马尔萨斯法	阻滞型法	指数曲线法外推模型	多项式曲线趋势法	平均值
2039	9215.105	11689.820	10982.893	11697.664	10896.370
2040	9313.409	11717.710	10954.930	11722.496	10927.140
2041	9412.761	11744.620		11745.615	10967.670
2042	9513.173	11770.580			10641.880

数据来源：作者计算整理得到。

（2）四种模型的相对误差均值。马尔萨斯人口模型预测结果的相对误差均值为1.95775，排名第4；阻滞型人口模型预测结果的相对误差均值为0.985，排名第2；指数曲线法外推人口模型预测结果的相对误差均值为1.04675，排名第3；多项式曲线趋势人口模型预测结果的相对误差均值为0.962，排名第1。4种模型的相对误差均值与模型预测值和实际值之间的曲线拟合水平基本吻合。

（三）河南省人口发展态势与经济社会发展之间的耦合协调度

人口发展态势必然与经济社会发展之间产生联系，经济社会会对人口发展产生剧烈的影响，人口发展也会对经济社会产生反作用。在此，一是运用1978～2018年40余年的原始数据，建立相关指标体系，依托耦合协调度模型，测度分析河南省人口变动与经济发展之间的耦合协调度的趋势特征。二是运用2005～2018年14个年份的原始数据，建立相关指标体系，依托耦合协调度模型，测度分析河南省人口结构与经济发展之间的耦合协调度的趋势特征。三是运用2005～2018年原始数据，建立相关指标体系，构建18个省辖市14个年份的面板数据，测度分析河南各省辖市人口态势与经济发展系统之间耦合协调度的趋势特征。

1. 耦合协调度与熵权法原理

（1）耦合协调度测度及其三个环节。耦合协调度指两个或多个系统相互影响的程度，其中，耦合指两个或多个系统相互作用、相互影响的现象，是相互作用的强度；协调是协同发展的程度，协调度指计量系统之间或系统内部要素之间协调程度的定量指标。耦合协调度测度包括三个环节：

一是综合评价指数。假设有三个经济社会发展（子）系统，各个（子）系统的综合评价指数可计算如下：

$$f(x) = \sum_{i=1}^{m} a_i x_i' \quad g(y) = \sum_{i=1}^{n} a_i y_i' \quad h(z) = \sum_{i=1}^{n} a_i z_i'$$

式中，$f(x)$，$g(y)$，$h(z)$分别代表各（子）系统的综合指数；a_i，b_i，c_i分别为各（子）系统中各指标的权重；x_i，y_i，z_i分别为描述各指标特征的指标值，且均为无量纲化值（经过标准化处理）。

二是耦合度。假设有三个经济社会发展（子）系统，各个（子）系统之间的耦合度可计算如下：

$$C = \left\{ \frac{f(x) \times g(y) \times h(z)}{\left[\frac{f(x) + g(y) + h(z)}{3} \right]^3} \right\}^{\frac{1}{3}}$$

式中，耦合度 C 的取值范围为 $[0,1]$。C 越接近 1，表示各子系统之间的耦合度越大；C 越接近 0，表示各系统之间的耦合度越小，各参变量处于无关且无序发展的状态。参数 1/3 或 3 为调节系数。由于在这里是研究 3 个系统要素（或 1 个大系统中 3 个子系统）的缘故，调节系数取值为 1/3 或 3。

三是耦合协调度。

$$D = \sqrt{C \times T}; \quad T = af(x) + \beta g(y) + yh(z)$$

式中，D 为耦合协调度，反映系统协调发展水平的综合性指标；C 为耦合度；T 为测度耦合协调发展水平的加权综合评价指数；α，β，γ 分别为各（子）系统的权重；α 为系统 $f(x)$ 的指数值所占比重，β 为系统 $g(y)$ 的指数值所占比重，γ 为系统 $h(z)$ 的指数值所占比重，且 $\alpha + \beta + \gamma = 1$。当认为系统 $f(x)$、系统 $g(y)$ 及系统 $h(z)$ 同等重要时，则 $\alpha = \beta = \gamma = 1/3$。$n$ 个系统的加权综合指数的计算以此类推。

（2）耦合协调度等级标准。耦合协调度是系统协调发展水平的综合性指标，国内外学者有不同的划分标准，有的分为五个等级，有的分为八个等级，也有学者将其分为十个等级，其主要是运用数学模型法和统计法进行分类及划定判别标准。在此，拟采用常用的均匀分布的方法进行协调发展度的等级分类，假设在存在两大系统的背景下，具体协调度参考值和判别划分标准见表 19。

表 19　人口系统与经济环境系统之间耦合协调度等级分类标准

耦合协调度 D	等级类型	人口 $f(x)$ 与经济 $g(x)$ 的关系	二者间具体关系
0.80~1.00	良好协调	$f(x) > g(x)$	经济滞后型
		$f(x) = g(x)$	人口与经济同步型
		$f(x) < g(x)$	人口滞后型
0.60~0.80	中度协调	$f(x) > g(x)$	经济滞后型
		$f(x) = g(x)$	人口与经济同步型
		$f(x) < g(x)$	人口滞后型

耦合协调度 D	等级类型	人口 $f(x)$ 与经济 $g(x)$ 的关系	二者间具体关系
0.40~0.60	勉强协调	$f(x) > g(x)$	经济滞后型
		$f(x) = g(x)$	人口与经济同步型
		$f(x) < g(x)$	人口滞后型
0.20~0.40	中度失调	$f(x) > g(x)$	经济滞后型
		$f(x) = g(x)$	人口与经济同步型
		$f(x) < g(x)$	人口滞后型
0.0~0.20	严重失调	$f(x) > g(x)$	经济滞后型
		$f(x) = g(x)$	人口与经济同步型
		$f(x) < g(x)$	人口滞后型

（3）熵权法的基本思想。利用熵的概念确定指标权重的方法称为熵权法。熵是物理量，在信息论中表示信息的一个量度。熵权法是一种客观的赋权方法，利用各指标的熵值所提供的信息量的大小来决定指标权重的方法。用熵权法给指标赋权可以避免各评价指标权重的人为因素干扰，使评价结果更符合实际。熵权法的出发点是根据某一个指标观测值之间的差异程度来反映其重要程度，如果某项指标的数据差异不大，则反映该指标对评价对象所起的作用不大。熵权法克服了现阶段的评价方法存在指标的赋权过程受人为因素影响较大的问题。通过对各指标熵值的计算，可以衡量出指标信息量的大小，从而确保所建立的指标能反映绝大部分的原始信息。

（4）熵权法的计算内容。一是整理原始数据。X_{ij} 表示第 i 个对象的第 j 个数据。也即采集的原始数据。

二是原始数据的标准化。正向作用指标的标准化：$X'_{ij} = (X_{ij} - \min X_{ij}) / (\max X_{ij} - \min X_{ij})$；逆向作用指标的标准化：$X'_{ij} = (\max X_{ij} - X_{ij}) / (\max X_{ij} - \min X_{ij})$。原始数据 X_{ij} 标准化后，数据消除了量纲和数量级的影响，转换后其幅度压缩在 [0，1]。

三是指标比重。$P_{ij} = X' / \sum_{i=1}^{m} X_{ij}$（$0 \leq p_{ij} \leq 1$）表示指标对于被评价对象的作用大小取值在 [0，1]，合计等于1，其本质为指标贡献率。

四是熵值。$e_j = \frac{1}{\ln(m)} \sum_{i=1}^{m} p_{ij} \ln(p_{ij})$ 表示第 j 项指标数据的信息量熵值越大，其信息量反而越小。

五是差异性系数。$d_j = 1 - e_j$，表示指标的差异性大小。原始数据（X_{ij}）的差异越小，熵值（e_j）越小。

六是指标权重。$W_j = -d_j / \sum_{k=1}^{n} d_k$，表示每一个指标对评价对象的贡献率，权值越大，则对评价对象作用越大。

七是单个系统综合指数。$f(x) = \sum W_j X_{it}$，$g(y) = \sum W_j X_{it}$ 分别表示 $f(x)$ 系统综合指数，$g(y)$ 系统综合指数。

2. 河南省人口系统变动与经济发展之间的耦合协调度

（1）评价指标与数据来源。构建指标体系是评价河南省人口系统变动与经济发展之间相互作用的基础工作。利用相关年份《河南统计年鉴》的数据，在遵循系统性、操作性、可获得性、动态性和独立性等原则的基础上，采用理论分析法对指标进行设置和筛选，结合河南省人口系统变动与社会经济现状，建立相关指标体系，以此判断河南省人口变动与经济发展之间的耦合协调度。一是选择生产总值（亿元）、第一产业总值（逆向）、第二产业总值、人均生产总值（元）、生产总值指数、第一产业指数、第二产业指数、第三产业指数、人均生产总值指数、城镇化率等指标来代表经济系统水平状态。二是选择总人口数（万人）、性别比（女＝100）、出生率（‰）、死亡率（‰）（逆向）等指标来代表人口系统变动状况。

（2）权重选择与系统综合指数计算。依托熵权法计算原理，利用河南省人口变动系统与经济发展系统的评价指标与数据，可计算出 1978～2018 年河南人口系统变动、经济发展系统的指标权重，以及相对应的系统综合指数（见表20）。

表20　河南经济发展系统与人口系统变动的评价指标权重

指标（经济发展系统）	权重	指标（人口变动系统）	权重
生产总值（亿元）	0.0829	总人口数（万人）	0.3141
第一产业总值	0.1475	性别比（女＝100）	0.3255
第二产业总值	0.1005	出生率（‰）	0.1953
人均生产总值（元）	0.0847	死亡率（‰）	0.1651
生产总值指数	0.0856		
第一产业指数	0.1239		
第二产业指数	0.088		
第三产业指数	0.0771		
人均生产总值指数	0.0871		
城镇化率（％）	0.1227		

数据来源：依据熵权法原理，作者计算整理得到。

（3）河南人口系统变动与经济发展之间的耦合协调度。依据耦合协调度测度的三个环节，可以计算出河南人口系统变动与经济发展系统之间的耦合协调度。经过统计分析，可以发现：一是总体表现不错。1978～2018年河南人口系统变动与经济发展系统之间的耦合协调度均值为0.6182，在0.6以上，总体属于中度协调以上等级；标准差为0.12583，在0.4277至0.8756之间变动。二是部分年份协调良好。有6个年份的河南人口系统变动与经济发展系统之间的耦合协调度均值为0.8315，在0.8至1.0之间，属于良好协调等级；标准差为0.01596，在0.8114至0.8756之间变动。三是绝大部分年份属于中度协调。有13个年份的河南人口系统变动与经济发展系统之间的耦合协调度均值为0.6965，在0.6至0.8之间，属于中度协调等级；标准差为0.06344，在0.6170至0.7963之间变动。四是绝大部分年份属于勉强协调。有22个年份的河南人口系统变动与经济发展系统之间的耦合协调度均值为0.5235，在0.4至0.6之间，属于勉强协调等级；标准差为0.05493，在0.4277至0.5948之间变动。五是部分年份的人口系统变动滞后于经济发展系统。近年来，人口形势变得严峻，符合主动判断。2013～2018年，连续6年，人口指数小于经济指数，人口发展滞后。人口发展综合指数滞后于经济发展系统综合指数，差距均值为0.8315，标准差为0.01596，波动范围在0.8114至0.8756之间（见表21、表22）。

表21　1978～2018年河南人口系统变动与经济发展之间的耦合协调度的描述性统计

耦合协调度	单位个数（年）	均值	标准差	最小值	最大值
总体	41	0.6182	0.12583	0.4277	0.8756
大于0.8	6	0.8315	0.01596	0.8114	0.8756
0.6～0.8	13	0.6965	0.06344	0.6170	0.7963
0.4～0.6	22	0.5235	0.05493	0.4277	0.5948
人口系统变动滞后经济发展系统	6	0.8315	0.01596	0.8114	0.8756

数据来源：作者计算整理得到。

表22　1978～2018年河南人口系统变动与经济发展之间的耦合协调度的年度情况

年份	人口变动综合指数	经济发展综合指数	耦合度	耦合协调度	人口指数—经济指数
1978	0.2418	0.1560	0.9765	0.4407	0.0858
1979	0.2374	0.1487	0.9733	0.4335	0.0887

年份	人口变动综合指数	经济发展综合指数	耦合度	耦合协调度	人口指数—经济指数
1980	0.2297	0.1516	0.9788	0.4320	0.0781
1981	0.2166	0.1545	0.9859	0.4277	0.0621
1982	0.2936	0.1557	0.9517	0.4624	0.1379
1983	0.3329	0.1635	0.9400	0.4830	0.1694
1984	0.3538	0.1663	0.9328	0.4925	0.1875
1985	0.4206	0.1686	0.9039	0.5160	0.2520
1986	0.4574	0.1676	0.8860	0.5262	0.2898
1987	0.5274	0.1737	0.8634	0.5502	0.3537
1988	0.6067	0.1751	0.8338	0.5709	0.4316
1989	0.6633	0.1781	0.8170	0.5863	0.4852
1990	0.5278	0.1802	0.8712	0.5553	0.3476
1991	0.4666	0.1822	0.8988	0.5400	0.2844
1992	0.4184	0.1876	0.9246	0.5293	0.2308
1993	0.4923	0.1964	0.9030	0.5576	0.2959
1994	0.4937	0.2005	0.9064	0.5609	0.2932
1995	0.3717	0.2074	0.9589	0.5269	0.1643
1996	0.4708	0.2186	0.9307	0.5664	0.2522
1997	0.4898	0.2304	0.9329	0.5796	0.2594
1998	0.4810	0.2409	0.9431	0.5834	0.2401
1999	0.4969	0.2519	0.9450	0.5948	0.2450
2000	0.6142	0.2658	0.9183	0.6356	0.3484
2001	0.5195	0.2789	0.9535	0.6170	0.2406
2002	0.4995	0.2938	0.9658	0.6189	0.2057
2003	0.5254	0.3137	0.9677	0.6372	0.2117
2004	0.4964	0.3328	0.9803	0.6375	0.1636
2005	0.5903	0.3639	0.9714	0.6808	0.2264
2006	0.6076	0.4020	0.9790	0.7030	0.2056
2007	0.6042	0.4357	0.9868	0.7163	0.1685
2008	0.5915	0.4678	0.9932	0.7253	0.1237
2009	0.5947	0.4991	0.9962	0.7381	0.0956
2010	0.6740	0.5352	0.9934	0.7750	0.1388
2011	0.6111	0.5848	0.9998	0.7732	0.0263

年份	人口变动综合指数	经济发展综合指数	耦合度	耦合协调度	人口指数—经济指数
2012	0.6437	0.6246	0.9999	0.7963	0.0191
2013	0.6564	0.6602	1.0000	0.8114	−0.0038
2014	0.6540	0.7021	0.9994	0.8232	−0.0481
2015	0.6452	0.7434	0.9975	0.8322	−0.0982
2016	0.6170	0.7941	0.9921	0.8366	−0.1771
2017	0.6236	0.8540	0.9878	0.8543	−0.2304
2018	0.6357	0.8752	0.9913	0.8756	−0.2486

数据来源：作者计算整理得到。

3. 河南省人口系统结构与经济发展之间的耦合协调度

（1）评价指标与数据来源。构建指标体系是评价河南省人口系统结构与经济发展之间相互作用的基础工作。利用相关年份《河南统计年鉴》的数据，在遵循系统性、操作性、可获得性、动态性和独立性等原则的基础上，采用理论分析法对指标进行设置和筛选，结合河南省的社会经济现状，建立相关指标体系，以此判断河南省人口结构与经济发展系统之间的耦合协调度。一是选择生产总值（亿元）、第一产业总值（逆向）（亿元）、第二产业总值（亿元）、人均生产总值（元）等指标来代表经济发展系统的水平状态。二是选择常住人口数、15～64岁人口比重（%）、65岁及以上人口比重（%）（逆向）等指标来代表人口系统结构状况。

（2）权重选择与系统综合指数计算。依托熵权法计算原理，利用河南省人口系统结构与经济发展系统的评价指标与数据，可计算出 2005～2018 年河南人口系统结构、经济发展系统的指标权重，以及相对应的系统综合指数（见表23）。

表23　河南省经济发展系统与人口系统结构的评价指标权重

指标（经济发展系统）	权重	指标（人口系统结构）	权重
生产总值（亿元）	0.1938	常住人口数（万人）	0.3484
第一产业总值（逆向）（亿元）	0.3757	15～64岁人口比重（%）	0.3632
第二产业总值（亿元）	0.2315	65岁及以上人口比重（%）逆向	0.2883
人均生产总值（元）	0.1990		

数据来源：依据熵权法原理，作者计算整理得到。

（3）河南人口结构与经济发展之间的耦合协调度。依据耦合协调度测度的三个环节，可以计算出河南人口系统结构与经济发展之间的耦合协调度。经过统计分析，可以发现：一是总体表现尚可。2005～2018 年 14 年间，河南人口系统结构变动与经济发展系统之间的耦合协调度均值为 0.6591，在 0.6 以上，总体属于中度协调以上等级；标准差为 0.13629，在 0.4515 至 0.8295 之间变动。二是部分年份协调良好。有 4 个年份河南人口系统结构变动与经济发展系统之间的耦合协调度均值为 0.8157，在 0.8 至 1.0 之间，属于良好协调等级；标准差为 0.01487，在 0.8000 至 0.8295 之间变动。三是绝大部分年份中度协调。有 5 个年份河南人口系统结构变动与经济发展系统之间的耦合协调度均值为 0.6735，在 0.6 至 0.8 之间，属于中度协调等级；标准差为 0.08217，在 0.6029 至 0.7902 之间变动。四是绝大部分年份勉强协调。有 5 个年份河南人口系统结构变动与经济发展系统之间的耦合协调度均值为 0.5223，在 0.4 至 0.6 之间，属于勉强协调等级；标准差为 0.04872，在 0.4515 至 0.5823 之间变动。五是部分年份人口系统结构变动滞后于经济发展系统，人口结构形势严峻，符合主观判断。2005～2012 年，连续 8 年，人口结构指数小于经济指数，人口结构发展滞后。人口结构发展综合指数滞后于经济发展系统综合指数，差距均值为 0.5644；标准差为 0.07090，波动范围在 0.4515 至 0.6674 之间。六是部分年份人口系统结构变动领先于经济发展系统，人口结构形势改善，符合主观判断。2012～2018 年，连续 6 年，人口结构指数大于经济指数，人口结构发展领先。人口结构发展综合指数领先于经济发展系统综合指数，差距均值为 0.8106；标准差为 0.01721，波动范围在 0.7902 至 0.8295 之间（见表 24、表 25）。

表 24   2005～2018 年河南人口系统结构与经济发展系统之间的耦合协调度的描述性统计

耦合协调度	单位个数（年）	均值	标准差	最小值	最大值
总体	14	0.6591	0.13629	0.4515	0.8295
大于 0.8	4	0.8157	0.01487	0.8000	0.8295
0.6～0.8	5	0.6735	0.08217	0.6029	0.7902
0.4～0.6	5	0.5223	0.04872	0.4515	0.5823
人口结构滞后经济	8	0.5644	0.07090	0.4515	0.6674
人口结构领先经济	6	0.8106	0.01721	0.7902	0.8295

数据来源：作者计算整理得到。

表 25   2005～2018 年河南人口系统结构与经济发展之间的耦合协调度的年度情况

年份	经济发展综合指数	人口结构综合指数	耦合度	耦合协调度	人口结构指数—经济指数
2005	0.3800	0.1094	0.8333	0.4515	−0.2706
2006	0.4097	0.1580	0.8964	0.5044	−0.2517

年份	经济发展综合指数	人口结构综合指数	耦合度	耦合协调度	人口结构指数—经济指数
2007	0.4163	0.1868	0.9248	0.5281	−0.2295
2008	0.4113	0.2150	0.9496	0.5453	−0.1963
2009	0.4233	0.2716	0.9759	0.5823	−0.1517
2010	0.4215	0.3134	0.9891	0.6029	−0.1081
2011	0.4614	0.3487	0.9903	0.6333	−0.1127
2012	0.4715	0.4207	0.9984	0.6674	−0.0508
2013	0.4737	0.8229	0.9631	0.7902	0.3492
2014	0.4955	0.9451	0.9501	0.8273	0.4496
2015	0.5160	0.9176	0.9600	0.8295	0.4016
2016	0.5605	0.7532	0.9892	0.8061	0.1927
2017	0.6281	0.6520	0.9998	0.8000	0.0239
2018	0.6453	0.6635	0.9765	0.8132	0.2356

数据来源：作者计算整理得到。

4. 河南省辖市人口系统态势与经济发展之间的耦合协调度

（1）评价指标与数据来源。构建指标体系是评价河南各省辖市人口系统态势与经济发展系统相互作用的基础工作。利用相关年份《河南统计年鉴》的数据，在遵循系统性、操作性、可获得性、动态性和独立性等原则的基础上，采用理论分析法对指标进行设置和筛选，结合河南各省辖市的社会经济现状，建立相关指标体系，构建18个省辖市2005～2018年的面板数据，以此判断河南各省辖市人口态势与经济发展系统之间的协调度。一是选择生产总值（亿元）、第一产业总值、第二产业总值、人均生产总值（元）等指标来代表河南各省辖市经济系统水平状态。二是选择常住人口数（万人）、15～64岁人口比重（%）、65岁及以上人口比重（%）等指标来代表河南各省辖市人口系统态势状况。

（2）系统综合指数与耦合协调度计算。依托熵权法计算原理，利用河南各省辖市人口态势与经济发展系统的评价指标与面板数据，可计算出2005～2018年河南各省辖市人口系统态势、经济发展系统的综合指数。依据耦合协调度测度的三个环节，可以计算出河南人口态势与经济发展之间的耦合协调度（见表26）。

（3）河南省所辖18个省辖市的总体情况。一是总体表现尚可。2005～2018年14年间，河南18个所辖市共252个单位年，人口系统态势与经济发展系统之间的耦合协调度均值为0.6083，在0.6以上，总体属于中度协调以上等级；标准差为0.11359，在0.3890至0.9544之间变动。二是部分年份协调良好。河南18

表 26 2005～2018 年河南各省辖市人口态势与经济发展之间的耦合协调度

地区	编码	年份	经济熵值	人口熵值	耦合度	耦合协调度	人口熵值—经济熵值
郑州市	1	2005	0.9764	0.6010	0.9713	0.8752	−0.3754
	1	2006	0.9769	0.5990	0.9708	0.8746	−0.3779
	1	2007	0.9747	0.5268	0.9545	0.8465	−0.4479
	1	2008	0.9562	0.6080	0.9749	0.8732	−0.3482
	1	2009	0.9693	0.6040	0.9727	0.8747	−0.3653
	1	2010	0.9416	0.8812	0.9994	0.9544	−0.0604
	1	2011	0.9571	0.8118	0.9966	0.9388	−0.1453
	1	2012	0.9474	0.7322	0.9918	0.9126	−0.2152
	1	2013	0.9478	0.7415	0.9925	0.9156	−0.2063
	1	2014	0.9522	0.8286	0.9976	0.9425	−0.1236
	1	2015	0.9588	0.8483	0.9981	0.9497	−0.1105
	1	2016	0.9609	0.8398	0.9977	0.9478	−0.1211
	1	2017	0.9639	0.7872	0.9949	0.9333	−0.1767
	1	2018	0.9732	0.8035	0.9967	0.9465	−0.1653
开封市	2	2005	0.1785	0.5536	0.8588	0.5607	0.3751
	2	2006	0.1697	0.5402	0.8530	0.5503	0.3705
	2	2007	0.1663	0.5209	0.8566	0.5425	0.3546
	2	2008	0.1712	0.4806	0.8801	0.5355	0.3094
	2	2009	0.1897	0.4885	0.8977	0.5517	0.2988
	2	2010	0.1772	0.3914	0.9264	0.5132	0.2142
	2	2011	0.1780	0.4050	0.9210	0.5182	0.2270
	2	2012	0.1788	0.3612	0.9412	0.5041	0.1824
	2	2013	0.1869	0.3387	0.9574	0.5016	0.1518
	2	2014	0.1990	0.3196	0.9726	0.5022	0.1206
	2	2015	0.2049	0.3933	0.9491	0.5328	0.1884
	2	2016	0.2053	0.3966	0.9481	0.5342	0.1913
	2	2017	0.1941	0.3386	0.9625	0.5063	0.1445
	2	2018	0.1932	0.3456	0.9531	0.5135	0.1536
洛阳市	3	2005	0.6475	0.6036	0.9994	0.7906	−0.0439
	3	2006	0.6423	0.5525	0.9972	0.7718	−0.0898
	3	2007	0.6459	0.4658	0.9868	0.7406	−0.1801
	3	2008	0.6199	0.5100	0.9953	0.7499	−0.1099

续表

地区	编码	年份	经济熵值	人口熵值	耦合度	耦合协调度	人口熵值—经济熵值
洛阳市	3	2009	0.5898	0.5307	0.9986	0.7480	−0.0591
	3	2010	0.5670	0.5199	0.9991	0.7368	−0.0471
	3	2011	0.5481	0.5039	0.9991	0.7249	−0.0442
	3	2012	0.5365	0.5337	1.0000	0.7315	−0.0028
	3	2013	0.4969	0.5803	0.9970	0.7328	0.0834
	3	2014	0.4797	0.5829	0.9953	0.7272	0.1032
	3	2015	0.4735	0.5906	0.9939	0.7272	0.1171
	3	2016	0.4752	0.6142	0.9918	0.7350	0.1390
	3	2017	0.4822	0.5558	0.9975	0.7195	0.0736
	3	2018	0.4923	0.5638	0.9856	0.7231	0.1256
平顶山市	4	2005	0.3433	0.4683	0.9881	0.6332	0.1250
	4	2006	0.3428	0.4216	0.9947	0.6166	0.0788
	4	2007	0.3548	0.3933	0.9987	0.6112	0.0385
	4	2008	0.3789	0.4611	0.9952	0.6465	0.0822
	4	2009	0.3779	0.4702	0.9941	0.6492	0.0923
	4	2010	0.3683	0.3520	0.9997	0.6001	−0.0163
	4	2011	0.3492	0.4131	0.9965	0.6163	0.0639
	4	2012	0.3081	0.3294	0.9994	0.5644	0.0213
	4	2013	0.2851	0.3568	0.9937	0.5647	0.0717
	4	2014	0.2714	0.3990	0.9817	0.5736	0.1276
	4	2015	0.2558	0.3689	0.9835	0.5543	0.1131
	4	2016	0.2468	0.4234	0.9646	0.5685	0.1766
	4	2017	0.2388	0.3384	0.9850	0.5331	0.0996
	4	2018	0.2365	0.3256	0.9753	0.5346	0.1035
安阳市	5	2005	0.3133	0.7617	0.9088	0.6989	0.4484
	5	2006	0.2968	0.7384	0.9044	0.6842	0.4416
	5	2007	0.3182	0.6388	0.9422	0.6715	0.3206
	5	2008	0.3321	0.5700	0.9646	0.6596	0.2379
	5	2009	0.3402	0.4947	0.9827	0.6405	0.1545
	5	2010	0.3333	0.5031	0.9792	0.6399	0.1698
	5	2011	0.3127	0.3603	0.9975	0.5794	0.0476
	5	2012	0.2948	0.3426	0.9972	0.5638	0.0478

续表

地区	编码	年份	经济熵值	人口熵值	耦合度	耦合协调度	人口熵值—经济熵值
安阳市	5	2013	0.2898	0.3240	0.9984	0.5536	0.0342
	5	2014	0.2811	0.2908	0.9999	0.5347	0.0097
	5	2015	0.2721	0.4488	0.9695	0.5911	0.1767
	5	2016	0.2643	0.4944	0.9529	0.6013	0.2301
	5	2017	0.2656	0.5086	0.9494	0.6062	0.2430
	5	2018	0.2659	0.5156	0.9546	0.6121	0.2385
鹤壁市	6	2005	0.2166	0.5282	0.9083	0.5816	0.3116
	6	2006	0.2080	0.5608	0.8885	0.5844	0.3528
	6	2007	0.2265	0.5105	0.9227	0.5831	0.2840
	6	2008	0.2332	0.4747	0.9400	0.5768	0.2415
	6	2009	0.2482	0.4744	0.9498	0.5858	0.2262
	6	2010	0.2470	0.5325	0.9305	0.6022	0.2855
	6	2011	0.2566	0.5117	0.9433	0.6019	0.2551
	6	2012	0.2624	0.5643	0.9309	0.6203	0.3019
	6	2013	0.2867	0.5558	0.9476	0.6318	0.2691
	6	2014	0.2894	0.5426	0.9526	0.6295	0.2532
	6	2015	0.2737	0.5473	0.9429	0.6221	0.2736
	6	2016	0.2633	0.5379	0.9394	0.6134	0.2746
	6	2017	0.2433	0.6292	0.8969	0.6255	0.3859
	6	2018	0.2415	0.6153	0.9256	0.6288	0.3912
新乡市	7	2005	0.2844	0.7078	0.9044	0.6698	0.4234
	7	2006	0.2747	0.7082	0.8975	0.6641	0.4335
	7	2007	0.2791	0.6744	0.9100	0.6587	0.3953
	7	2008	0.2755	0.5974	0.9295	0.6369	0.3219
	7	2009	0.2777	0.5631	0.9406	0.6288	0.2854
	7	2010	0.2752	0.5108	0.9540	0.6123	0.2356
	7	2011	0.2923	0.4877	0.9681	0.6145	0.1954
	7	2012	0.2828	0.4788	0.9663	0.6066	0.1960
	7	2013	0.2801	0.4396	0.9751	0.5924	0.1595
	7	2014	0.2755	0.3456	0.9936	0.5555	0.0701
	7	2015	0.2640	0.4939	0.9529	0.6009	0.2299
	7	2016	0.2663	0.5405	0.9405	0.6160	0.2742

地区	编码	年份	经济熵值	人口熵值	耦合度	耦合协调度	人口熵值—经济熵值
新乡市	7	2017	0.2552	0.5634	0.9265	0.6158	0.3082
	7	2018	0.2876	0.5731	0.9367	0.6197	0.2965
焦作市	8	2005	0.4476	0.5228	0.9970	0.6955	0.0752
	8	2006	0.4424	0.5447	0.9946	0.7006	0.1023
	8	2007	0.4641	0.4846	0.9998	0.6886	0.0205
	8	2008	0.4493	0.5100	0.9980	0.6919	0.0607
	8	2009	0.4454	0.5311	0.9961	0.6974	0.0857
	8	2010	0.4304	0.5861	0.9882	0.7087	0.1557
	8	2011	0.4258	0.5856	0.9874	0.7066	0.1598
	8	2012	0.4167	0.5689	0.9880	0.6978	0.1522
	8	2013	0.4263	0.6400	0.9797	0.7228	0.2137
	8	2014	0.4266	0.6807	0.9733	0.7341	0.2541
	8	2015	0.4114	0.5824	0.9851	0.6996	0.1710
	8	2016	0.4082	0.5560	0.9882	0.6902	0.1478
	8	2017	0.3917	0.5396	0.9873	0.6780	0.1479
	8	2018	0.3986	0.5438	0.9789	0.6856	0.1586
濮阳市	9	2005	0.2627	0.6430	0.9076	0.6411	0.3803
	9	2006	0.2574	0.6886	0.8901	0.6488	0.4312
	9	2007	0.2500	0.6074	0.9090	0.6243	0.3574
	9	2008	0.2539	0.5223	0.9383	0.6035	0.2684
	9	2009	0.2422	0.4644	0.9493	0.5791	0.2222
	9	2010	0.2386	0.4338	0.9569	0.5672	0.1952
	9	2011	0.2368	0.4258	0.9585	0.5635	0.1890
	9	2012	0.2404	0.4327	0.9583	0.5679	0.1923
	9	2013	0.2574	0.3714	0.9834	0.5561	0.1140
	9	2014	0.2572	0.3759	0.9823	0.5576	0.1187
	9	2015	0.2509	0.4024	0.9727	0.5636	0.1515
	9	2016	0.2451	0.3754	0.9777	0.5508	0.1303
	9	2017	0.2349	0.3788	0.9721	0.5462	0.1439
	9	2018	0.2389	0.3856	0.9758	0.5489	0.1485
许昌市	10	2005	0.3841	0.3994	0.9998	0.6258	0.0153
	10	2006	0.3775	0.3846	1.0000	0.6173	0.0071

地区	编码	年份	经济熵值	人口熵值	耦合度	耦合协调度	人口熵值—经济熵值
许昌市	10	2007	0.3888	0.3937	1.0000	0.6255	0.0049
	10	2008	0.3894	0.4149	0.9995	0.6340	0.0255
	10	2009	0.3987	0.4331	0.9991	0.6446	0.0344
	10	2010	0.3890	0.3408	0.9978	0.6034	−0.0482
	10	2011	0.3977	0.3295	0.9956	0.6017	−0.0682
	10	2012	0.3894	0.3250	0.9959	0.5965	−0.0644
	10	2013	0.4010	0.3245	0.9944	0.6006	−0.0765
	10	2014	0.4070	0.2590	0.9750	0.5698	−0.1480
	10	2015	0.3987	0.3520	0.9981	0.6121	−0.0467
	10	2016	0.4009	0.3320	0.9956	0.6040	−0.0689
	10	2017	0.3980	0.2938	0.9886	0.5848	−0.1042
	10	2018	0.3973	0.2968	0.9873	0.5932	−0.1257
漯河市	11	2005	0.2665	0.2516	0.9996	0.5088	−0.0149
	11	2006	0.2564	0.2312	0.9987	0.4934	−0.0252
	11	2007	0.2566	0.3179	0.9943	0.5345	0.0613
	11	2008	0.2614	0.3002	0.9976	0.5293	0.0388
	11	2009	0.2765	0.3478	0.9935	0.5569	0.0713
	11	2010	0.2693	0.2737	1.0000	0.5210	0.0044
	11	2011	0.2619	0.3974	0.9787	0.5680	0.1355
	11	2012	0.2573	0.3094	0.9958	0.5312	0.0521
	11	2013	0.2596	0.3206	0.9945	0.5371	0.0610
	11	2014	0.2595	0.4061	0.9754	0.5698	0.1466
	11	2015	0.2487	0.4086	0.9700	0.5646	0.1599
	11	2016	0.2409	0.3523	0.9822	0.5397	0.1114
	11	2017	0.2239	0.3100	0.9869	0.5133	0.0861
	11	2018	0.2359	0.3267	0.9789	0.5486	0.1089
三门峡市	12	2005	0.3144	0.5588	0.9600	0.6474	0.2444
	12	2006	0.3197	0.5745	0.9586	0.6547	0.2548
	12	2007	0.3463	0.6138	0.9604	0.6790	0.2675
	12	2008	0.3554	0.5793	0.9709	0.6736	0.2239
	12	2009	0.3703	0.5590	0.9792	0.6745	0.1887
	12	2010	0.3966	0.5409	0.9881	0.6806	0.1443

地区	编码	年份	经济熵值	人口熵值	耦合度	耦合协调度	人口熵值—经济熵值
三门峡市	12	2011	0.4134	0.5443	0.9906	0.6888	0.1309
	12	2012	0.4152	0.5153	0.9942	0.6801	0.1001
	12	2013	0.4163	0.5249	0.9933	0.6837	0.1086
	12	2014	0.3954	0.6170	0.9757	0.7028	0.2216
	12	2015	0.3586	0.6076	0.9662	0.6832	0.2490
	12	2016	0.3397	0.5332	0.9751	0.6524	0.1935
	12	2017	0.3255	0.5159	0.9740	0.6402	0.1904
	12	2018	0.3289	0.5236	0.9821	0.6489	0.1893
南阳市	13	2005	0.4088	0.7460	0.9564	0.7431	0.3372
	13	2006	0.3829	0.6870	0.9588	0.7162	0.3041
	13	2007	0.3654	0.6604	0.9578	0.7009	0.2950
	13	2008	0.3399	0.6327	0.9536	0.6810	0.2928
	13	2009	0.3190	0.6348	0.9436	0.6708	0.3158
	13	2010	0.2852	0.4871	0.9652	0.6105	0.2019
	13	2011	0.2520	0.5700	0.9222	0.6156	0.3180
	13	2012	0.2267	0.4953	0.9283	0.5789	0.2686
	13	2013	0.2003	0.4885	0.9083	0.5593	0.2882
	13	2014	0.1946	0.4381	0.9229	0.5403	0.2435
	13	2015	0.2041	0.4510	0.9263	0.5508	0.2469
	13	2016	0.2066	0.4827	0.9163	0.5619	0.2761
	13	2017	0.1975	0.4536	0.9194	0.5471	0.2561
	13	2018	0.2165	0.4635	0.9586	0.5496	0.2586
商丘市	14	2005	0.1790	0.5841	0.8475	0.5687	0.4051
	14	2006	0.1685	0.5953	0.8294	0.5628	0.4268
	14	2007	0.1638	0.6040	0.8193	0.5608	0.4402
	14	2008	0.1621	0.5917	0.8217	0.5565	0.4296
	14	2009	0.1647	0.6194	0.8147	0.5651	0.4547
	14	2010	0.1533	0.3470	0.9220	0.4803	0.1937
	14	2011	0.1466	0.4637	0.8545	0.5106	0.3171
	14	2012	0.1337	0.4122	0.8601	0.4845	0.2785
	14	2013	0.1307	0.4090	0.8568	0.4808	0.2783
	14	2014	0.1261	0.4560	0.8239	0.4897	0.3299

续表

地区	编码	年份	经济熵值	人口熵值	耦合度	耦合协调度	人口熵值—经济熵值
商丘市	14	2015	0.1368	0.5303	0.8076	0.5190	0.3935
	14	2016	0.1394	0.5482	0.8041	0.5258	0.4088
	14	2017	0.1432	0.3950	0.8839	0.4877	0.2518
	14	2018	0.1458	0.3986	0.8659	0.4968	0.2575
信阳市	15	2005	0.1663	0.3906	0.9153	0.5048	0.2243
	15	2006	0.1569	0.3345	0.9324	0.4786	0.1776
	15	2007	0.1655	0.3037	0.9556	0.4735	0.1382
	15	2008	0.1611	0.2674	0.9688	0.4556	0.1063
	15	2009	0.1673	0.2834	0.9662	0.4666	0.1161
	15	2010	0.1550	0.1541	1.0000	0.3931	− 0.0009
	15	2011	0.1448	0.2876	0.9439	0.4517	0.1428
	15	2012	0.1202	0.3271	0.8867	0.4453	0.2069
	15	2013	0.1146	0.3133	0.8856	0.4353	0.1987
	15	2014	0.1291	0.3126	0.9096	0.4482	0.1835
	15	2015	0.1378	0.4073	0.8693	0.4868	0.2695
	15	2016	0.1435	0.4122	0.8753	0.4931	0.2687
	15	2017	0.1363	0.2821	0.9374	0.4429	0.1458
	15	2018	0.1357	0.2965	0.9465	0.4452	0.1465
周口市	16	2005	0.1658	0.7442	0.7720	0.5927	0.5784
	16	2006	0.1523	0.7305	0.7556	0.5775	0.5782
	16	2007	0.1455	0.6358	0.7785	0.5515	0.4903
	16	2008	0.1348	0.5142	0.8114	0.5131	0.3794
	16	2009	0.1418	0.5662	0.8004	0.5323	0.4244
	16	2010	0.1254	0.3569	0.8772	0.4599	0.2315
	16	2011	0.1153	0.4146	0.8252	0.4676	0.2993
	16	2012	0.1067	0.4271	0.7997	0.4620	0.3204
	16	2013	0.1110	0.4621	0.7904	0.4759	0.3511
	16	2014	0.1245	0.4436	0.8274	0.4848	0.3191
	16	2015	0.1349	0.4844	0.8255	0.5056	0.3495
	16	2016	0.1389	0.5060	0.8222	0.5149	0.3671
	16	2017	0.1381	0.3704	0.8895	0.4755	0.2323
	16	2018	0.1385	0.3825	0.8956	0.4836	0.2453

地区	编码	年份	经济熵值	人口熵值	耦合度	耦合协调度	人口熵值—经济熵值
	17	2005	0.1500	0.4782	0.8527	0.5175	0.3282
	17	2006	0.1383	0.3886	0.8799	0.4815	0.2503
	17	2007	0.1343	0.3090	0.9191	0.4513	0.1747
	17	2008	0.1309	0.3436	0.8938	0.4605	0.2127
	17	2009	0.1452	0.3192	0.9271	0.4639	0.1740
	17	2010	0.1280	0.2240	0.9621	0.4115	0.0960
驻马店市	17	2011	0.1204	0.2205	0.9559	0.4037	0.1001
	17	2012	0.1109	0.2102	0.9510	0.3908	0.0993
	17	2013	0.1126	0.2033	0.9579	0.3890	0.0907
	17	2014	0.1203	0.1943	0.9719	0.3910	0.0740
	17	2015	0.1310	0.2481	0.9511	0.4246	0.1171
	17	2016	0.1315	0.2889	0.9272	0.4414	0.1574
	17	2017	0.1337	0.2418	0.9577	0.4240	0.1081
	17	2018	0.1325	0.2457	0.9632	0.4356	0.1183
	18	2005	0.3459	0.4526	0.9910	0.6290	0.1067
	18	2006	0.3468	0.5195	0.9799	0.6515	0.1727
	18	2007	0.3725	0.6108	0.9702	0.6907	0.2383
	18	2008	0.3872	0.5263	0.9883	0.6719	0.1391
	18	2009	0.3836	0.5548	0.9832	0.6792	0.1712
	18	2010	0.4019	0.7047	0.9618	0.7295	0.3028
济源市	18	2011	0.4049	0.6557	0.9716	0.7178	0.2508
	18	2012	0.4314	0.6237	0.9833	0.7202	0.1923
	18	2013	0.4380	0.6385	0.9825	0.7272	0.2005
	18	2014	0.4248	0.6360	0.9800	0.7210	0.2112
	18	2015	0.3881	0.5811	0.9800	0.6891	0.1930
	18	2016	0.3785	0.4647	0.9948	0.6476	0.0862
	18	2017	0.3689	0.4137	0.9984	0.6250	0.0448
	18	2018	0.3695	0.4258	0.9936	0.6352	0.0936

数据来源：依据熵权法原理，作者计算整理得到。

个省辖市中共有 14 个单位年的人口系统态势与经济发展系统之间的耦合协调度均值为 0.9107，在 0.8 至 1.0 之间，属于良好协调等级；标准差为 0.03712，在

0.8465 至 0.9544 之间变动。三是大部分年份中度协调。河南 18 个省辖市中有 114 个单位年的人口系统态势与经济发展系统之间的耦合协调度均值为 0.6660，在 0.6 至 0.8 之间，属于中度协调等级；标准差为 0.04712，在 0.6001 至 0.7906 之间变动。四是大部分年份勉强协调。河南 18 个省辖市中有 120 个单位年的人口系统态势与经济发展系统之间的耦合协调度均值为 0.5243，在 0.4 至 0.6 之间，属于勉强协调等级；标准差为 0.04737，在 0.4037 至 0.5965 之间变动。五是部分年份中度失调。河南 18 个省辖市中有 4 个单位年的人口系统态势与经济发展系统之间的耦合协调度均值为 0.3910，在 0.2 至 0.4 之间，属于中度失调等级；标准差为 0.00168，在 0.3890 至 0.3931 之间变动。六是部分年份人口系统态势变动领先于经济发展系统，人口结构形势改善，符合主观判断。共有 217 个单位年的人口态势发展领先。人口发展综合指数领先于经济发展系统综合指数，差距均值为 0.5857；标准差为 0.08558，波动范围在 0.3890 至 0.7431 之间。七是部分年份人口系统态势变动滞后于经济发展系统，人口形势严峻，符合主观判断。共有 35 个单位年的人口态势发展落后。人口发展综合指数滞后于经济发展系统综合指数，差距均值为 0.7455；标准差为 0.15990，波动范围在 0.3931 至 0.9544 之间（见表 27）。

表 27　2005～2018 年河南各省辖市人口态势与经济发展间的耦合协调度的描述性统计

耦合协调度	单位个数（年）	均值	标准差	最小值	最大值
总体	252	0.6083	0.11359	0.3890	0.9544
0.8～1.0	14	0.9107	0.03712	0.8465	0.9544
0.6～0.8	114	0.6660	0.04712	0.6001	0.7906
0.4～0.6	120	0.5243	0.04737	0.4037	0.5965
0.2～0.4	4	0.3910	0.00168	0.3890	0.3931
人口领先经济	217	0.5857	0.08558	0.3890	0.7431
人口滞后经济	35	0.7455	0.15990	0.3931	0.9544

数据来源：作者计算整理得到。

5. 河南 18 个省辖市人口系统态势与经济发展之间的耦合协调度

（1）郑州市人口态势与经济发展之间的耦合协调度。一是总体尚可。2005～2018 年共 14 年，郑州市人口系统态势与经济发展之间的耦合协调度均值为 0.9107，数据水平在 0.8 以上，属于良好协调等级。标准差为 0.03712，最小值为 0.8465，最大值为 0.9544。二是人口系统态势滞后于经济发展。2005～2018

年共 14 年，郑州市人口系统综合熵值指数小于经济发展系统综合熵值指数，差距熵值均值为 0.9107，标准差为 0.03712，在 0.8465 与 0.9544 之间变动。三是综合而言，郑州市人口系统态势形势紧迫，城市发展的人口支撑力不足，人才困乏现象近年来一直存在（见表28）。

表28　2005～2018 年郑州市人口系统态势与经济发展间的耦合协调度的描述性统计

耦合协调度	单位个数（年）	均值	标准差	最小值	最大值
总体	14	0.9107	0.03712	0.8465	0.9544
人口熵值小于经济熵值	14	0.9107	0.03712	0.8465	0.9544

数据来源：作者计算整理得到。

（2）开封市人口态势与经济发展之间的耦合协调度。一是总体一般。2005～2018 年共 14 年，开封市人口系统态势与经济发展之间的耦合协调度均值为 0.5272，数据水平在 0.4 以上，属于勉强协调等级。标准差为 0.02075，最小值为 0.5016，最大值为 0.5607。二是人口系统态势领先于经济发展。2005～2018 年共 14 年，开封市人口系统综合熵值指数大于经济发展系统综合熵值指数，差距熵值均值为 0.5272，标准差为 0.02075，在 0.5016 与 0.5607 之间变动（见表29）。

表29　2005～2018 年开封市人口态势与经济发展间的耦合协调度的描述性统计

耦合协调度	单位个数（年）	均值	标准差	最小值	最大值
总体	14	0.5272	0.02075	0.5016	0.5607
人口熵值大于经济熵值	14	0.5272	0.02075	0.5016	0.5607

数据来源：作者计算整理得到。

（3）洛阳市人口态势与经济发展之间的耦合协调度。一是总体一般。2005～2018 年共 14 年，洛阳市人口系统态势与经济发展之间的耦合协调度均值为 0.7412，数据水平在 0.6 以上，属于中度协调等级。标准差为 0.02010，最小值为 0.7195，最大值为 0.7906。二是部分年份人口系统态势滞后于经济发展。2005～2012 年共 8 年，洛阳市人口系统综合熵值指数小于经济发展系统综合熵值指数，差距熵值均值 0.7493，标准差为 0.02190，在 0.7249 与 0.7906 之间变动。三是部分年份人口系统态势领先于经济发展。2013～2018 年共 6 年，洛阳市人口系统综合熵值指数大于经济发展系统综合熵值指数，差距熵值均值为 0.7283，标准差为 0.00602，在 0.7195 与 0.7350 之间变动（见表30）。

表 30　2005~2018 年洛阳市人口态势与经济发展间的耦合协调度的描述性统计

耦合协调度	单位个数（年）	均值	标准差	最小值	最大值
总体	14	0.7412	0.02010	0.7195	0.7906
人口熵值小于经济熵值	8	0.7493	0.02190	0.7249	0.7906
人口熵值大于经济熵值	6	0.7283	0.00602	0.7195	0.7350

数据来源：作者计算整理得到。

（4）平顶山市人口态势与经济发展之间的耦合协调度。一是总体一般。2005~2018 年共 14 年，平顶山市人口系统态势与经济发展之间的耦合协调度均值为 0.5947，数据水平在 0.6 以上，属于中度协调等级。标准差为 0.03737，最小值为 0.5331，最大值为 0.6492。二是部分年份人口系统态势滞后于经济发展。2010 年，平顶山市人口系统综合熵值指数小于经济发展系统综合熵值指数，差距熵值均值为 0.6001。三是部分年份人口系统态势领先于经济发展。除 2010 年外的 13 年，平顶山市人口系统综合熵值指数均大于经济发展系统综合熵值指数，差距熵值均值为 0.5943，标准差为 0.03900，在 0.5331 与 0.6492 之间变动（见表 31）。

表 31　2005~2018 年平顶山市人口态势与经济发展间的耦合协调度的描述性统计

耦合协调度	单位个数（年）	均值	标准差	最小值	最大值
总体	14	0.5947	0.03737	0.5331	0.6492
人口熵值小于经济熵值	1	0.6001	—	0.6001	0.6001
人口熵值大于经济熵值	13	0.5943	0.03900	0.5331	0.6492

数据来源：作者计算整理得到。

（5）安阳市人口态势与经济发展之间的耦合协调度。一是总体一般。2005~2018 年共 14 年，安阳市人口系统态势与经济发展之间的耦合协调度均值为 0.6173，数据水平在 0.6 以上，属于中度协调等级。标准差为 0.05256，最小值为 0.5347，最大值为 0.6989。二是人口系统态势领先于经济发展。2005~2018 年共 14 年，安阳市人口系统综合熵值指数大于经济发展系统综合熵值指数，差距熵值均值为 0.6173，标准差为 0.05256，在 0.5347 与 0.6989 之间变动（见表 32）。

表 32　2005~2018 年安阳市人口态势与经济发展间的耦合协调度的描述性统计

耦合协调度	单位个数（年）	均值	标准差	最小值	最大值
总体	14	0.6173	0.05256	0.5347	0.6989
人口熵值大于经济熵值	14	0.6173	0.05256	0.5347	0.6989

数据来源：作者计算整理得到。

（6）鹤壁市人口态势与经济发展之间的耦合协调度。一是总体一般。2005 ~ 2018 年共 14 年，鹤壁市人口系统态势与经济发展之间的耦合协调度均值为 0.6045，数据水平在 0.6 以上，属于中度协调等级。标准差为 0.02034，最小值为 0.5768，最大值为 0.6318。二是人口系统态势领先于经济发展。2005 ~ 2018 年共 14 年，鹤壁市人口系统综合熵值指数大于经济发展系统综合熵值指数，差距熵值均值为 0.6045，标准差为 0.02034，在 0.5768 与 0.6318 之间变动（见表 33）。

表 33　2005 ~ 2018 年鹤壁市人口态势与经济发展间的耦合协调度的描述性统计

耦合协调度	单位个数（年）	均值	标准差	最小值	最大值
总体	14	0.6045	0.02034	0.5768	0.6318
人口熵值大于经济熵值	14	0.6045	0.02034	0.5768	0.6318

数据来源：作者计算整理得到。

（7）新乡市人口态势与经济发展之间的耦合协调度。一是总体一般。2005 ~ 2018 年共 14 年，新乡市人口系统态势与经济发展之间的耦合协调度均值为 0.6209，数据水平在 0.6 以上，属于中度协调等级。标准差为 0.03144，最小值为 0.5555，最大值为 0.6698。二是人口系统态势领先于经济发展。2005 ~ 2018 年共 14 年，新乡市人口系统综合熵值指数大于经济发展系统综合熵值指数，差距熵值均值为 0.6209，标准差为 0.03144，在 0.5555 与 0.6698 之间变动（见表 34）。

表 34　2005 ~ 2018 年新乡市人口态势与经济发展间的耦合协调度的描述性统计

耦合协调度	单位个数（年）	均值	标准差	最小值	最大值
总体	14	0.6209	0.03144	0.5555	0.6698
人口熵值大于经济熵值	14	0.6209	0.03144	0.5555	0.6698

数据来源：作者计算整理得到。

（8）焦作市人口态势与经济发展之间的耦合协调度。一是总体一般。2005 ~ 2018 年共 14 年，焦作市人口系统态势与经济发展之间的耦合协调度均值为 0.7009，数据水平在 0.7 以上，属于中度协调等级。标准差为 0.01472，最小值为 0.6780，最大值为 0.7341。二是人口系统态势领先于经济发展。2005 ~ 2018 年共 14 年，焦作市人口系统综合熵值指数大于经济发展系统综合熵值指数，差距熵值均值为 0.7009，标准差为 0.01472，在 0.6780 与 0.7341 之间变动（见表 35）。

表 35　2005～2018 年焦作市人口态势与经济发展间的耦合协调度的描述性统计

耦合协调度	单位个数（年）	均值	标准差	最小值	最大值
总体	14	0.7009	0.01472	0.6780	0.7341
人口熵值大于经济熵值	14	0.7009	0.01472	0.6780	0.7341

数据来源：作者计算整理得到。

（9）濮阳市人口态势与经济发展之间的耦合协调度。一是总体一般。2005～2018 年共 14 年，濮阳市人口系统态势与经济发展之间的耦合协调度均值为 0.5823，数据水平在 0.5 以上，属于勉强协调等级。标准差为 0.03516，最小值为 0.5462，最大值为 0.6488。二是人口系统态势领先于经济发展。2005～2018 年共 14 年，濮阳市人口系统综合熵值指数大于经济发展系统综合熵值指数，差距熵值均值为 0.5823，标准差为 0.03516，在 0.5462 与 0.6488 之间变动（见表 36）。

表 36　2005～2018 年濮阳市人口态势与经济发展间的耦合协调度的描述性统计

耦合协调度	单位个数（年）	均值	标准差	最小值	最大值
总体	14	0.5823	0.03516	0.5462	0.6488
人口熵值大于经济熵值	14	0.5823	0.03516	0.5462	0.6488

数据来源：作者计算整理得到。

（10）许昌市人口态势与经济发展之间的耦合协调度。一是总体一般。2005～2018 年共 14 年，许昌市人口系统态势与经济发展之间的耦合协调度均值为 0.6092，数据水平在 0.6 以上，属于中度协调等级。标准差为 0.02038，最小值为 0.5698，最大值为 0.6446。二是部分年份人口系统态势滞后于经济发展。2010～2018 年共 9 年，许昌市人口系统综合熵值指数小于经济发展系统综合熵值指数，差距熵值均值为 0.5966，标准差为 0.01331，在 0.5698 与 0.6121 之间变动。三是部分年份人口系统态势领先于经济发展。2005～2009 年共 5 年，许昌市人口系统综合熵值指数大于经济发展系统综合熵值指数，差距熵值均值为 0.6294，标准差为 0.01033，波动范围在 0.6173 与 0.6446 之间（见表 37）。

表 37　2005～2018 年许昌市人口态势与经济发展间的耦合协调度的描述性统计

耦合协调度	单位个数（年）	均值	标准差	最小值	最大值
总体	14	0.6092	0.02038	0.5698	0.6446
人口熵值小于经济熵值	9	0.5966	0.01331	0.5698	0.6121
人口熵值大于经济熵值	5	0.6294	0.01033	0.6173	0.6446

数据来源：作者计算整理得到。

（11）漯河市人口态势与经济发展之间的耦合协调度。一是总体一般。
2005～2018年共14年，漯河市人口系统态势与经济发展之间的耦合协调度均值
为0.5360，数据水平在0.5以上，属于勉强协调等级。标准差为0.02381，最
小值为0.4934，最大值为0.5698。二是部分年份人口系统态势滞后于经济发
展。2005～2006年共2年，漯河市人口系统综合熵值指数小于经济发展系统
综合熵值指数，差距熵值均值为0.5011，标准差为0.01089，波动范围在
0.4934与0.5088之间。三是部分年份人口系统态势领先于经济发展。2007～
2018年共12年，漯河市人口系统综合熵值指数大于经济发展系统综合熵值指
数，差距熵值均值为0.5423，在0.5133与0.5698之间变动；标准差为
0.01952（见表38）。

表38　2005～2018年漯河市人口态势与经济发展间的耦合协调度的描述性统计

耦合协调度	单位个数（年）	均值	标准差	最小值	最大值
总体	14	0.5360	0.02381	0.4934	0.5698
人口熵值小于经济熵值	2	0.5011	0.01089	0.4934	0.5088
人口熵值大于经济熵值	12	0.5423	0.01952	0.5133	0.5698

数据来源：作者计算整理得到。

（12）三门峡市人口态势与经济发展之间的耦合协调度。一是总体一般。
2005～2018年共14年，三门峡市人口系统态势与经济发展之间的耦合协调度均
值为0.6724，数据水平在0.6以上，属于中等协调等级。标准差为0.01823，最
小值为0.6402，最大值为0.7028。二是人口系统态势领先于经济发展。2005～
2018年共14年，三门峡市人口系统综合熵值指数大于经济发展系统综合熵值指
数，差距熵值均值为0.6724，在0.6402与0.7028之间变动；标准差为0.01823
（见表39）。

表39　2005～2018年三门峡市人口态势与经济发展间的耦合协调度的描述性统计

耦合协调度	单位个数（年）	均值	标准差	最小值	最大值
总体	14	0.6724	0.01823	0.6402	0.7028
人口熵值大于经济熵值	14	0.6724	0.01823	0.6402	0.7028

数据来源：作者计算整理得到。

（13）南阳市人口态势与经济发展之间的耦合协调度。一是总体一般。2005～
2018年共14年，南阳市人口系统态势与经济发展之间的耦合协调度均值为0.6213，

数据水平在 0.6 以上，属于中等协调等级。标准差为 0.07220，最小值为 0.5403，最大值为 0.7431。二是人口系统态势领先于经济发展。2005～2018 年共 14 年，南阳市人口系统综合熵值指数大于经济发展系统综合熵值指数，差距熵值均值为 0.6213，在 0.5403 与 0.7431 之间变动；标准差为 0.07220（见表 40）。

表 40　2005～2018 年南阳市人口态势与经济发展间的耦合协调度的描述性统计

耦合协调度	单位个数（年）	均值	标准差	最小值	最大值
总体	14	0.6213	0.07220	0.5403	0.7431
人口熵值大于经济熵值	14	0.6213	0.07220	0.5403	0.7431

数据来源：作者计算整理得到。

（14）商丘市人口态势与经济发展之间的耦合协调度。一是总体一般。2005～2018 年共 14 年，商丘市人口系统态势与经济发展之间的耦合协调度均值为 0.5225，数据水平在 0.5 以上，属于勉强协调等级。标准差为 0.03607，最小值为 0.4803，最大值为 0.5678。二是人口系统态势领先于经济发展。2005～2018 年共 14 年，商丘市人口系统综合熵值指数大于经济发展系统综合熵值指数，差距熵值均值为 0.5225，在 0.4803 与 0.5678 之间变动；标准差为 0.03607（见表 41）。

表 41　2005～2018 年商丘市人口态势与经济发展间的耦合协调度的描述性统计

耦合协调度	单位个数（年）	均值	标准差	最小值	最大值
总体	14	0.5225	0.03607	0.4803	0.5687
人口熵值大于经济熵值	14	0.5225	0.03607	0.4803	0.5687

数据来源：作者计算整理得到。

（15）信阳市人口态势与经济发展之间的耦合协调度。一是总体一般。2005～2018 年共 14 年，信阳市人口系统态势与经济发展之间的耦合协调度均值为 0.4597，数据水平在 0.4 以上，属于勉强协调等级。标准差为 0.02917，最小值为 0.3931，最大值为 0.5048。二是部分年份人口系统态势滞后于经济发展。2010 年，信阳市人口系统综合熵值指数小于经济发展系统综合熵值指数，差距熵值均值为 0.3931。三是部分年份人口系统态势领先于经济发展。除 2010 年外的其余 13 年，信阳市人口系统综合熵值指数均大于经济发展系统综合熵值指数，差距熵值均值为 0.4652，在 0.4353 与 0.5048 之间变动；标准差为 0.02219（见表 42）。

表42　2005～2018年信阳市人口态势与经济发展间的耦合协调度的描述性统计

耦合协调度	单位个数（年）	均值	标准差	最小值	最大值
总体	14	0.4597	0.02917	0.3931	0.5048
人口熵值小于经济熵值	1	0.3931	——	0.3931	0.3931
人口熵值大于经济熵值	13	0.4652	0.02219	0.4353	0.5048

数据来源：作者计算整理得到。

（16）周口市人口态势与经济发展之间的耦合协调度。一是总体一般。2005～2018年共14年，周口市人口系统态势与经济发展之间的耦合协调度均值为0.5087，数据水平在0.5以上，属于勉强协调等级。标准差为0.04401，最小值为0.4599，最大值为0.5927。二是人口系统态势领先于经济发展。2005～2018年共14年，周口市人口系统综合熵值指数大于经济发展系统综合熵值指数，差距熵值均值为0.5087，在0.4599与0.5927之间变动；标准差为0.04401（见表43）。

表43　2005～2018年周口市人口态势与经济发展间的耦合协调度的描述性统计

耦合协调度	单位个数（年）	均值	标准差	最小值	最大值
总体	14	0.5087	0.04401	0.4599	0.5927
人口熵值大于经济熵值	14	0.5087	0.04401	0.4599	0.5927

数据来源：作者计算整理得到。

（17）驻马店市人口态势与经济发展之间的耦合协调度。一是总体一般。2005～2018年共14年，驻马店市人口系统态势与经济发展之间的耦合协调度均值为0.4347，数据水平在0.4以上，属于勉强协调等级。标准差为0.03929，最小值为0.389，最大值为0.5175。二是人口系统态势领先于经济发展。2005～2018年共14年，驻马店市人口系统综合熵值指数大于经济发展系统综合熵值指数，差距熵值均值为0.4347，在0.389与0.5175之间变动；标准差为0.03929（见表44）。

表44　2005～2018年驻马店市人口态势与经济发展间的耦合协调度的描述性统计

耦合协调度	单位个数（年）	均值	标准差	最小值	最大值
总体	14	0.4347	0.03929	0.389	0.5175
人口熵值大于经济熵值	14	0.4347	0.03929	0.389	0.5175

数据来源：作者计算整理得到。

（18）济源市人口态势与经济发展之间的耦合协调度。一是总体一般。2005～2018 年共 14 年，济源市人口系统态势与经济发展之间的耦合协调度均值为 0.6846，数据水平在 0.6 以上，属于中度协调等级。标准差为 0.03751，最小值为 0.6250，最大值为 0.7295。二是人口系统态势领先于经济发展。2005～2018 年共 14 年，济源市人口系统综合熵值指数大于经济发展系统综合熵值指数，差距熵值均值为 0.6846，在 0.6250 与 0.7295 之间变动；标准差为 0.03756（见表 45）。

表 45　2005～2018 年济源市人口态势与经济发展间的耦合协调度的描述性统计

耦合协调度	单位个数（年）	均值	标准差	最小值	最大值
总体	14	0.6846	0.03751	0.6250	0.7295
人口熵值大于经济熵值	14	0.6846	0.03751	0.6250	0.7295

数据来源：作者计算整理得到。

6. 小结

一是河南省人口系统变动与经济发展之间的耦合协调度，尽管其数据水平不低，但 2013 年以来人口形势严峻，人口系统变动的综合指数滞后于经济发展系统的综合指数，人口系统对经济发展的支撑力逐渐显得不足。相关部门需要高度重视激发人口系统发展潜能，尽力去挖掘潜能。

二是自 2013 年以来，河南省人口系统结构与经济发展之间的耦合协调度有所改善，人口系统结构的综合指数领先于经济发展系统综合指数，但人口系统结构未充分利用经济发展的潜在价值，相关部门需要高度重视如何实现人尽其才。

三是河南各省辖市人口系统态势与经济发展之间的耦合协调度在总体上属于中度以上协调等级，但空间异质性明显，郑州这类区域性中心城市的人口支撑力近 14 年来一直不足，许昌、洛阳等城市的人才困乏现象明显。这需要在新型城镇化进程中，增加区域中心城市及产业基础累积雄厚城市的人口吸纳能力，改善省辖市人口系统滞后于经济发展的局面。

五、促进河南人口均衡协调发展的对策建议

人口问题对于每一个国家或地区的发展而言，都是重大的长期性战略问题，事关全局发展。党的十九大报告明确指出，促进生育政策和相关经济社会政策配

套衔接，加强人口发展战略研究①，这就确定了新时代人口研究的重点方向。事实上，每一次人口政策调整都聚焦于人口均衡协调发展的目标，力求更好地促进人口内部发展均衡、人口与经济社会资源环境协调发展，但实现人口均衡协调发展势必是一个长期且艰巨的历史任务。促进河南人口均衡协调发展，需要我们把握人口发展客观规律，要站在全省的战略高度上谋划人口发展目标、政策和执行方案，全面做好人口发展工作。

（一）制定实施人口均衡型社会发展战略

1. 加大人口发展战略研究

新时代，做好人口发展工作应以建设人口均衡型社会为导向，协调推进人口与经济社会资源环境并举发展，这也是贯彻落实新发展理念的基本要义。具体而言，一是要全面树牢人口均衡发展观。人口发展是一个长期过程，人口政策直接影响人口的变化走向，应从人口战略角度出发，尊重人口发展规律，把统筹解决人口与经济发展、资源环境承载力以及人口内部发展要素均衡摆到更加重要的位置，科学编制人口均衡发展目标和战略规划。二是要常态化开展人口发展趋势分析。加快建立省级人口基础信息数据库，综合运用人口普查、行政登记数据和大数据监测等方式采集人口数据，推进人口信息资源共建共享，常态化开展人口动态监测和人口变动预测分析。三是要理顺人口发展战略研究工作机制。吸纳党政部门、科研院校、社会智库等各类层级的智慧力量，建立跨部门、跨学科的人口发展综合研究机构，以支持人口发展政策的制定与优化。

2. 更加重视全面提升人口质量和调整人口结构

当前，河南人口面临的结构性挑战已远远超过数量压力，提升人口质量和调整人口结构是时下的工作重心。从人口长期均衡发展战略来看，应更加突出全面提升人口质量和调整人口结构的地位和重要性。一是要强化人口红利中的人口素质红利及发展竞争中的人口质量竞争，深入研究人口文化素质、人口健康素质的提升，不断促进经济增长，增加教育和医疗健康的投入，实现由人口大省向人力资源强省迈进。二是要持续改善人口结构，加强出生人口性别比治理和人口老龄化应对研究，努力挖掘各年龄段人口潜能，保持劳动力资源的有效供给，持续释放人口红利，保障人口平稳更替。

3. 统筹人口适度、资源节约、环境保护、可持续发展的多元目标

实现人口发展的内外均衡，一方面，要统筹人口数量和质量；另一方面，要促进人口与经济社会资源环境协调并进发展。一是要在战略选择上转变人口发展

---

① 习近平．决胜全面建成小康社会 夺取新时代中国特色社会主义伟大胜利——在中国共产党第十九次全国代表大会上的报告［N］．人民日报，2017－10－18.

方向，以一种全局观来审视人口发展问题，积极提高人口质量、优化人口结构、有序人口分布、科学开发人力资源，统筹处理好人口与经济、社会、资源、环境的关系，实现人口的长期均衡发展。二是要在人口发展绩效导向上，从重点关注人口数量变化转向多元化目标，更多地从人口适度性、资源环境承受力、可持续发展等方面来统筹考量。

（二）构建人口均衡协调发展的政策体系

1. 出台指导性人口均衡发展政策纲领

目前，河南面临复杂多样的人口发展态势，应当从省级层面启动人口均衡协调发展的行动计划，制定指导性政策纲领。一是立足河南经济社会发展阶段和人口发展态势，编制人口均衡发展总体目标、区域发展规划，设定人口均衡发展的指标体系，完善促进人口均衡发展的公共政策体系。二是修订完善人口迁移流动、人口城市化、人口老龄化、人口环境等重点领域的人口政策条例，不断优化人口发展的政策环境。三是设计人口均衡发展指标体系。通过完善人口基础数据库，建立起与经济社会发展相适应的人口均衡发展数据体系。借助对人口数据的分析，设计人口均衡发展指标体系，包括阶段性目标、长期目标以及相应的评价方法。整合各地局部均衡的计划行动，为各级政府规划决策提供可靠的人口数据支撑。

2. 根据地域经济社会发展特征制定相应的人口发展政策

由于人口规模、经济发展水平、地域资源环境等方面的差异，河南各地人口发展既有全省的一般性规律，又有自身的特点，人口发展不平衡性问题突出。因此，不同地区的人口政策需依据各自的发展状况来动态调整，如依据经济发展水平、社会发展质量、资源环境承载力、人口结构分布等情况来确定最佳的人口发展模式、目标与重点，从而设定专门的人口政策规划。制定人口均衡发展政策有两条基本主线，一条是围绕统筹人口规模、结构、质量、分布各要素间的稳定关系，制定出促进人口内部均衡发展的公共政策；另一条是跳出人口问题本身，聚焦人口与外部系统的协调均衡，设计与经济社会政策相适配、同资源环境承载力相适应的人口发展政策。

3. 调整完善人口政策体系

统筹解决人口问题，必须不断完善人口政策体系，调整完善生育政策，增加多元化养老服务供给，加强人口服务管理，促进重点人群共享发展，实现人口长期均衡发展。一是优化生育友好型政策。坚持和完善现行生育政策，保持人口适度增长，做好生育服务、降低养育成本，健全国家、社会、家庭共同承担生育责任的家庭支持政策。二是构建多层次养老保障政策体系。全面推进以居家为基础、社区为依托、机构充分发展、医养有机结合的多层次养老服务体系①。三是深化人口素质提升配套政策体系。要加快完善国民教育体系，积极构建终身教育体系，切实提高人口文化和劳动技能素质。健全以预防为重点的公共卫生体系，扩展健康生活知识普及度，大力发展健康产业。四是完善促进重点人群共享发展的政策措施。关注老年人、妇女、未成年人、残疾人和贫困人口等重点人群的发展，制定有针对性的政策措施，维护他们的合法权益，保障他们共享全省经济社会发展成果。

4. 完善人口与经济、社会、资源、环境协调发展的公共政策体系

单靠调整人口政策无法有效解决全部人口问题，还必须整合分散的人口政策，完善人口与经济社会发展、资源环境共处的公共政策组合体系。一是完善人口经济政策。加强城乡区域协调发展，统筹技术、产业、公共服务、就业同步扩散，引导人口与经济布局有效对接。深入推进人才发展体制机制改革和政策创新，完善人才创业创新支持体系。实施积极应对老龄化政策，防范和化解老龄化对经济增长的不利影响。二是完善基本社会公共服务体系。合理配置公共资源，继续推进基本公共服务均等化。健全社会保障体系，构建多层次养老服务体系。着力保障重点人群权益，增进人口家庭福利。三是完善人口、资源与环境政策。做好人口政策与人口功能区布局的有效衔接，大力推进以人为核心的新型城镇化，引导人口合理分布。加大生态环境治理与资源开发保护，推动形成绿色发展方式和生活方式，增强人口承载弹性。

（三）推动人口内部均衡协调发展

1. 加强人口规模调控

河南作为人口大省，仍面临较大人口压力，一方面，要继续坚持和完善现行生育政策，维持适度低生育水平，加强人口规模调控，保持人口适度增长，构建以增强家庭发展能力为重点的人口政策体系。另一方面，要做好生育服务，改革完善计划生育管理服务，提高生殖健康、妇幼保健、托幼等公共服务水平，优化教育、医疗资源配置，营造良好孕育环境。同时，定期监测生育水平动向，评估生育政策效果，稳妥调整生育政策。

2. 科学改善人口结构

生育率下降和人口老龄化已成为我国人口变化最主要的两大趋势，河南要进一步优化人口结构，积极应对老龄化问题。一是综合治理出生人口性别比失衡问题。深入开展关爱女孩行动，加大打击"两非"力度，建立健全有利于女孩家

① 中共中央国务院. 国家积极应对人口老龄化中长期规划［EB/OL］.（2019 - 11 - 21）. http：//www.gov.cn/zhevgce/2019 - 11/21/content - 5454347. htm.

庭发展的利益导向政策体系，促进社会性别平等。二是积极应对人口老龄化。大力发展老龄事业，不断完善养老保障制度，健全养老服务体系。树立积极人口老龄观，充分开发老年人力资源，鼓励老年人参与经济社会活动。三是增加适龄劳动人口。落实人才引进政策、优化营商环境、深化就业服务、加大创业支持力度，有效利用国内外人才资源，进而改善人口结构。

3. 大力提高人口素质

人口是推动经济社会发展的主体因素，而人口素质又是提高创新能力的关键。想要提高人口素质，一是要全面提高人口健康素质。强化优生优育全程服务，提高出生人口素质。大力推进医疗卫生事业发展，扩展健康生活方式，提高居民身体素质。二是要提高人口科学文化素质。持续推进义务教育均等化，普及高中教育，大力发展职业教育和高等教育，不断提高劳动年龄人口的受教育年限，树立终身教育理念。三是要提高全民道德素质。以《新时代公民道德建设实施纲要》为指导，全面推进社会公德、职业道德、家庭美德、个人品德建设，提升社会文明程度。

4. 合理引导人口分布

一是优化人口空间布局。加强区域人口规划，根据经济社会发展和环境保护的需要，合理评估生产、生活、生态各项指标，明确各地分区功能，科学规划人口规模。按照人口重点增长区、适度增长区、控制增长区、适度调减区的总体规划，切实加强人口空间布局的调控。二是引导人口有序流动。围绕建设以城市群为主体形态，大中小城市和小城镇协调发展的现代城镇体系，推进新型城镇化，引导人口流动的合理预期。加快推动人口向新城、新市镇（卫星城）集聚，引导中心城与周边城镇人口均衡增长。继续深化户籍制度改革，通过人口发展要素在城乡、区域间的有效配置，进一步优化人口分布。

（四）促进人口发展与外部环境动态均衡

1. 推动产业结构与人口联动升级

一是优化调整产业结构。逐步转移低端劳动密集型产业，降低低端产业就业人口比重，提升从业人口技术技能水平。二是通过产业转型升级对人口源头进行调控。优化产业政策、深化就业服务，吸引更多优质企业落户河南，创造更多更优质的工作岗位，提高人口的吸附能力。三是汇聚创新创业人才。加大创业支持力度、完善人才创业创新支持体系，营造大众创业、万众创新的发展环境，加快推动现代产业集聚，积极引进创业创新高素质人才，打造人力资源强省。

2. 积极推进新型城镇化建设

一是做好新型城镇化布局。全力建设中原城市群，增强区域中心城市服务辐射能力，带动周边小城市、卫星城镇的一体化发展。进一步完善人口与产业联动发展机制，实现产业布局与人口城镇发展相协调。积极构建以主城区为主体形态，新城区协调发展的新型城镇化格局。二是加快推进农业转移人口市民化。大力推进城镇化建设，提高非农就业比重，重视第三产业发展。积极推进城乡统一的户口登记制度，配套建立与之相适应的各类社会制度，如就业、医疗、卫计、教育、住房等。

3. 完善社会公共服务供给

一是健全基本公共服务制度体系。健全妇幼健康计划生育服务体系，提升妇幼健康和计划生育服务能力。推动基本公共服务常住人口全覆盖，实现医疗卫生服务、社会救助体系全覆盖。二是继续加强教育医疗资金投入。进一步加大教育和医疗卫生投入的力度，均衡公共卫生资源和公共教育资源配置，重点加强产科、儿科和妇幼保健等医疗卫生资源配置和服务能力建设，在稳步提升人口身体素质的同时，大幅提高人口科学文化素质，改善人口质量。

4. 加强人力资源开发和资本投资力度

一是推进人力资源开发。充分发挥河南省作为人口大省的优势，着力围绕开发人力资本提升人口质量，持续推进教育体系改革以培养更多创新型人才，用好用活各类外部引进人才，打造高教育水平、高技能人才充裕的人力资源强省。创新人才发展机制，推进更加积极的人才政策，培养更多的高素质技能劳动者，持续实施高层次人才引进计划，打造支撑各类人才充分发展的外部环境[①]。二是鼓励开发老年人力资源。针对低龄老年人较多的现状，探索老年人再就业的工作机制，稳步推行渐进式延迟退休年龄政策。大力开发适合老年人的公益岗位，开展老年教育培训，制定研究开发"健康红利"和"鼓励老年社会参与"的政策措施，发展老年经济。

5. 严控资源环境质量监测

一是加强人口政策与主体功能区定位衔接。落实主体功能区规划，引导人口流向重点开发区域和优先开发区域适度集聚。二是加大环境治理力度。实行最严格的生态环境保护制度，可持续开发利用自然资源，推动形成绿色发展方式和生活方式，着力增强人口承载弹性。实施重大生态修复和建设工程，构建多层次、网络化、功能复合的生态系统。

（五）完善人口均衡协调发展综合评价体系

1. 构建人口均衡协调发展指标体系

人口均衡协调发展指标体系分内、外两大层面。内部均衡指标可以从人口规

---

① 河南省人民政府．河南省国民经济和社会发展第十三个五年规划纲要［EB/OL］．（2016 - 03 - 28）．https：//www. henan. gov. cn/2016/04 - 27/239447. html.

模、结构、素质和分布四个维度来考察，具体包括自然增长率、人口性别比、老龄化指数、平均预期寿命、平均受教育年限、城镇化率、人口净迁移率等评价指标。外部均衡发展是实现人口与经济均衡，寻求人口要素与经济发展水平、产业结构等达到均衡，主要从人均 GDP，产业结构偏离度，第二、第三产业人员占比进行评价；实现人口与社会均衡，即在一定人口规模条件下，实现社会结构合理，达到高生活质量与高社会综合效率，主要从文化教育、医疗卫生、社会保障等方面进行评价；实现人口与资源环境的均衡发展，即追求人口生产生活与资源环境承载力的协调，主要从生态环境质量、环境风险防控、资源利用效率、资源开发可持续程度等指标来评价（见表 46）。

表 46 人口均衡协调发展指标体系

人口均衡协调发展	分析指标	测算指标
人口内部均衡发展	人口规模	出生率、死亡率、自然增长率
	人口结构	出生性别比、老龄化指数、劳动适龄人口比重、抚养比
	人口素质	平均预期寿命、平均受教育年限、高中以上学历人口比重
	人口分布	城镇化率、第三产业人口比重、人口净迁移率
人口外部均衡发展	人口与经济发展	人均 GDP，产业结构偏离度，第二、第三产业人员占比
	人口与社会发展	义务教育覆盖比、万人拥有文化体育场馆数量、失业率、基尼系数、万人拥有病床数、养老保险覆盖率
	人口与资源环境	人口密度、空气污染指数、年人均能源消耗量、人均绿地面积、人均污水排放量、清洁饮用水人口比重、生活垃圾处理率

资料来源：作者整理得到。

2. 建立人口均衡协调发展动态监测机制

一是建立人口预测预报制度。结合国内外人口预测前沿技术方法，确定适合河南省的人口预测技术和模型。健全人口动态监测和评估体系，科学监测和评估人口变动情况及趋势影响。建立常态化的人口预测预报机制，定期发布全省和各地人口预测报告①。二是建立人口均衡发展数据。完善现有的人口基础数据库，整合分散的人口数据，建立起与经济社会发展相适应的人口均衡发展数据体系，为各级政府制定政策规划提供人口均衡数据支持。

3. 开展人口均衡协调发展常态化评价

一是常态化开展人口均衡协调发展度的评估。建立人口均衡协调发展度动态

① 河南省人民政府办公厅. 河南省人口发展规划（2016—2030 年）［EB/OL］. （2017 – 05 – 05）. https：//www. henan. gov. cn/2017/05 – 25/248952. html.

监测制度，加强对人口均衡发展情况的跟踪分析，及时发现问题，以 5 年为期组织对人口均衡协调发展度情况进行评估。二是建立科学稳定的评价标准。从人口发展质量、均衡发展水平、可持续发展水平等维度，构建测算人口均衡发展的评价体系标准，充分吸纳影响人口均衡发展水平的各个因素，如人口数量、人口质量、人口结构、人口规模、人口空间分布、人口配比、人口与经济发展、人口与资源开发、人口与社会发展、人口与环境保护等。

4. 强化人口均衡协调发展评价结果应用

建立人口均衡协调发展的评价体系，不仅是理论创新的需要，更是为了应用于实践，更好地描述、评价和监测人口自身以及人口与其他系统之间的均衡状况，从而为促进经济社会协调发展提供支撑。一是要把人口均衡协调发展上升为经济社会发展全局性战略目标。二是要把人口均衡协调发展测算结果作为制定经济社会发展规划的重要依据。三是要把人口均衡发展度的高低作为相关部门和地方政绩考核的侧重指标。

Ⅱ　分报告

2. 河南省人口老龄化问题及其应对策略

河南省人口发展研究课题组*

摘　要： 人口老龄化是经济社会进步发展的必然产物，也是 21 世纪人类社会共同面临的重大课题。河南作为中国人口大省，老龄化问题更是异常严峻。自 2000 年进入老龄化社会以来，快速发展的人口老龄化与河南经济社会发展进程相重合，与社会转型、产业升级、经济转轨调整相交织，对河南产生了持久、广泛且深刻的影响。本研究报告通过对河南省人口老龄化发展进程进行全面梳理，总结归纳出河南人口老龄化具有老年人口加速增长、空间分布严重失衡、老龄化进程超前于经济发展水平、健康状况较差、空巢化趋向日益凸显这五大特征，老龄化发展具有老龄化程度持续加深、劳动年龄人口波动下降、农村地区老龄化程度高于城镇这三大趋势。在充分借鉴国内外应对人口老龄化的成功案例和经验的基础上，构建起河南应对老龄化问题的战略体系，提出要从顶层设计、健全制度、体系建构、科技创新和优化资源等方面凝聚共识。在谋划积极应对老龄社会的顶层设计，健全适应人口老龄化的相关配套制度，统筹推进城乡养老保障体系建设，依靠科技创新应对人口老龄化，优化配置各类养老资源等方面持续发力、深化改革，着力打造积极应对人口老龄化的"河南方案"。

关键词： 河南省　老龄化　人口趋势

人口老龄化是经济社会进步发展的产物，也是 21 世纪人类社会共同面临的重大课题。21 世纪上半叶是我国建成富强、民主、文明、和谐的社会主义现代化国家，实现中华民族伟大复兴的重要时期，也是人口老龄化快速发展、老龄问

* 课题组负责人：谷建全，博士，河南省社会科学院院长，二级研究员。课题组成员：陈东辉，河南省社会科学院社会发展研究所研究员；盛见，博士，河南省社会科学院城市与环境研究所副研究员；刘林曦，河南大学新闻与传播学院 2020 级新闻与传播专业研究生；张侃，河南省社会科学院社会发展研究所助理研究员；崔学华，河南省社会科学院社会发展研究所副研究员；潘艳艳，河南省社会科学院社会发展研究所助理研究员；闾慈，河南省社会科学院社会发展研究所助理研究员。

题日益凸显的时期。快速发展的人口老龄化，已经成为影响国计民生、民族兴旺和国家长治久安的重大战略问题。自 2000 年进入老龄化社会以来，由于老年人口数量大幅增加，老龄化程度不断加深，劳动力资源逐步下降，我国面临着人口结构比例失调、人口红利消失、老年抚养比上升、医疗和养老保障负担加重等巨大挑战。面对这样一种不可逆转的人口发展态势，老龄化将给政治、经济、文化、社会等带来多方面的影响，同时产生诸如住房、养老、医疗等亟待政府解决的问题。河南作为中国人口大省，老龄化问题更是异常严峻，不容忽视。快速发展的人口老龄化与河南经济社会发展进程相重合，与社会转型、产业升级、经济转轨调整相交织，这将对河南产生持久、广泛且深刻的影响。因此，科学研判河南人口老龄化发展的现状、特征、趋势、影响，积极借鉴国内外成功经验，有针对性地提出应对人口老龄化的战略对策，对于推动河南省人口与经济社会及资源环境长期均衡可持续发展和全社会繁荣稳定具有十分重要的意义。

一、河南人口老龄化的现状与特征

河南省是中国的人口大省，老年人口规模大，每年增加的老年人口数量多。河南人口老龄化趋势在 20 世纪 90 年代就已经初现端倪，在 2000 年正式步入老龄化社会以来，老年人口比率更是以加速度增长，表现出一系列特征，对河南经济社会发展的影响不断加大。因此，通过对河南人口老龄化发展进程和现状的分析，来深入梳理河南人口老龄化发展的趋势和特征，对于我们更清晰地理解并把握河南人口老龄化问题的本质具有重大意义。

（一）河南省人口老龄化的现状分析

《2019 年河南省国民经济和社会发展统计公报》显示，截至 2019 年底，65 岁以上的常住人口达到 1076 万，占比 11.16%，全省人口老龄化的趋势明显。

1. 河南省人口老龄化发展进程分析

在国际上，一般将人口年龄结构类型分为三种，即年轻型、成年型和老年型。2000 年第五次人口普查数据显示，河南常住人口 9124 万人，其中 65 岁以上人口 648 万人，占常住人口比重为 7.1%，超过了 7%，按照国际上对人口老龄化的判断标准来看，河南正式进入了老年型社会阶段（见表 1）。

表1 河南人口年龄构成的历史变迁情况

人口系数	划分标准			河南人口年龄构成的历次人口普查数据				
	年轻型	成年型	老年型	1953 年	1982 年	1990 年	2000 年	2010 年
65 岁以上老年人口比重（%）	<4	[4，7]	>7	4.47	5.23	5.83	7.10	8.36
0～14 岁少年儿童人口比重（%）	>40	[30，40]	<30	39.76	34.90	29.29	25.89	21.00
老少比（%）	<15	[15，30]	>30	10.71	14.98	19.92	27.44	39.80
年龄中位数（岁）	<20	[20，30]	>30	20.75	22.25	24.33	30.04	32.39

数据来源：根据历年《河南统计年鉴》数据整理得到。

不同类型的年龄结构代表着不同的人口发展阶段。年轻型人口结构是指青少年的人口数量比较多，这也预示着未来进入生育年龄的人口潜力较大，人口增长的速度会逐步加快，所以以年轻型人口年龄结构说明社会的人口发展还处在增长期，具有较大的人口规模扩张潜力。而老年型的人口结构特点是老年人口比例大，未来育龄人群相对小，因此老年型的人口结构表明人口的增长水平相对低，人口总体将处于稳定或缩小状态。不同的人口年龄类型也代表了面临的不同社会问题。比如年轻型人口面临的主要是教育、就业、婚姻等问题，老年型人口则主要面临的是养老、医疗、社会保障等问题。从表1可以看出，河南的人口年龄结构类型正在从年轻型向老年型转变，其中少年儿童人口的比重变化最快，已经最先达到了老年型的标准。1953年，河南省0～14岁少年儿童人口比重高达39.76%，此后不断下降，到1990年7月第四次全国人口普查数据显示，少年儿童人口占总人口的比重为29.29%，已经达到老年型标准，2000年第五次全国人口普查时降至25.89%，2010年第六次全国人口普查时更是降至21%，超过老年型标准9个百分点。与此同时，老年人口的比重也持续上升，并从20世纪90年代开始，增速加快。老年人口的比重从1953年的4.47%提高到2000年的7.1%，2010年更是达到了8.36%，超过了老年型标准1.36个百分点。老少比到2010年达到39.8%，超过老年型标准9.8个百分点。人口年龄中位数到2010年达到32.39岁，超过老年型标准2.39岁。

2. 河南省人口老龄化的现状分析

人口老龄化是指"一个国家或地区老年人口占总人口比例上升的动态过程"①。河南老年人口规模大，每年增加的老年人口绝对数量也较多。2000年河南进入人口老龄化阶段之后，老年人口数量持续上升，到2019年已经达到1076万人（见图1）。

---

① 卢守亭，贾金玲. 人口老龄化与养老服务体系建设［M］. 北京：社会科学文献出版社，2018.

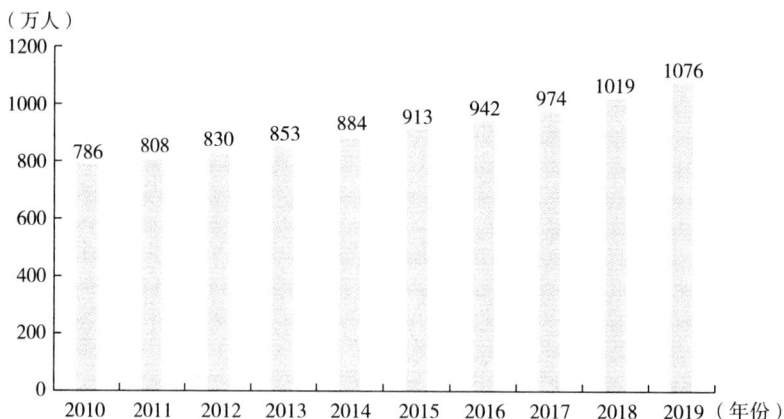

图1 2010～2019年河南省65岁及以上老年人口数量变化

数据来源：根据历年《河南统计年鉴》数据整理得到。

同时，老年人口抚养比也在快速上升。河南省统计数据显示，2000年，65岁及以上老年人口抚养比为10.4%，即约每10个劳动力人口负担1个老年人；2010年，65岁及以上老年人口抚养比增长了1.4个百分点，即约每8个劳动力人口负担1个老年人；2018年，总抚养比为47.2%，其中65岁以上老年人口抚养比为15.6%，即约每6个劳动力人口负担1个老年人（见图2）。由此可以看出，河南的养老负担在持续加重，老龄化问题已迫在眉睫。

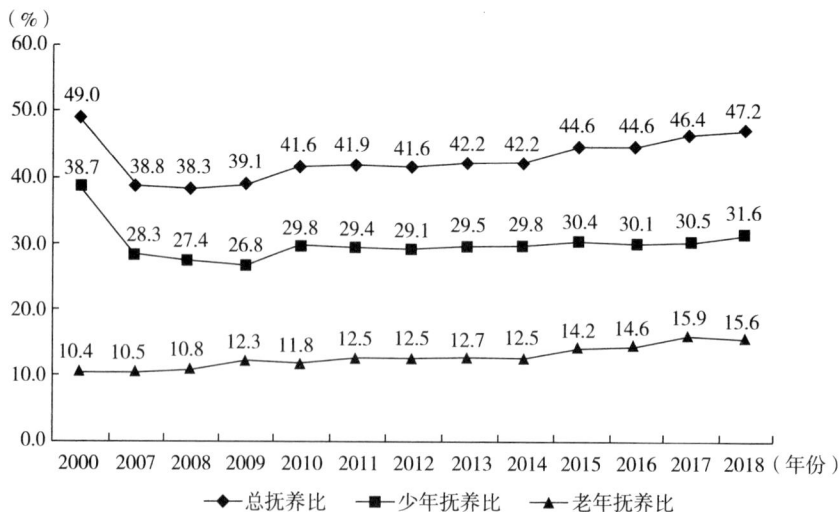

图2 2000～2018年河南人口抚养比变化趋势

数据来源：根据历年《中国人口和就业统计年鉴》数据整理得到。

（二）河南省人口老龄化的特征分析

老龄化的不断加剧，对河南省的经济发展和社会稳定等方面都带来了巨大的冲击和影响，对全省人口老龄化发展特征进行全面深入系统的分析势在必行。总体来看，全省人口老龄化趋势主要有以下几方面的特征。

1. 老年人口比重呈加速增长，高龄、超高龄老年人口增长迅速

全省人口老龄化的一个显著特征就是老年人口比重的增长很快，呈加速增长的势头。河南省 2000 年 65 岁及以上人口占比为 6.96%，2010 年增长到了 8.36%，2018 年达到了 10.61%；1999~2010 年年均增长 0.13 个百分点，2010~2018 年年均增长 0.28 个百分点。从环比增速来看，2010~2013 年，环比增速在 2.7% 左右，2014 年环比增速为 3.63%，2018 年达到 4.62%（见图 3）。在老年人口比重呈加速增长的大趋势下，我们还能看到，在老年人口中高龄和超高龄老年人口的增速相对又更快。为了进一步揭示老年人口群体的内部结构，可以将老年人划分为低龄老年人（60~69 岁）、中龄老年人（70~79 岁）、高龄老年人（80~89 岁）、超高龄老年人（90 岁及以上）。第六次全国人口普查数据显示，2010 年，河南省高龄、超高龄老年人口分别达到 125.28 万人和 13.89 万人，比 2000 年依次增加了 38.07 万人和 6.52 万人，分别增长了 43.65% 和 88.55%，与此同时，河南低龄、中龄老年人口仅分别增长了 31.38% 和 19%。

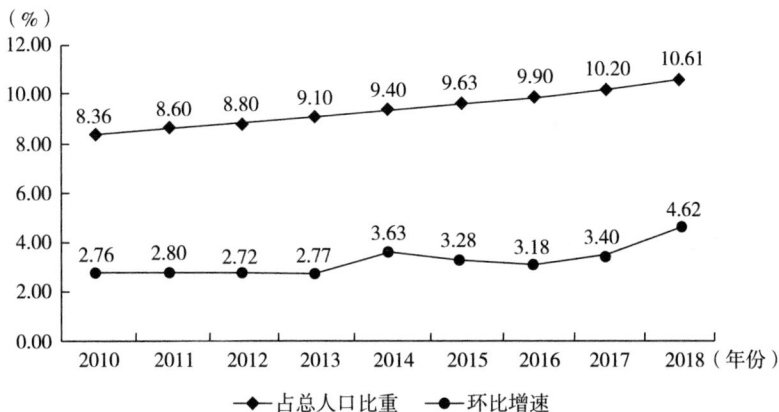

图 3　2010~2018 年河南省 65 岁及以上老年人口比重增速

数据来源：根据历年《河南统计年鉴》数据整理得到。

2. 人口老龄化空间分布严重失衡

河南老年人口的空间分布不均衡，这可以从两个方面来看，一方面是地区分

布不均衡，另一方面是城乡老龄化程度差异大。在地区分布上，从宏观上看，河南省南部和东部人口老龄化程度较重，中部和北部人口老龄化程度较轻。具体分地市来看，根据第六次全国人口普查数据，南阳、周口和驻马店是老年人口较多的地市，共有 352.51 万老年人口，占全省老年人口总数的 29.45%。周口、商丘、南阳、驻马店和郑州这 5 市是高龄、超高龄老年人口较多的地市，均超过 10万人，其合计占全省高龄、超高龄老年人口总数的 46.38%。郑州和洛阳是全省城市老年人口较多的地市，共计 65.85 万老年人口，约占全省城市老年人口总数的 1/3。南阳和周口是全省镇老年人口较多的地区，共计 48.16 万老年人口，约占全省镇老年人口总数的 1/4。南阳、周口、驻马店、商丘和信阳这 5 个地市是河南乡村老年人口较多的地区，共计 404.05 万老年人口，约占全省乡村老年人口总数的 1/2。从增速上看，2000 年到 2010 年，河南老年人口增加较多的地区是南阳和郑州，分别增加了 29.99 万人和 25.09 万人，合计占全省新增老年人口的 20.54%；城市老年人口增加较多的地区是郑州和洛阳，分别增加了 12.94 万人和 9.76 万人，合计占全省新增城市老年人口的 31.88%；镇老年人口增加较多的地区是周口（15.91 万人）、南阳（15.12 万人）和驻马店（12.2 万人），合计占全省新增镇老年人口总数的 33.02%。

老年人口的城乡分布差异巨大，农村人口老龄化程度远高于城镇。2010 年河南 60 岁及以上老年人口，有 196.9 万人居住在城市，198.04 万人居住在镇，801.88 万人居住在乡村，分别占全省老年人口总数的 16.45%、16.55% 和 67%。

乡村老年人口占比比城镇合计老年人口占比高 34 个百分点，乡村老年人口仍占河南全省老年人口的绝大多数。同时我们还要注意到，乡村老年人口里面，高龄和超高龄老年人口占比很大。2010 年河南乡村高龄、超高龄老年人口比重远高于全省乡村老年人口比重，即乡村拥有全省 67% 的老年人口，却拥有全省 69.88% 的高龄、超高龄老年人口，这也反映出农村老龄化形势的严峻性。这主要是由于城镇化的快速发展，农村劳动力转移就业，农村青壮年人口大量流入城市和外地打工，农村老年人口比例相对不断提升，城乡之间人口老龄化的差距也因此持续拉大。

3. 人口老龄化进程超前于经济发展水平

人口老龄化的发展是一个长期的过程，国外很多国家虽说进入了老龄化阶段，但是经济社会已经得到了较高水平的发展，经济实力较为雄厚，人均生活水平较高，经济发展水平是与人口的老龄化同步或者是快于人口老龄化进程的，所以已经能够比较从容地应对和承受社会老龄化所带来的一系列冲击和影响。在全球 72 个已经进入老龄化的国家之中，人均 GDP 超 1 万美元的占到了 36%。在发达国家之中，大多数国家的发展都是遵循着"先富后老"这样一个发展轨迹的，所以大多数发达国家的老龄化进程对经济社会的冲击和影响都相对温和，这些国家也有足够的经济基础来解决养老、劳动力缺乏等老龄化带来的一系列问题。我国在2019年人均GDP也首次突破了1万美元大关，这也为我国解决人口老龄化问题奠定了一个较好的物质基础。但是，河南的情况就相对严峻一些。一方面，河南进入老龄化社会时的经济社会发展程度相对低一些，河南进入老龄化社会时人均GDP只有5444美元左右，不仅远远落后于世界上诸多发达国家的水平，更是与我国的平均水平有着不小的差距；另一方面，河南的经济社会发展的速度虽说已经十分快了，但是河南人口老龄化的速度更快，到2019年河南65岁以上人口占比已达到11.16%，可人均GDP水平还与1万美元的水平有着一定的差距，低于全国平均水平。河南人口老龄化进程远超经济发展水平，这为河南经济社会发展带来的一系列制约和阻碍，将是当下和未来河南经济社会发展所面对的最大问题和挑战。

4. 老年人口健康状况较差，失能老人数量多

从整体健康状况来看，根据第六次人口普查数据显示，2010年，河南60岁以上老人身体健康或基本健康者为987.4万人，健康率为82.5%；生活不能自理者为38.2万人，生活不能自理率为3.19%。从城乡来看，河南城市老年人口有193.4万人，健康率和生活不能自理率分别为89.36%和2.56%；镇老年人口有194万人，健康率和生活不能自理率分别为83.78%和3.05%；乡村老年人口有809.6万人，健康率和生活不能自理率分别为80.55%和3.38%。从城市到镇再到乡村，老年人口的健康率呈递减趋势，而生活不能自理率则呈递增趋势，这说明老年人群体的整体健康状况依次呈现递减趋势，乡镇老年人口的健康状况相对于城市老年人口更差。其中，乡村女性老年人群体的健康率最低，仅为78.15%，生活不能自理率最高，达到4.06%（见表2）。农村女性老年人口的健康状况更应该引起人们的关注。从老年人患病方面来看，老年人容易罹患各种慢性疾病，长期患病则会严重侵蚀老年人的健康，影响生活质量。统计表明，河南城市老年人中有81.7%的人患有不同的慢性疾病，其中，有63.9%的人患有一种或一类慢性疾病，有28.6%的人患有两种或两类慢性疾病，还有7.5%的人患有三种或三类以上的疾病；农村老年人中有80.3%的人患有不同的慢性疾病，其中，有51.5%的人患有一种或一类慢性疾病，有39.2%的人患有两种或两类慢性疾病，还有9.3%的人患有三种或三类以上的疾病。对比城市和农村老年人患病种类可以发现，农村老年人尽管在患病比例上比城市老年人稍低一点，但农村老年人患病种类要多于城市老年人，在患病两类及三类以上者都高于城市老年人。就患慢性病情况而言，农村老年人健康状况要稍逊于城市老年人。

表 2　河南省老年人口整体健康状况　　　　　单位：%

地区	健康率			生活不能自理率		
	综合	男	女	综合	男	女
全省	82.50	84.71	80.49	3.19	2.57	3.75
城市	89.36	90.29	88.53	2.56	2.38	2.72
镇	83.78	85.69	82.07	3.05	2.53	3.51
乡村	80.55	83.17	78.15	3.38	2.62	4.06

数据来源：根据历年《河南统计年鉴》数据整理得到。

老年人口的失能问题也是一个日益凸显的问题。失能老人，是指在身体功能上丧失或部分丧失了正常功能和活动能力而不能生活自理的 60 岁及以上老年人。2010 年，河南省失能老人约有 38.2 万人，占老年人口总数的 3.19%。女性老年人口的失能率高于男性。女性失能老年人口占全省失能老人总数的 3/5。河南38.2 万失能老年人口中，城市失能老年人口约有 4.9 万人，镇约有 5.9 万人，而乡村有 27.3 万人，依次占河南失能老年人口总数的 12.96%、15.49% 和71.56%。河南省的失能老年人口大部分都在乡村，这也让农村的养老问题愈加严峻。

5. 老年人口空巢化趋向日益凸显

伴随着城镇化的快速推进，加之人口流动性的不断增大和社会家庭观念的变化，河南老年人口的空巢化趋势日益凸显。所谓的空巢老人即是指单身独自生活或只有一对夫妇共同居住生活的老年人；空巢家庭指只有一位老年人独居或一对老年夫妇居住的家庭户。2010 年"六普"结果显示，河南 60 岁及以上空巢老人家庭有 239.96 万户，占全省家庭户总数的 9.25%，占全省 60 岁及以上老人户总数的 29.36%。与 2000 年"五普"数据相比，空巢老人家庭户增加了 82.49 万户，增长了 52.39%，占全省家庭户总数和全省 60 岁及以上老人户总数的比重分别提升了 2.76 个百分点和 5.44 个百分点。河南 65 岁及以上空巢老人家庭户达到了 168.78 万户，占全省家庭户总数的 6.51%，占全省 65 岁及以上老人户总数的 29.33%。同 2000 年相比，空巢老人家庭户增加了 60.64 万户，增长了56.07%，占全省家庭户总数和全省 65 岁及以上老人户总数的比重分别提高了 2个百分点和 7.46 个百分点。

从城乡分布来看，河南 60 岁及以上空巢老人家庭户中，有 67.24% 分布于乡村，15.33% 分布于镇，17.43% 分布在城市。65 岁及以上空巢老人家庭户中，有66.97% 分布于乡村，15.19% 分布于镇，17.84% 分布在城市。可以看出，乡村的老年人口空巢化趋势更加突出，无论是 60 岁及以上还是 65 岁及以上的老人，都有65%以上分布在乡村。

二、河南人口老龄化的趋势与影响

准确把握河南省人口老龄化趋势，深刻认识人口老龄化对经济社会发展的深远影响，准确识变、科学应变，是积极应对人口老龄化的关键。

（一）河南人口老龄化趋势预测

以下主要结合出生与生育水平、死亡水平、人口迁移和流动等方面的情况，对河南省人口老龄化趋势进行科学预测。根据出生人数、育龄妇女人数和年龄结构，通过人口预测模型的比对，可以得到相对准确的生育水平。利用不同方案的人口预测结果与实际生育数量比较，反向推断目前的生育水平（见表3）。

表3　四种不同总和生育率方案对比

方案	说明
1.6方案	2015年（2014年6月"单独二孩"政策实施，为"单独"政策效果释放期）为1.6，2016～2019年（全面放开"二孩"政策效果释放期）为1.8，以后年份为1.6
1.7方案	2015年（2014年6月"单独二孩"政策实施，为"单独"政策效果释放期）为1.7，2016～2019年（全面放开"二孩"政策效果释放期）为1.9，以后年份为1.7
1.8方案	2015年（2014年6月"单独二孩"政策实施，为"单独"政策效果释放期）为1.8，2016～2019年（全面放开"二孩"政策效果释放期）为2.0，以后年份为1.8
1.9方案	2015年（2014年6月"单独二孩"政策实施，为"单独"政策效果释放期）为1.9，2016～2019年（全面放开"二孩"政策效果释放期）为2.1，以后年份为1.9

数据来源：2019年河南人口学会年会"新时代健康养老研讨会"会议论文——河南财经政法大学人口与发展研究所周福林教授的《河南未来人口发展趋势分析》。

综合判断，河南省目前育龄妇女生育水平在1.6～1.8，但存在地区差异和城乡差异。死亡水平长期相对稳定，2000～2019年平均死亡率为6.73‰[①]。河南省人口预期寿命是以联合国平均预期寿命增长模型中的"快速"增长模型推算设定的，平均预期寿命不断提高。河南省是人口大省，更是流动人口大省，长期处

---

① 根据河南省统计局《2019年河南人口发展报告》相关数据计算得来。

在人口净流出状态，近年来跨省净流出人口维持在 800 万人左右，在一定程度上加快了人口老龄化速度。由于这一影响较稳定，所以人口跨省流动影响暂不考虑。

综合以上因素，本研究采取 1.7 方案对河南省总人口变动趋势以及 65 岁及以上老年人口进行预测。

（二）河南人口老龄化趋势的综合研判

基于上述人口老龄化趋势预测，主要从以下三个方面对河南省人口老龄化趋势进行综合研判。

1. 人口老龄化程度持续加深

从近年来的人口数据来看，河南省人口年龄结构快速老化。2010 ~ 2018 年，河南省常住人口中 0 ~ 14 岁人口占比从 21% 提高到 21.45%，15 ~ 64 岁人口占比从 70.64% 下降到 67.94%，65 岁及以上老年人口占比从 8.36% 逐步提高到 10.61%（见图 4），老龄化进程明显提速。同时，河南省是外出务工人口大省，大规模青壮年人口到省外务工经商，导致人口老龄化程度进一步加深。

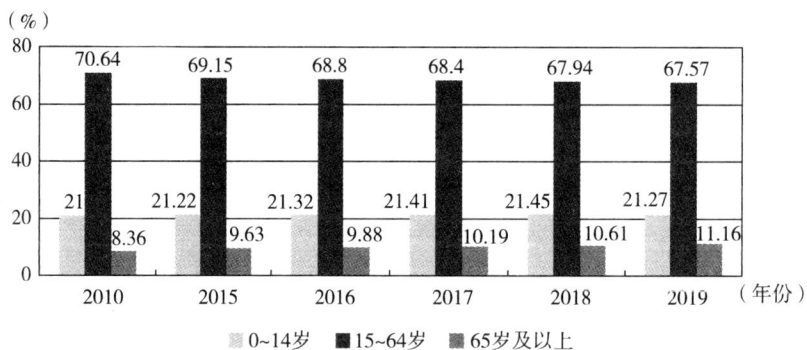

图 4　2010 ~ 2019 年河南人口年龄结构

数据来源：河南省统计局《2019 年河南人口发展报告》。

从人口老龄化趋势预测来分析，河南省人口老龄化在 2016 ~ 2050 年呈现持续上涨的态势，65 岁及以上人口占比将由 2016 年的 10% 左右上升到 2050 年的 23%，增加约 13 个百分点。其中，2016 ~ 2021 年、2022 ~ 2035 年为老龄化快速增长阶段，老年人口占比将增加近 10 个百分点；2036 ~ 2050 年为平缓增长阶段，这是因为新中国成立后的 50 年代第一个生育高峰期的人口已于 2010 年开始陆续进入老年阶段，20 世纪 60 年代初到 70 年代中的第二个生育高峰期的人口将于 2022 年开始大规模进入老年阶段。人口老龄化将逐步成为河南省人口均衡发展中的主要矛盾。

具体就"十四五"时期而言，由于两次生育高峰期的人口老龄化的"叠加"，导致河南省老年人口增长的惯性作用持续加强。预计"十四五"时期河南省 65 岁及以上人口将达到 14% 以上，由"老龄化社会"跨入"深度老龄化社会"；65 岁及以上人口占比在 2036 年前后将超过 20%，进入"超老龄化社会"（见图 5）。

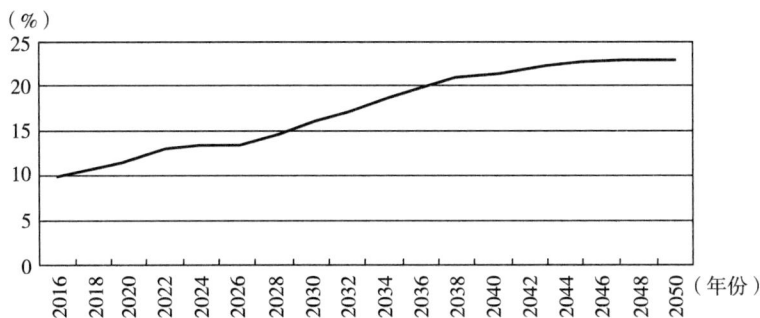

图 5　2016～2050 年 65 岁及以上户籍老年人口比重变动趋势预测

数据来源：《河南省人口发展规划（2016－2030 年)》

2. 劳动年龄人口波动下降

近年来河南省 15～64 岁劳动年龄人口占总人口比重逐渐"收窄"，其占比由 2010 年底的 70.64% 下降至 2019 年的 67.57%，劳动力人口持续减少。根据图 6

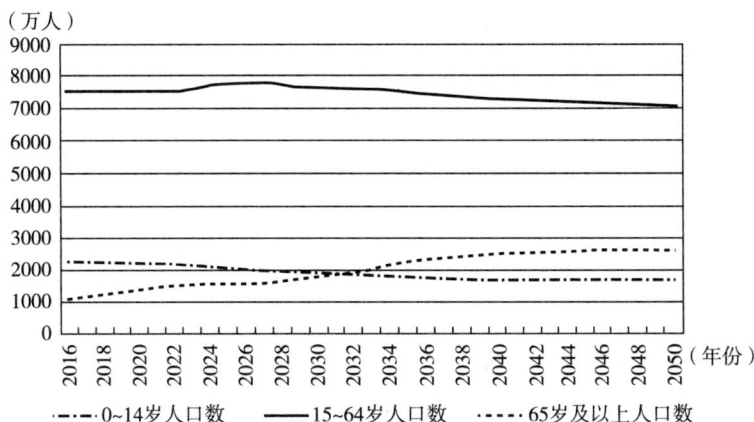

-·-·- 0～14岁人口数　——— 15～64岁人口数　········· 65岁及以上人口数

图 6　2016～2050 年少儿人口、劳动年龄人口和老年人口变动趋势预测

数据来源：《河南省人口发展规划（2016－2030 年)》。

预测，河南省 15 ~ 64 岁劳动年龄人口在 2016 年至 2026 年相对稳定，随后从峰值年份 2027 年的 7800 多万人波动下降至 2030 年的 7600 多万人，劳动力老化程度呈上升趋势。45 ~ 64 岁大龄劳动人口比重从 2016 年的 37.49% 持续上升到 2030 年的 38.34%。

3. 农村地区老龄化程度高于城镇

人口老龄化受城乡人口流动影响较大。在城镇化加速的条件下，农村地区年轻人口大量流入发达地区的中心城市，而老龄人口主要"沉淀"在农村，这样城镇人口结构年轻化，人口老龄化减缓，而农村人口老龄化加剧。据预测我国农村赡养率高于城镇 10 个百分点以上[①]。

河南省城镇化正处于增量提质并重的快速发展阶段，常住人口城镇化率在 2019 年达到 53.21%[②]，人口流动仍然处于活跃期，在今后及较长时期将持续向城市群集聚。特别是近年来随着郑州国家中心城市建设的加速推进，以及郑州都市圈、洛阳都市圈建设进展迅速，年轻人口向郑州市、郑州都市圈、洛阳都市圈和中原城市群的集聚步伐加快。人口流动导致的农村老龄化偏高与老人"留守""空巢""独居"等问题将长期存在。

（三）河南人口老龄化的影响

人口是经济社会发展的基础。河南省人口数量与结构的双重老化不仅给人口均衡发展造成直接影响，而且对经济社会发展带来深远影响。

1. 社会养老保障体系负担持续增加

第一，养老保险体系支出负担不断增加。世界上养老保险体系归结为现收现付制（Pay – as – you – go）和完全基金制（Full Funded），以及两种模式不同程度的混合制。我国建立了以现收现付制的社会统筹为主体，并与基金制的个人账户相结合的多支柱养老支付保障体系。无论哪种养老保险体系，养老保障金的增长只能来源于下一代参保就业人口的不断增长和劳动生产率的持续提高。

在快速老龄化条件下，向养老保险体系提供资金来源的人数增长远赶不上退休人数的增加，养老的经济积累速度滞后于养老需求的增长速度，制约了社会养老保障水平的快速提高。从 2001 年到 2019 年，河南省退休人数增长了 256.31%，年均增长 14.24%，而在职参保职工人数仅增长了 173.79%，年均增长 9.65%，显然参保职工人数的增长速度赶不上离退休人员增加的速度。这直接

[①] 袁志刚，封进，葛劲峰，陈沁. 养老保险经济学：解读中国面临的挑战 ［M］. 北京：中信出版集团，2016.

[②] 河南省统计局. 2019 年河南省国民经济和社会发展统计公报 ［EB/OL］. （2020 – 03 – 10）［2020 – 03 – 20］. https：//www. henan. gov. cn/2020/03 – 10/1302745. html.

导致河南省养老保险体系的参保职工负担系数从 2001 年的 23.86% 提高到 2019 年的 31.05%（见表 4），养老保险体系的负担日益加重，养老金缺口逐年增加。在劳动生产率短期内难以大幅提高的情况下，河南省只有通过大量吸纳农民工、民营企业、个体工商户、自由职业者等非正式就业人员参加职工养老保险体系，推动参保就业人数快速增长，才能增加养老金积累，减缓在职参保职工负担的增长速度。

表 4 2001～2019 年河南城镇参保职工和离退休人员数量

年份	参保职工（万人）	退休人员（万人）	负担系数（%）
2001	594.70	141.90	23.86
2002	596.30	161.50	27.10
2003	580.00	171.00	29.48
2004	599.90	181.10	30.18
2005	619.80	194.20	31.32
2006	655.28	208.16	31.76
2007	687.98	224.65	34.74
2008	732.90	239.10	32.62
2009	764.60	254.50	33.28
2010	809.00	270.30	33.41
2011	880.50	287.90	32.69
2012	964.59	306.04	31.73
2013	1024.37	325.62	31.79
2014	1089.33	342.30	31.42
2015	1148.95	359.75	31.31
2016	1398.08	450.34	32.21
2017	1437.62	459.97	31.99
2018	1520.27	486.40	31.99
2019	1628.23	505.61	31.05
2001～2019 增长率	173.79%	256.31%	—
2001～2019 年均增长率	9.65%	14.24%	—

注：负担系数为养老保险体系内的离退休人数与在职参保职工人数之比。

数据来源：根据国家统计局官网（http：//data. stats. gov. cn/easyquery. htm？cn = E0103）相关数据整理计算得到。

实际上，未富先老条件下的养老金积累和支付水平难以满足老龄人口的养老需求。2018年河南省城镇人均养老金大约为2921元/月①。对广大中低收入参保老龄人口而言，其养老保障收入仅能够维持基本的生活需求，尚不能完全满足保障康复、护理、陪护等养老需求，而没有固定养老保险收入来源的其他城乡老龄人口，仅仅依靠自身储蓄更难满足养老支付需求。因此，河南省作为欠发达地区，"未富先老""未备先老"的情况更加突出，养老支付保障能力较弱。

第二，医疗保险支付不断增加。老年人随着年岁的增长，老年慢性病大幅增加，这推动了医疗费用的不断走高。据预测，未来我国医疗资源将有50%用于老年人口，如果维持现行医疗保险制度，医疗保险基金将面临严重的支付风险。因此，人口老龄化不断加深，使医疗保险体系面临巨大支付压力。河南省城镇职工医疗保险支出从2007年的44.78亿元上升到2019年的382.95亿元，增长了755.18%，而离退休职工仅增长了90.00%（见表5）。

表5　2007～2019年河南省城镇职工医疗保险支出

年份	参保医疗保险离退休人员（万人）	医疗保险支出（亿元）
2007	197.4	44.78
2008	220.8	57.78
2009	243.7	74.33
2010	258.7	97.70
2011	272.2	118.57
2012	293.2	143.49
2013	313.4	167.71
2014	327.2	204.07
2015	336.6	227.45
2016	344.6	239.61
2017	344.4	265.22
2018	361.3	352.61
2019	375.06	382.95
2007～2019增长率	90.00%	755.18%
2007～2019平均增长率	7.50%	62.93%

数据来源：根据国家统计局官网相关数据整理计算得到，其中，2019年参保离退休人员375.06万人来源于《2019年河南省国民经济和社会发展统计公报》，2019年医疗保险支出382.95亿元来源于《2019年河南省医疗保障事业发展统计公报》。

---

① 数据来源：《2018年度河南省人力资源和社会保障事业发展统计公报》。

第三，政府兜底性养老财政负担不断加重。人口老龄化加剧会不断增加政府民生兜底性财政支付的压力，主要包括三个方面：一是职工养老保险、城乡居民养老保险、职工医疗保险和城乡居民医疗保险国家支付部分的支出增加；二是为弥补不断增加的养老保险和医疗保险支付缺口而增加的财政支出；三是其他养老财政支出，如针对老龄群体的高龄补贴。

现有养老保险制度难以应对人口老龄化不断加剧带来的养老支出压力，仅就职工基本养老保险支出而言，据预测，2020 年全国职工养老金赤字 24159 亿元，占 GDP 的 1.7%，到 2030 年赤字规模将达到 203281 亿元，占 GDP 的 5.03%，为维持职工养老保险持续运行，养老金赤字只能由中央或地方财政补贴，这对课税比例已经高企的中国财政造成了巨大压力。同时，我国职工养老保险缴费率比世界大多数国家都要高，五项社会保险企业缴费率合计为 29% ~ 37%，员工缴费率为 12%，最低按社会平均工资的 60% 缴费，最高缴费基数不超过社会平均工资的 3 倍①。在经济新常态下，已无增加缴费的可能。

河南省城镇企业职工养老金较早出现收支缺口，从 2008 年的 38.5 亿元逐步增加到 2017 年的 388.95 亿元，年均增长 101.14%，累计缺口达到 1341.03 亿元（见表6）。为了维持养老保险体系的持续运转，企业职工养老金支付缺口主要通过政府财政补贴来弥补，这造成了政府养老支付压力的进一步加大。

表6　2008~2017 年河南城镇企业职工基本养老保险基金的征缴收入、支出和缺口

单位：亿元

年份	征缴收入	养老金支出	缺口
2008	220.50	258	38.5
2009	278.4	316	37.6
2010	337.8	370.3	32.5
2011	403.5	442.5	39.00
2012	546.29	612.04	65.75
2013	620.94	711.50	90.56
2014	680.87	830.73	149.86
2015	643.69	863.73	220.04
2016	676.42	954.69	278.27
2017	1005.23	1394.18	388.95

① 袁志刚，封进，葛劲峰，陈沁. 养老保险经济学：解读中国面临的挑战 [M]. 北京：中信出版集团，2016.

年份	征缴收入	养老金支出	缺口
2008～2017 增长率	355.88%	440.37%	910.26%
2008～2017 平均增长率	39.54%	48.93%	101.14%

数据来源：2008～2011 年数据来源于河南省养老保险局李建宾《河南省城镇企业职工基本养老保险基金收支缺口变化情况分析》，2012～2017 年数据来源于河南省人社厅官网《河南省人力资源和社会保障事业发展统计公报》。相关数据由作者整理计算得出。

2. 人口老龄化对经济增长的影响

人口老龄化对经济发展的影响比较复杂，主要有正反两方面的影响。一方面，短期来看当劳动生产率不变或提高缓慢的情况下，人口老龄化对经济增长的负面影响较大。人口老龄化直接表现为劳动力规模缩小和结构老化，对经济发展直接产生三方面的负面影响。一是劳动供给减少、劳动生产力下降，产出减少；二是老年人养老、医疗消费支出造成了巨大社会经济负担，在一定程度上抑制了储蓄和投资；三是老龄群体的收入水平、消费倾向、消费能力较在职年轻人均大幅降低，人口老龄化制约了社会整体消费的快速提高。另一方面，就长期而言人口老龄化对经济增长也有正面的积极作用：一是劳动力短缺和老化会倒逼企业充分依托以 5G、大数据、人工智能等为代表的新一轮技术革命，推进生产经营智能化、高效化，推动劳动生产效率指数级上升，大幅降低对传统劳动力的依赖，弥补老龄化带来的劳动力不足；二是劳动力短缺将刺激企业大幅增加对人力资本、技术研发和先进设备的投资，进一步推动经济高质量发展；三是人口出生率降低，年轻人口比例降低，将促进国家、社会、家庭更加关注下一代发展，大幅增加对下一代的教育投资，为未来经济持续高质量发展提供后续动力。

因此，要正确认识人口老龄化对经济发展的影响，统筹正面作用和负面影响，采取有效措施强化正面作用，降低负面影响，持续提高劳动生产效率，有效降低老龄化的冲击，大幅缓解老龄化带来的压力。

从河南省实际情况来看，2019 年底河南省常住人口 9640 万人，15～64 岁劳动年龄人口 6514 万人的规模依然庞大，仅次于广东、山东，居全国第 3 位。河南省仍然具有庞大的人口数量和劳动力大军，受过大学专科以上教育的高素质人才有 680 多万，每年大学毕业生有 50 多万人，人口红利仍然存在，人才红利正在形成。因此，现阶段人口老龄化对河南省经济发展尚未造成明显负面影响，人口均衡发展潜在动力相对充足，人口发展回旋空间较大，应抢抓人口进入"超老龄化社会"（预计 2035 年前后）之前的重大战略机遇期，积极应对人口老龄化，大力增加教育、科研和人力资本的投入，大幅提高劳动生产率，推动经济快速迈入高质量发展阶段，努力实现"边老边富"，甚至"边老快富"。

3. 人口老龄化对家庭发展影响巨大

现阶段，人口老龄化往往伴随着家庭少子小型化、人口流动、代际分居普遍化。传统大家庭日益减少，核心家庭和直系家庭成为主要家庭形式，单人家庭、单亲家庭以及丁克家庭比例逐步提高，加上现代社会工作生活节奏快、压力大，由子女照料老年人的可行性大幅下降，家庭养老功能快速弱化，需要尽快建立完善社会养老服务体系，弥补家庭养老功能的弱化与不足。

但是，在"未富先老"背景下，老龄群体低支付能力、低支付保障与养老供给高投入之间的矛盾导致养老服务业发展缓慢，长期陷于低水平徘徊的发展困境，难以满足老龄群体多层次、多元化的养老服务需求。因此，在较长时期内家庭养老仍然是河南省养老体系的主导模式和载体的格局不会发生根本改变。这样，在人口老龄化日益严重的情况下，家庭将面临巨大的发展压力，特别是对于失能或半失能老人的照顾，几乎会造成整个家庭发展的失衡。

对家庭发展影响主要有以下几个方面：一是家庭养老经济负担加大，主要是医疗护理费用大幅增长，家庭经济状况恶化，家庭成员因照料老人较早地退出劳动力市场，进一步降低了家庭收入；二是家庭成员生活质量和劳动效率下降，特别是照料者的身心健康受到巨大影响；三是家庭矛盾上升，对代际和谐和社会活力造成不利影响。

三、国内外应对老龄化的经验启示

目前，河南省仍处于老龄社会发展的初级阶段，应对人口老龄化的制度框架和目标策略正在逐步构建中。国外一些发达国家经过多年实践，在积极应对老龄化方面积累了丰富的经验；国内一些发达城市，比如北京、上海、广州、宁波等地，在积极应对老龄化方面进行了卓有成效的探索，取得了满意的效果。这些都为河南应对人口老龄化提供了宝贵的经验。

（一）国外应对人口老龄化的成功经验

伴随着经济社会的快速发展和医疗卫生技术的进步，西方发达国家的死亡率和生育率逐年下降，率先开始了人口老龄化进程。为此，发达国家积极应对，不断进行着理念更新和实践探索。

1. 树立老龄社会形态的新理念

第一，健康积极老龄化思维。一些发达国家在20世纪60年代就提出了"健康老龄化”和“积极老龄化”的思维。健康老龄化思维强调老年人按照自身需求、愿望和能力参与社会事务或活动，同时在需要帮助时能够获得充分的保护、安全和照料。积极老龄化思维将老年人从社会负担的观念中解救出来，强调老年人的社会权利，明确老年人的重要作用，如日本提倡的“无龄感社会”。第二，系统生命周期理念。强调人生的不同年龄阶段是相互关联的系统过程。在设计老龄社会政策时，要将个体发展的各个阶段联系起来加以考虑，不仅要重视老年人的社会保障、照护体制、医疗服务等方面的内容，还需要关注其他年龄阶段人群的良好发展，从早期奠定未来健康的老龄人口基础。第三，超前公共治理意识。超前公共治理理念要求政策规划先于人口转变，通过预估未来人口结构变化，提前谋划适合于老龄社会的公共政策和管理体系。重视整体性治理的理念，强调公共政策的跨功能性和跨部门性，重构系统性、整体性的治理体系，从而实现各系统资源在应对老龄化过程中的充分统筹。第四，战略规划和法律先行。目前，日本老龄化程度居全球第一，意大利第二，德国第三，保加利亚第四，芬兰第五。这些老龄化严重的国家，早已从战略规划和法律政策上着手，出台了相应的制度方案。1986 年，日本制定了《长寿社会对策大纲》；1994 年，日本出台了《新老年人保健福祉推进十年战略》；1995 年，日本制定了《高龄社会对策大纲》①。迄今为止，日本先后出台的养老护理法规达十多部。

2. 应对人口老龄化的实践探索

在积极应对老龄化新理念的指导下，发达国家不断探索适合本国国情的老龄化方案，其实践经验主要体现在以下几个方面：第一，出台鼓励人口增长政策。移民政策是解决人口老龄化的重要举措，加拿大政府鼓励年轻、学历高和就业能力强的人移民加拿大；英国通过调整移民政策，发挥外来人口在延缓人口老龄化中的作用；日本实行“育儿休业”制度，通过给予父母育儿休假的权利，促进其生育意愿，并于 2004 年修改《儿童补贴法》，提高育儿补贴标准；德国给予每个孩子数目不同的政府补贴，促进人口增长。第二，改革养老保险制度。一些老龄化严重的国家逐步建立了多层次社会养老制度，建立了法定养老保险、企业养老保险和私人养老保险组成的新型养老保险制度。一些国家也关注弱势群体的养老保障问题，如德国于 2014 年改善弱势群体的公共养老金待遇，上调劳动受限者的养老金额度。第三，重视老龄健康照护。瑞典设立了专门针对老年人的免费医疗服务，加拿大实行全民免费医疗体制。随着老年人失能失智的情况逐渐得到重视，各国开始关注长期护理保险，日本从 2000 年起实施长期护理保险制度，为老年人或残障者提供医疗、护理及生活相关援助。韩国也逐步建立起老年人长

---

① 王祎，蒋京方. 日本、德国如何应对老龄化问题［N］. 金融时报，2019 - 05 - 31.

期护理保险制度，老年人本人仅需要负担 1/3 的费用。第四，重视老龄人力资源。延迟退休制度，鼓励老年人继续就业。日本政府于 2001 年将法定退休年龄从 60 岁提高到 65 岁，每三年延长一年。日本设有"银色人才中心"，出台了一揽子政策，支持老年人参与工作。2015 年，美国将退休年龄延迟至 67 岁，到了退休年龄可以选择继续工作，退休越晚，能够领取的养老金越高①。第五，积极发展老龄产业。老龄产业又被称为"银发经济"，不仅能够为老年人提供多种服务，也能提供大量的就业岗位，促进经济的增长。美国的老年房地产业发展迅速，建设了设施齐全、管理先进、服务完备的老年公寓。

（二）国内应对人口老龄化的成功经验

国内发达地区人口老龄化问题严重，北京、上海、广州、浙江等地积极采取措施，开展了卓有成效的实践探索，积累了宝贵的经验。

1. 强化立法推动，创新养老服务体系

上海是全国老龄化程度最高的地区，也是老年人口增长速度较快的地区。面对庞大规模的老年人日益增长的养老服务需求，亟须通过地方立法，以在养老服务的政策环境优化、设施机构建设、服务规范、扶持保障等方面加强制度保障。近年来上海市强化立法推动，出台了一系列规范条例，《上海市老年人权益保障条例》（2016 年 5 月实施）、《上海市养老机构条例》（2014 年 6 月实施）这两部"涉老"地方性立法，在上海市养老服务发展进程中发挥了积极的作用②。随后，浙江、江苏、广东、山东等地市也陆续出台了"养老服务条例"或"养老服务促进条例"，加强了推进养老服务工作的法制保障。

2. 以需求为牵引，整合资源，构建就近支持体系

在北京西城区，政府多举措应对人口老龄化，以需求为牵引，整合资源，全力构建以居家为基础、社区为依托、机构为补充、互联网为平台、政策为保障的具有中心城区特色的养老服务模式。2019 年 5 月，全国第四批居家和社区养老服务试点着力支持贫困地区，特别是深度贫困地区的脱贫攻坚工作，建立特殊和困难老年人基本服务制度，重点满足城乡经济困难家庭的失能、失独、空巢（留守）、高龄等老年人的养老服务需求，确保到 2020 年，贫困老年人同步进入全面小康社会，这为河南应对老龄化提供了新思路。

3. 积极构建"三边四级"体系，推进居家健康养老

2017 年底，北京提出建立居家养老巡视探访服务制度，由街道乡镇委托指

---

① 王祎，蒋京方. 日本、德国如何应对老龄化问题 [N]. 金融时报，2019 - 05 - 31.

② 叶子. 上海启动养老服务立法，将聚焦这些重点 [N/OL]. 澎湃新闻，2020 - 03 - 05 [2020 - 03 - 20]. https：//tech. sina. com. cn/roll/2020 - 03 - 05/doc - iimxxstf6600364. shtml.

定就近的养老服务驿站、养老照料中心等开展服务。为此，北京市着力在政策设计和设施布局层面构建"三边四级"居家健康养老体系。"三边"指的是老年人的"床边、身边和周边"，"四级"指的是"市、区、街、居"四个层级的责任体系，让养老服务融进街道、社区，做好"最后一公里"服务工作①。近年来，北京市在无障碍适老化改造、建立老年友善医院、建设"三边四级"体系、医养结合试点、共有产权养老等方面，做出了诸多努力和尝试，取得了较为满意的效果。

4. 积极构建"大配餐"服务体系，增强老年人的获得感

广州市以老年人服务需求为导向，着力增强老年人幸福感和获得感，将养老助餐配餐服务作为民生实事大力推进，全市各级相关部门紧紧抓住助餐配餐这个老年人关心的现实问题，抓重点、补短板、强弱项，着力构建全覆盖的社会化"大配餐"服务体系。截至2018年3月底，广州市952个长者饭堂在所有街道（镇）、社区（村）"落地开花"，越来越多的广州老人开始享受这一贴心服务。长者饭堂收费标准不高，每顿只需6~12元，并且由企业、政府、慈善组织和个人共同负担，减少了老年人的自费压力②。在金花街道，政府按照不同年龄层次给予补助，60周岁以上老年人最多自付9元便可享用，困难家庭老年人则收费0至6元不等，补贴资金分别由市、区财政及募集的慈善资金支付。推进社区居家养老"大配餐"，开办社区长者饭堂为老年人提供健康优惠餐食，正是当前广州市着力解决老年人现实生活问题、应对人口老龄化挑战、提升老年人获得感和幸福感的积极实践。

5. 全面开展养老服务的"供给侧改革"

北京市不断创新养老服务机制，全面开展养老服务的"供给侧改革"，主要包括养老社区、医养结合、PPP、共有产权以及农村幸福晚年驿站等项目。养老社区遵循"三贴近"原则选址，即"贴近医疗、贴近社区、贴近子女"，同时以"医养结合、以养为主、持续照料"为核心打造专业服务产品。"医养结合"模式打破了资源界限，有效串联起老年人与社区卫生服务机构、居家服务机构、三甲医院之间的联系，既可满足老年人院后护理、日常照护的刚性需求，又可减轻三甲医院诊疗压力，丰富了社区卫生服务机构的双重养老服务价值。面对庞大的养老需求，单靠政府投入显然力不从心。北京市鼓励和支持政府出地，社会机构出资、出团队，以PPP模式运营养老服务机构。2017年6月，北京市首家PPP模式养老服务机构——朝阳区恭和老年公寓正式投入运营，这座养老公寓是集养老照料、医疗康复、文娱休闲、体育健身于一体的多功能养老机构，可为入住老

---

① 金可. 居家养老服务"送上门"[N]. 北京日报，2018－12－04.
② 吴多. 广州长者饭堂抓住老人胃和心[N]. 广州日报，2019－01－10.

人提供吃、住、医、养、乐等多样化服务。这种模式打通了居家养老和机构养老相互独立的养老供给格局，其核心是以看得见、摸得着的共有产权房为基础，为老人实实在在地提供住、食、医、护、康、养、乐于一体的服务①。这一模式的创新和推广值得期待。

（三）国内外应对老龄化对我们的启示

分析国内外应对老龄化的实践经验，结合河南省实际情况，主要有以下几点启示。

1. 树立老龄思维意识，加强立法来推动养老事业

一是创新老龄思维，优化社会氛围。全社会都要更新老龄思维意识，树立健康积极的老龄观念，鼓励老年人积极参与社会实践，为社会创造价值，积极融入社会，发挥余热，贡献智慧。要把老龄社会作为一种正常发展的社会形态来看待。二是积极应对老龄化需要立法来推动养老事业，不断完善养老服务条例。需要社会主体共同参与，在全人口全生命周期中建立完备的治理体系，需要发扬中国传统敬老爱老文化，确立家庭在应对老龄化过程中的核心作用，强调中国式养老伦理的重要性。

2. 重视各种财力支持，提高社会兜底保障能力

通过国际经验可知，国家的经济储备越高，应对老龄化问题的成效越好。例如，日本、瑞典和加拿大实现免费医疗，极大减轻了社会和家庭的负担。德国、芬兰、日本等通过给予儿童补贴的方式鼓励生育，这也需要强大的财力支持。经济发展是政策实施的前提，积极应对老龄化的各方措施均需要强大的财力支持，包括养老保障、医疗照护、社区养老资源等。因此，要努力夯实应对老龄化的社会财富储备，通过扩大总量、优化结构、提高效益，实现经济发展与人口老龄化相适应。同时，积极鼓励社会机构出资，以 PPP 模式运营养老服务机构。

3. 挖掘人力资源，发展老龄产业

通过法律法规的制定，保障老年人群工作的合法权益不受侵害。通过改革退休制度，调整退休年龄，修订退休金发放办法，延长缴纳年限的同时延迟领取。积极发展老龄产业，不仅能够充分激发老年人的消费潜力，解决老年人的需求问题，也能够进一步增加劳动岗位，促进第三产业的进一步发展。借鉴广州市社会化"大配餐"服务体系，不仅能增强老年人的幸福感和获得感，也能为河南省增加就业岗位。

4. 应对老龄化，要重点关注失能老人

失能老人，是老龄人口中最需要关爱的部分，也是养老难题中的难题。对于

---

① 张璐. 北京首家 PPP 模式养老机构试运营［N］. 北京晨报，2017 - 06 - 29.

失能老人，我国有一套专业的评估体系。简单地说，老人自己能不能洗澡、上厕所、穿衣服、吃饭、在室内走动移动等 6 项能力中，只要有 1 项不能独立完成，就说明其能力开始受限，这些老人就是"特刚需"。未来一段时期内，河南超高龄老龄人口将会越来越多，失能老人也将同步增多。应对老龄化，要进一步聚焦失能老人。

5. 加大护理人员培养力度，提高待遇

护理员应是从职业院校养老护理专业毕业，是老人们的专业护理师。国际上普遍公认，3 名失能老人需要配备 1 名护理人员。按照这个标准计算，我国各地的护理员缺口仍然很大。目前护理人员的薪资标准不高，也是限制年轻人从事这个职业的关键因素。全省各地要依托职业高中和职业技术学院，建立河南省养老人才教育培训基地，不断加大对养老护理员职业培训的支持力度，积极筹建以产教融合为特色、以师资培养为重点，产学研相结合的健康养老高职院校，为全省培养高精尖养老服务人才。

6. 着力完善生育政策，提高生育意愿

老龄化问题必将越来越严重，不只在中国，而是全世界必然如此。这是社会发展的大趋势。为什么过去人们很穷，却依然会生育很多子女；而现在生活富足了，人们却选择少生甚至不生？这绝对不只是养育孩子成本增加的问题，而是全球女性的自主意识普遍提升的原因。女人们越来越不愿意被生育绑架，从而丧失了自主生活的能力和自我提升的机会，丧失了提高个人收入和实现自我价值的机会。想要提高生育意愿必须完善男女平等的基本国策，对女性的生育期和养育期赋予应有的价值支出；彻底破除封建思想残余，破除大男子主义，在家务劳动面前实现男女平等；完善家庭暴力相关法律法规，对于男人的暴力和出轨行为，使其承担相应后果；依法保障妇女就业权益，改善妇女就业环境。

四、河南应对老龄化问题的战略选择

应对老龄化问题是一项长期的、复杂的系统工程，事关全省亿万百姓的福祉和国家的长治久安。面对老龄化不断加深的严峻形势，河南省要从政治、经济、社会、科技等方面全方位进行规划设计和战略部署，构建科学应对、综合应对、积极应对的老龄社会健康发展路径。

（一）指导思想

高举习近平新时代中国特色社会主义思想的伟大旗帜，全面贯彻落实党的十九大和十九届二中、三中、四中全会精神，深入学习习近平总书记调研指导河南工作时的重要讲话精神，坚持以人民为中心，牢固树立新发展理念，紧紧围绕"健康中原"建设，以人口均衡发展为主线，以满足老年人健康养老服务需求为出发点和落脚点，突出党委领导、政府主导、社会参与、全民行动，着力加强全社会积极应对人口老龄化的各方面工作，构建和完善应对老龄化的政策规划体系、养老保障体系、老龄服务体系、健康支持体系、宜居环境体系，推动养老事业与养老产业同步发展，确保社会经济发展始终与人口老龄化进程相适应，努力走出一条河南特色应对人口老龄化的道路。

（二）基本原则

应对人口老龄化问题，要坚持全局的、动态的、可持续的发展理念，构建与全面建成小康社会、促进中原崛起更加出彩的目标相协调，与河南经济社会发展和人口老龄化进程相适应的现代老龄事业发展体系。

1. 以人为本，惠及全民

以提高全体老年人健康水平和生活质量为目标，秉承为老年人办实事、办好事、解难事的原则，充分考虑老年人的健康特征和养老诉求，努力满足老年人多层次、多元化的养老需求，最大限度地维护好广大老年人的根本利益。积极倡导老有所为，鼓励老年人发挥自身社会价值，加强老年人的社会参与，确保老年人共建共享改革发展成果，切实增强全体老年人的安全感、获得感、幸福感。

2. 统筹兼顾，均衡发展

加强应对老龄化的顶层设计，建立与经济社会发展和城乡老年人人口增长相适应的老龄事业发展战略规划和政策体系，增强综合应对能力。充分考虑城乡之间、区域之间的经济发展差异，统筹全省各类老龄服务、社会资源和政策保障，因地制宜、分类指导，推动城市老龄工作和农村老龄工作，促进老年人生活保障与服务保障、机构养老与居家养老、老龄事业与老龄产业协调发展，全面提升老龄工作整体水平。

3. 政府主导，社会参与

更好地发挥政府在应对老龄化的规划引领、政策出台、资金支持、服务规范、监督管理等方面的重要作用，在"保基本、兜底线"的基础上，加快基本养老服务体系建设。突出家庭、社区的基础性功能，鼓励家庭自主照顾，推动社区居家养老服务体系建设。建全公平竞争、平等参与的市场机制，激发各类主体活力，广泛动员专业社会组织、社会服务机构积极参与老龄事业的发展。引导社会资本参与，大力发展老龄服务产业。构建以政府为主导，以家庭、社区为辅助，以机构为补充的老龄事业发展格局。

4. 深化改革，创新驱动

主动适应人口老龄化面临的新形势，深入推进社会经济体制改革，建立健全应对人口老龄化的体制机制，推进老龄工作理论创新、制度创新、管理创新、服务创新，加快老龄事业发展的法制化、规范化、专业化建设。充分利用互联网、大数据等信息科技手段，依托智慧城市、智慧社区建设，打造智能养老服务平台，提升老龄工作的信息化、科学化水平。加强老龄化政策研究和国内外、省内外交流，学习借鉴国内外和省内外应对人口老龄化的成功经验，立足河南实际开展新探索实践，积极培育新业态，促进新增长，推动新发展。

5. 补齐短板，综合施策

进一步增强老龄化政策的系统性、协调性，根据各地发展水平，密切结合老年人的物质和精神需求，分类别、多层次地开展为老健康服务。坚持有的放矢，重点做好城乡经济困难的失能失智、高龄独居、计划生育特殊家庭老年人的健康服务工作。着力补齐发展短板，加大对农村地区和贫困地区的政策扶持和资金支持，推动资源配置向农村基层倾斜，推动城乡、区域协调发展。

（三）目标任务

聚焦当前老龄工作的重点难点和薄弱环节，加强老龄工作的体制机制创新发展，形成多层次的基本养老保障体系、健康保障体系、养老服务体系、老龄产业体系、适老环境体系是河南省今后一段时间应对人口老龄化的重要战略任务。

1. 健全社会保障体系，增强养老保障能力

整合与完善城乡基本养老保障制度。深入实施全民参保计划，持续做好社会保险参保扩面工作，不断扩大各类社会保险的覆盖面，推动城镇职工基本养老保险和城乡居民养老保险实现全覆盖。建立基本养老保险待遇正常调整机制，继续提高退休人员、城乡居民的养老金标准，增强基本养老保险待遇的公平性。落实养老保险省级统筹，探索社会保险基金市场化、多元化、专业化的投资方向，增强社会保险基金的运行效益，实现基金保值增值。

健全各类困难和特殊老年群体的社会救助体系。进一步提高城乡低保家庭老人、特困老年人的救助标准，以及对计划生育家庭等特殊老年群体的补助标准。建立专项救助、临时救助、贫困救助和社区帮扶相结合的社会救助体系，逐步提升社会救助服务水平。支持慈善助老和志愿服务事业发展，鼓励社会力量参与社会救助，对特殊老年群体开展各类慈善帮扶活动。

积极发展补充性养老保险。鼓励和引导用人单位建立企业年金、职业年金，支持商业保险机构开发形式多样的养老保险产品，探索个人税收递延型商业养老保险，实现补充性养老保险与基本养老保险有机衔接，形成多层次的养老保障

体系。

2. 加快老年健康促进工作，着力提升老年人健康素质

完善基本医疗保障制度。继续深化医疗保险制度改革，建立健全城乡一体的居民医疗保险制度，进一步提高城乡居民基本医疗保险住院的统筹层次和报销水平。增强大病保险保障能力，提高老年人重特大疾病的医疗保障水平。探索建立长期护理保险制度，建立政府补贴、医保统筹、个人自费等多种方式相结合的长期照护保障机制，鼓励商业保险公司开发长期护理险，与社会基本长期护理保险形成优势互补。

健全老年医疗卫生服务体系。加快老年康复医院、老年保健院、临终关怀医院、综合性医院老年病科的发展，为老年人提供全方位、一站式的医疗服务。支持闲置床位较多的公立养老机构逐步向护理为主转型，实现医疗资源的整合共享和优化配置。充分发挥基层医疗卫生机构在老年医疗保健方面的基础性作用，鼓励有条件的地区开设家庭病床服务，提高老年人医疗卫生服务的便捷性和可及性。进一步推广家庭医生签约服务，为老年人提供综合、连续、协同、规范的医疗卫生服务，不断提升老年人的健康管理服务质量。

加强老年健康管理工作。以基层医疗卫生机构、综合性医疗机构、公共卫生专业机构为主体，加强对老年人常见病、慢性病的健康指导和综合干预，推进老年人重大疾病的防治工作，发挥中医药在老年医疗服务中的积极作用。拓展社区健康服务内容，为社区老年人提供日常照料、慢性病管理、康复、健康教育和咨询、中医保健等服务。通过多种形式开展老年健康教育，普及老年健康知识，指导老年人加强自身健康管理，提升老年人健康素养。

3. 完善为老社会服务体系，实现养老服务多元供给

提升居家社区养老服务能力。加强社区养老服务设施建设，统筹推进日间照料中心、嵌入式养老机构、老年食堂等养老设施建设，统一规范养老设施建设标准，构建和完善县区级居家养老服务指导中心、街道级居家养老服务中心和社区日间照料中心三级居家养老服务网络。完善政府购买服务机制，鼓励引导社会力量参与社区养老服务设施的建设、运营和管理，提高居家养老服务的社会化、专业化水平。建立居家老人巡视探访制度，支持基层组织、社会组织对独居、空巢、失能失智、重残、计划生育特殊家庭等困难老年人开展多种形式的探访与帮扶服务。发展非正式照料体系，持续开展家庭成员护理服务技能培训，增强家庭养老照护能力，倡导社区邻里互助。

推动养老机构创新发展。推进公办养老机构的市场化改革，调整优化养老机构的功能结构，重点发展照护型养老机构。加快推进民办养老机构发展，给予民办养老机构购买服务、税费优惠、补贴等方面的政策支持，激励引导民间资本兴办养老服务机构。加大农村养老机构和互助养老服务设施建设力度，在乡镇敬老院的基础上建立以专业照护为主的县级农村特困供养对象的供养服务机构。

促进医养融合发展。统筹医疗资源和养老资源总体布局，建立健全医疗卫生机构与养老机构开展多种形式的签约服务、协议合作，推动医疗卫生服务向社区、向家庭下沉延伸。以社区卫生服务中心为载体，吸引社会力量兴办新型医养结合机构。充分利用各类医疗机构资源，加大养老服务专业人才的培养力度，健全薪酬激励、技能培训、职业晋升等机制，提高养老服务专业队伍的规模和素质。

大力发展智慧养老服务。加快互联网与养老服务的深度融合，精准对接需求与供给，整合全省为老服务信息平台，推动不同层次、不同部门的老年信息资源的互联互通、共建共享。进一步推进智慧社区建设，促进人工智能与社区养老服务相结合，支持企业利用大数据、云计算、物联网等技术，开发远程健康监护、紧急援助、居家安防、学习教育等应用软件，满足老年人个性化、多样化的需求。

4. 以老年人需求为导向，大力发展老龄产业

完善老龄产业扶持政策。在全省社会经济总体规划中明确老龄产业发展方向，结合省情出台支持老龄产业发展的信贷、投资、建设用地、人才培养等各种优惠政策和配套措施。探索建立老龄产业孵化机制，引导个体私营、外资等非公有制资本进入为老服务产品市场，通过税收优惠、信贷支持、减免费用等特殊政策扶持尚在起步阶段的老龄产业。

培育老龄产业体系。全面开放养老市场，支持企业开发适合老年人衣、食、住、行、医、文化娱乐等需要的各类老年产品，加快适老化的康复辅具、无障碍电子产品、远程居家照护、智能机器人等为老辅助科技产品的研发和应用。鼓励发展老龄产业的中小企业，积极扶持本土龙头企业，打造一批知名品牌，构建覆盖老年护理、康复保健、文化娱乐、金融保险、住宅家居、老年教育、咨询服务等经济社会效益兼重的老龄产业集群。逐步扩大老龄产业规模，创新养老服务产业新业态，促进养老服务消费，提高老龄产业在国内生产总值中的比重。

强化老龄产业的市场监管。制定和完善老龄产业的相关行业标准和服务规范，加大对老年用品市场的监管力度，保障产品质量，规范市场行为。开展老龄服务领域的社会信用评价，建立健全失信联合惩戒机制，加大对违法违规行为的查处惩戒力度。促进中介组织发展，充分发挥行业协会作用，提供评估、咨询和第三方认证等服务，引导老龄产业规范健康发展。

5. 加强适老支持环境建设，营造友好社会氛围

加强老龄事业基础设施建设。加强对各地城市适老环境建设的宏观研究和规划设计，统筹推进与老年生活密切相关的公共基础设施、生活服务设施、医疗卫

生设施和文化体育设施建设，提升室外空间、建筑、住所、交通和各类设施建设的适老性、可及性和便利性。

深入推进城乡无障碍设施改造。结合应对人口老龄化总体规划，按照《城市道路和建筑物无障碍设计规范》，以扩建、新建、改建等多种方式，对各类政府对外服务窗口、轨道交通站点、公园绿地、环卫设施、医疗康复、体育文化、商业服务建筑等公共建筑设施进行无障碍设施改造。积极推进居住区坡道、楼梯、电梯、扶手等公共设施的无障碍改造。通过政府支持、社会参与、家庭自主等方式，推进残疾、高龄、失能等老年人家庭开展适老化住宅装修和为老辅助设备的配备、改造。加大城镇棚户区改造和农村村庄整治建设力度，优先满足老年人住房安全需要，解决困难老年人的住房问题，改善城乡老年人居住环境。

建立敬老爱老助老的舆论氛围。加强宣传引导，广泛开展人口老龄化的国情、省情和老龄政策法规教育等活动，提高全社会对人口老龄化的认识，增强全社会爱老、敬老、助老的关爱意识和老年人自尊、自立、自强的自爱意识，形成积极应对老龄化的社会氛围。结合社会主义核心价值观宣传教育，利用传统重要节日，广泛开展"敬老文明号""孝亲敬老"等文明单位建设，积极推进孝亲文化进机关、进社区活动，为老年人提供优先、优待服务。加强文明家庭建设，引导子女传承孝老家风，更好地履行赡养责任。在全省持续开展"敬老养老助老"评选表彰活动，树立和宣传先进典型，大力弘扬孝老敬老的中华传统美德。

五、河南省应对老龄化问题的对策建议

当前，河南省人口老龄化作为经济社会发展中不可逆转的常态现象，正在深刻影响着全省人口、资源、环境的发展结构与战略走向。人口老龄化问题已不单单是老年人口数量的增长与养老保障问题，更是新时期、新形势和新特征背景下，促进积极应对人口老龄化与国家可持续发展基本方略的深度融合问题。因此，要从顶层设计、健全制度、体系建构、科技创新和优化资源等方面凝聚共识，着力打造积极应对人口老龄化的"河南方案"。

（一）谋划积极应对老龄社会的顶层设计

目前占全国人口1/6、21世纪中叶将占全国人口1/3的老年人对美好生活的需要与满足，不仅是增进民生福祉、推动社会发展的重要组成部分，也是以人民为中心的中国特色社会主义根本立场的生动显现，积极应对人口老龄化已经成为党和国家的重大发展战略。河南省作为人口大省，要依照新时代全党、全社会积极应对人口老龄化挑战的基本战略思想和现实省情，从可持续发展的基本方略层面谋划积极应对老龄社会的总体布局。

1. 切实提升思想认识

做好新时代积极应对人口老龄化和老龄社会的工作，就是促发展、促改革、促开放的应有之义。党的十九大把老龄工作纳入中国特色社会主义"五位一体"整体布局和"四个战略"布局就是在不断提升全社会对老龄工作的重视程度。要按照中央的总体要求，科学分析和把握人口老龄化与全省发展规划的整体实施目标，打通解决老龄社会问题的最短路径。

2. 强化舆论宣传引导

要将河南省人口老龄化的严峻形势不断释放，让全社会意识到其紧迫性以及实施健康老龄化战略的重要性，不断增强全社会积极应对人口老龄化的意识。同时，在全省加快建设起老年友好型社会，聚焦全民老龄意识的提高和全社会的自觉参与，构建养老、孝老、敬老的社会环境，真正实现老有所养、老有所依、老有所乐、老有所安。

3. 建立老龄化应对机制

要加快出台适应河南省经济社会发展现状的人口老龄化应对机制，从全省层面确立应对人口老龄化挑战的整体思路和工作部署，将老龄化战略纳入中长期发展规划，要求省内各地区制定老龄事业发展年度计划，把老龄工作列入重要议事日程。

（二）健全适应人口老龄化的相关配套制度

随着河南省人口老龄化程度的加深，老年人口规模持续扩张，使社会、家庭面临的问题日益突出，随之出现的社会保障危机，对财政支出、劳动力成本、社会积累等方面都造成了很大的影响。可见，人口老龄化不仅使老年人的问题加剧，也触及了整个社会的政治、经济、文化等各个方面，其影响覆盖到全社会所有年龄段的人群。因此，应对人口老龄化所带来的冲击和挑战，不能局限于解决老年人问题，而是要从整个社会的稳定和可持续发展的角度出发，不断健全适应人口老龄化社会特征的相关制度。

1. 实施延迟退休制度

要加快研究出台并稳妥实施延迟退休制度。在保证老年人健康的前提下，采取循序渐进的方式，延长低龄老人生命周期中的生产性阶段，提高老年人口的劳动参与率。同时，积极推进老年人参与社会活动，发展"银发经济"，收获人口数量、素质、健康等综合红利。在此期间，要充分考虑行业与地区的差异特点，制定出适应省情且科学合理的延迟退休政策，实行差异化的老年人力资源开发策略，进而倡导形成积极就业观，充分发挥老年人的潜力。

2. 完善鼓励生育制度

改善人口年龄结构、延缓人口老龄化速度，是应对人口老龄化的重要手段。随着 2013 年"单独两孩"和 2016 年"全面两孩"政策的实施，新生儿出生比例显著上升，人口红利收效明显。然而长期来看，河南省受人口基数现状、人口结构波动、生育观念转变等因素的影响，未来几年生育率将会呈现平稳下降的趋势，"低生育率陷阱"始终威胁着全省经济社会的全面发展。因此，要持续完善鼓励生育制度，做好生育政策研究，积极跟进相关住房、托育、养老、就业、入学、医疗等配套政策，消除养育"两孩"的后顾之忧，进而逐步平衡人口结构、释放人口红利、缓解人口老龄化问题。

（三）统筹推进城乡养老保障体系建设

老年社会保障是当代社会老年人生活的主要支持系统和影响因素，其中，经济保障是满足老年人其他各方面社会保障的核心与基础，养老保险则是经济保障中的主体部分。因此，养老保险工作始终被党和政府摆在社会发展的重要位置，并在 2011 年 7 月 1 日启动了城镇居民社会养老保险试点，这也标志着我国养老保险实现了全覆盖。这也与 2009 年启动的新型农村养老保险试点一样，成为了我国养老保险制度的重要里程碑事件。随着城镇居民养老保险的启动，虽然我国养老保险制度将实现对所有城乡居民无缝隙、无遗漏的百分百"全覆盖"，然而养老保险制度建设还需进一步推进完善。

1. 从"全覆盖"走向"深入保障""公平保障"

要不断提高城镇、农村居民养老保险的政府补贴、保障水平，使之真正足以养老。2014 年 7 月以来，中央确定的基础养老金标准与新型农村社会养老保险相同，为每人每月 70 元，地方政府可以根据本地经济发展情况自主提高标准。然而，在时下的物价水平、收入状况下，这样的保险待遇只能说"聊胜于无"，远远谈不上充分的养老保障，这种"全覆盖"仍然是低水平的。以河南省的"新农保"为例，其最大特点是采取个人缴费、集体补助和政府补贴相结合的模式，虽有三个筹资渠道，但农民的养老金仍然不能满足生活所需。因此，建议河南省根据经济发展和物价变动等情况，适当调整城镇居民养老保险基础养老金的最低标准，在实现全覆盖的同时，逐步走向"深入保障"和"公平保障"。

2. 从"碎片化"走向"整合融汇""有机统一"

要尽快着手对养老保险制度进行整合，在政府不断加大投入的基础上，平衡缩小不同养老保险之间保障水平的差距，进而在不远的将来实现各类养老保险的统一。最终应建立起一个不分城乡、不分职业的国家统一养老保险制度，即无论农村居民、城镇居民、企业职工还是公务人员，个人保险缴费可以因各自能力而不同，但国家补贴应当保持一视同仁。改变现行养老保险制度中，因参保对象不同身份而高度"碎片化、分割化"的现象，将农村居民对应的农村养老保险、普通城镇职工对应的职工养老保险和国家机关公务员对应的财政包养退休制度有机整合。这不仅是面对人口老龄化趋势时养老保险制度必须进行的相应调整，更是实现其保障国民基本养老需求、提高养老金收入水平、不断满足老年人对美好生活需求的真正意义所在。

3. 从"一刀切"走向"个体需求""分类服务"

要将未被纳入其他养老制度的城乡高龄老人和生活不能自理的老人作为重点关注对象，将老年福利由"特定指向"转变为"广泛惠及"，使更多普通老年人也能够享受到政策红利。尤其在发展农村居家养老服务时，更要将老年人的日常生活照料和生活来源作为主要的保障内容。在城镇中，则要更侧重于发展居家养老服务供给，做好养老需求评估，满足不同老年群体的个性化养老需求。

（四）依靠科技创新应对人口老龄化

按照《国家积极应对人口老龄化中长期规划》的要求，河南省要进一步"强化应对人口老龄化的科技创新能力，深入实施创新驱动发展战略，把技术创新作为积极应对人口老龄化的第一动力和战略支撑[①]"，依靠科技创新探索河南省积极应对人口老龄化的道路。

1. 善用现代信息技术

要充分运用互联网、物联网、大数据等现代科学技术，发挥智慧养老服务新模式，通过跨业务应用融合、数据共享形成协同效应。要不断整合各类服务资源，发挥劳动力替代效应，顺应劳动年龄人口不断减少的趋势，依靠加强科技创新应对人口老龄化，满足新时代老年人对美好生活的需求。

2. 强化科技创新支撑

着力提升老年服务的科技化水平，通过加大老年健康科技支撑力度，推进老年医疗诊断、康复治疗等领域的前沿共性技术发展。同时，优先发展老年人护理照料、生活辅助、功能代偿等养老辅助科技产品。例如，应利用当前发展迅猛的人工智能技术开发制造养老智能机器人，充分发挥其生理健康信号检测、语音交互、智能聊天、远程医疗等功能，不断提升老年人的生活幸福感。

3. 打造新兴老龄产业

老龄产业是老龄社会条件下的基础性产业，也是河南省调整产业战略的主攻

---

① 中共中央 国务院印发《国家积极应对人口老龄化中长期规划》，http：//www. gov. cn/zhengce/2019－11/21/content_ 5454347. htm。

方向之一。因此，要创新科技思维，打造新兴老龄产业。坚持以市场为主体，充分发挥政府的有效调控，不断扩大老龄产品和服务的内生需求与供给，在大力开发老龄市场的同时，促进河南省产业结构调整和优化升级。

（五）优化配置各类养老资源

党的十九大报告中指出，"积极应对人口老龄化，构建养老、孝老、敬老政策体系和社会环境，推进医养结合，加快老龄事业的发展[①]"。这其中优化配置各类养老资源将成为今后一段时期做好养老服务业的主攻方向，也为河南省未来发展养老事业提供了新的目标。

1. 创新居家、社区、机构养老服务模式

"要发展社区照料，加强社区照料的服务功能，构建和发展社区照料模式，大力发展社区照料服务[②]"，充分发挥社区公共服务设施的养老服务作用。同时，还要鼓励社会力量兴办养老机构，在充分发挥公办养老机构的托底作用下，挖掘现有各类资源的潜力，推行"政府主导，社会参与"的经营模式，整合、改造和兴办民办养老机构。

2. 推动医疗卫生与养老服务深度融合

医疗卫生服务与养老服务深度融合是在满足老年人健康需求以及解决养老资源供需矛盾下所应运而生的新型养老模式，普遍受到老年群体的欢迎。河南省要充分认识到医养结合的发展红利，在实现基本养老公共服务应保尽保的同时，要加强医养结合模式的推广与应用。鼓励社区与医疗卫生机构加强合作，建立医疗养老联合体，为老年人提供一体化的健康和养老服务。同时，广泛吸纳社会力量参与到医养结合机构的建立中来，不断增强医疗服务和养老服务的"双重供给"。

3. 提升社会长期照护资源供给能力

在预期寿命延长和老年人群慢性疾病患病率上升等因素的共同影响下，失能老年人群所占据的规模和比重不断增加，这也就意味着对社会长期照护资源的需求与日俱增。因此，要做到未雨绸缪，"探索建立长期护理保险制度，鼓励商业保险公司开发适销对路的长期护理险产品和服务，满足老年人多样化、多层次的长期护理保障需求[③]"。同时，积极推动将医疗康复项目纳入基本医疗保障范围，为更多需要康复理疗的老年人提供相应保障。

---

① 《党的十九大报告》，http://sh.people.com.cn/n2/2018/0313/c134768-31338145.html。

② 肖琦. 正式照料与非正式照料的整合——温州社区老年照料体系的构建探索[D]. 武汉：华中农业大学，2014.

③ 宋占军. 长期护理险，让"老有所护"[J]. 金融博览（财富），2017（04）：36-38.

3. 河南省卫生健康事业
发展问题及对策

河南省人口发展研究课题组*

摘　要： 自 2020 年初以来，针对新冠肺炎疫情，河南省省委、省政府以及全省各级卫生健康部门快速做出反应，将疫情防控列为首要工作，由此形成了一道坚固的"健康防线"。经过努力，河南省人民生活回归正常轨迹。能够顺利取得防疫工作阶段性成果的根本原因在于河南省对于卫生健康事业的持续关注以及河南省对于突发疾病的高度警戒。本文采集了 2018～2019 年《中国统计年鉴》《河南统计年鉴》《2019 年我国卫生健康事业发展统计公报》中的健康水平、疾病控制、医疗服务、医疗卫生保障等相关数据，对河南卫生健康事业的现状进行了描述分析，得出河南省仍存在卫生与食品监督不到位、婴儿照护能力不足、卫生健康事业相关人才短缺、中医药欠发展以及应对人口老龄化能力不足等问题的结论，并针对存在的问题提出了加强卫生监督、完善卫生健康体制机制、加大中医发展投资等对策及建议。

关键词： 卫生健康事业　医疗卫生服务　平均预期寿命　健康中国行动

我国全面建成小康社会绕不过去的障碍之一就是疾病，健康是人民生活的基础，对疾病防控防治、保障居民享有健康生活一直是河南省紧抓不放的工作，特别是自新冠肺炎疫情暴发以来，河南省对疫情做出反应之迅速、对人员排查之谨慎以及防止疫情反弹工作之全面是全国人民有目共睹的，在全国获得一致好评。现如今，全省推行"321"的健康促进工作模式，对薄弱环节和基层基础进行加强，使贫困地区的健康素养水平得到有效的、快速的提升，促进全民健康成效显

---

　　* 课题组成员：周福林，博士，河南省郑州市河南财经政法大学郑东校区统计与大数据学院教授；李永康、韩笑、李晨阳、王思雨、魏玺、荆慧敏，河南财经政法大学郑东校区统计与大数据学院在读硕士研究生。

现。卫生健康工作有效推进，为脱贫攻坚战的胜利提供了政策保证。"十三五"收官期已至，总结好过去是补齐短板、促进未来发展、继续对抗疫情，进而取得下一阶段胜利以及科学规划"十四五"的必要准备。

一、河南省卫生与健康事业工作发展现状

（一）健康水平总体提高，所有指标达到发展规划预期目标

河南是农业大省，而且人口量大，解决全河南百姓的卫生健康问题刻不容缓、意义重大，但同时任务的艰巨性不可小觑。70 年来，河南大踏步向前发展。河南省政府积极带领广大人民，以深化医药卫生体制改革为动力，以广大人民健康幸福为中心，以建设健康中原为主线，取得了一系列卓越成就。

1. 平均预期寿命

2019 年，全省平均预期寿命达到 77.5 岁[①]，比上年增加了一岁多，高于全国"十三五"平均预期寿命的标准水平。相比较新中国成立时 35 岁的平均预期寿命，河南省平均期望寿命翻了 1 倍多。河南百姓真真切切地享受到了卫生健康事业发展带来的红利。

2. 妇幼保健

相比 2018 年，2019 年河南省孕产妇死亡率降低了 47.0%，下降到 9.66/10 万[②]，这个水平已经优于"十三五"全国平均水平标准。纵观近十年，河南省孕产妇住院分娩率就一直保持在 99% 以上的高水平。

3. 儿童健康

河南省儿童的生命质量也逐步提高。随着河南省对卫生与健康事业关注的提升，新生婴儿的死亡率和五岁以下儿童的死亡率呈现逐年下降的趋势，截至 2019 年，婴儿死亡率已经降至 3.59‰；五岁以下儿童的死亡率降至 4.81‰，均已实现河南省"十三五"卫生与健康事业规划目标[③]。

（二）疾控工作主要指标达到发展目标要求

人民生活条件的改善加之人民普遍缺乏运动，河南省对于高血压、糖尿病、

① 董艳竹. 2019 年，全省人均预期寿命 77.5 岁 [N]. 郑州晚报，2020 - 09 - 24.
②③ 河南省卫生健康委员会. 河南省全力促进将妇幼健康融入所有政策 [EB/OL]. （2020 - 05 - 11）. https：//www. henan. gov. cn/2020/05 - 11/1453062. html.

心血管疾病等慢性病的防治以及干预工作正在有序开展。河南省以慢性病防治以及传染病防控两大任务为主线，紧贴"预防为主、防治结合"的方针和"抓亮点、攻难点、扣重点、求创新、促规范、补短板"的主要工作思路，不断加强卫生疾病预防控制以及强化卫生人才队伍建设，给人民群众提供有效保障，以确保人民群众身体健康、少生病、不生病。2019 年，针对传染病的防控工作，河南省持续加大预防接种的监管力度，切实落实每项传染病防控措施。河南制定了一系列工作方案，用以加快推进预防接种以及规范化管理，对全省各级各类预防接种单位逐一排查，排查数量达 4291 家。积极并及时筹措资金 1.48 亿元，用于全面加强基层预防接种单位的规范化管理。针对慢性病防控工作，以脑卒中、高血压等高发型慢性病为主要突破口，加大财政投入，启动基层医务人员卒中康复适宜技术培训，使得卒中"防治管康"的全程管理模式进一步完善。

1. 居民健康素养水平

河南省着力强化自己是自己健康的首要责任人的观念意识，本着自己对自己负责，增强人民自身健康维护意识以及普及卫生健康相关知识。2019 年河南省居民健康素养水平提升至 19.11%[1]，距离 20% 的目标还有一定距离，需要各部门紧密协调、联动全社会力量同心协力、共同努力。

2. 疫苗接种

通过疫苗接种产生抗体可防止相应的疾病入侵身体。近五年来，河南省都维持着高于 96% 的适龄儿童免疫规划疫苗接种率，河南省仍在不断完善疫苗管理体制，树立正确的态度和观念，充分发挥各部门之间的协调关系。2020 年上半年，河南省平均疫苗接种率提升至 99.62%[2]。

3. 肺结核发病率

近年来，结核病的控制一直是河南省各级政府放于重要位置的民生工程，河南省已将结核病纳入重大疾病医保范围。15 岁以下的儿童肺结核发病率为 0.90%，15~60 岁人群肺结核发病率为 65.08%，年龄在 60 岁以上的人占 34.02%。2019 年全省共报告肺结核病患者发病人数达 49753 例。相比 2018 年同期，河南省肺结核报告发病率降低了 12.84%，报告发病数降低了 12.42%，发病率降至 55.59/10 万，达到河南省"十三五"卫生与健康事业规划的目标要求。[3]

---

① 资料来源：2020 年 3 月 8 日河南省人民政府新闻办公室召开的新冠肺炎疫情防控专题第二十五场新闻发布会。

② 王平. 年内河南省将实现疫苗全程电子追溯 [N]. 河南日报，2020 - 07 - 18.

③ 王平. 河南肺结核发病率有所下降 专家：谨防出现群体发病 [N]. 河南日报，2020 - 09 - 24.

（三）医疗服务

目前，区域医疗服务能力的提升过程中所呈现出的医疗难题是河南省面临的主要挑战。门诊处方抗菌药物使用率为 13.51%，未能达到低于 10% 的目标。河南省医务社会工作服务才刚刚起步，社会大众对医疗服务认识的不足、缺少专业人才、专业经验交流不足、发展不够迅速等问题依然严峻，医务社会工作人才建设制度亟待完善。今后，是河南省医疗服务水平实现跨越发展的关键期。

（四）计划生育

2019 年，河南省人口出生率为 11.02‰，死亡率为 6.84‰，自然增长率为 4.18‰。目前河南省实行了全面放开"二孩"政策，相较于之前的政策而言，出现了一定的变化，即提倡一对夫妇（含再婚）生育两个孩子。河南省的人口生育水平和变动态势基本达到平衡，婚前医学检查率稳步提高，孕产妇死亡率连续下降，目前已基本形成孕产妇的系统管理，对于免费的孕前优生健康检查，河南省已基本实现全面覆盖。这一系列措施，使得公民的出生缺陷预防意识大幅提高，河南省计划生育政策取得新的成效。

（五）医疗卫生服务体系

河南省目前的省级以上卫生城市占比达到 97%，每万人口公共卫生人员达到 6.41 人，每万人口全科医生达到 2.61 人[①]，构建卫生城市取得了新的成就，并科学规划了"四级医疗中心"，使得优质医疗资源配置布局更为合理，持续推进医疗卫生服务体系的构建，着力推动"十三五"卫生规划目标的达成，为迎接"十四五"做好准备。

1. 卫生资源总量显著增加

在医疗卫生机构方面，截至 2019 年底，河南省共有 70734 个机构，总量在全国处于领先水平，其中，医院 1974 个，比 2018 年增长 149 个，增长了 8.2%；社区卫生服务机构 1523 个，比 2018 年增加 25 个，增长了 1.7%；村卫生室 56079 个；妇幼保健院（所、站）163 个，与上一年持平；卫生监督机构 179 个。各级各类卫生机构数量都有所增长，居民就诊就医时的选择更加丰富。卫生机构床位 64.01 万张，比 2018 年增加 3.16 万张，增长了 5.19%。其中，医院 48.13 万张，比 2018 年增长了 2.56 万张，增长了 5.62%；卫生院 11.94 万张，比 2018 年增长 0.46 万张，增长了 4.01%。卫生机构床位不断增加，住院条件不断改善，

---

① 河南省统计局. 河南统计年鉴 2020 ［M］. 北京：中国统计出版社，2020.

使居民就医更加便利。卫生技术人员共计65.40万人，比上一年增加2.91万人，增长了4.7%。其中，执业（助理）医师25.14万人，比2018年增长1.59万人，增长了6.8%；注册护士27.89万人，比2018年增长1.67万人，增长了6.4%。按全省每千常住人口来看，医疗卫生机构床位数达到6.64张，比2015年增长1.48张；执业（助理）医师数达到2.61人，比2015年增加0.51人；注册护士数达到2.89人，比2015年增加了0.72人，上述三项指标分别增长了28.68%、24.29%、33.18%，已提前实现"十三五"规划目标。2019年，全省医疗卫生机构年诊疗人次达6.13亿人次，比2015年增长10.34%；年出院人数达2013.09万人，比2015年增长了34.91%[①]。

2. 公共卫生体系不断健全

河南省公共卫生体系不断健全，药品供应基本充足，医疗服务与保障制度日益完善。急救水平是评估医疗卫生发展状况的一个重要指标。在急救方面，河南省将院前急救和院内急救有机结合在一起，着力推动急救半径的不断缩短，使患者在较短时间内就能得到有效救治。同时，将居民的急救数据与其电子病历相结合，实现院前与院内信息互联互通，帮助患者更加方便快捷地接受急诊。

3. 农村卫生服务体系逐渐完善

截至2019年底，河南省共有基层医疗卫生机构67561个，为居民提供了便利的服务。其中，社区卫生服务中心1523个，比2018年增加25个，增长了1.7%；乡镇卫生院2041个；村卫生室56079个。河南省非常重视中医药服务能力的提高，并着重提高基层医疗卫生机构中医药的实力。河南省农村卫生服务网络不断完善，乡镇医疗卫生条件稳步提高。

4. 城市卫生服务体系基本形成

河南省已建成社区卫生服务机构1523个，基本建成了城市社区卫生服务网络框架。社区卫生服务中心诊疗1711.2万人次，病床使用率为45.6%，平均住院9.4日，医师日均担负诊疗10.5人次。城市综合医院服务能力明显提高，全省17个地级市已拥有1209所综合医院，医院基础条件进一步提高，居民的日常就医需求在家门口即可得到满足，切实解决了人民群众不同层次的医疗问题[②]。

5. 着力推进卫生应急工作开展

2003年，面对"非典"，全省各级卫生健康部门齐心协力，经过艰苦奋战，河南省无死亡病例，无医务人员感染，无输出病例，终于打赢了"非典"这场战役。2020年，面对"新冠"疫情，河南省迅速做出反应，将疫情防控作为头等大事，出台相关政策，并进行深入贯彻落实，全民动员、群防群控，打好了疫

---

①② 国家统计局. 中国统计年鉴［M］. 北京：中国统计出版社，2020.

情防控战役。目前河南省已进入疫情防控常态化阶段，努力增强居民的风险防范意识，落实好公民个人的健康申报、核酸检测、医学观察等措施，确保疫情防控不松懈，抓好疫情防控不松懈。

（六）医疗卫生保障

河南省努力解决好人民群众看病就医的问题，努力补齐短板，提升医疗卫生水平，聚焦民生问题，办好惠民实事，河南省卫生健康事业取得了新的突破。

河南省进一步扩大医疗保障制度覆盖范围，居民的医疗保障水平得到大幅提升。截至2019年底，河南省年末参保人数合计10289.8万人，其中，职工基本医疗保险1281.6万人，城乡居民基本医疗保险9008.1万人。规划免疫接种率上升到97.64%，居民的疫苗接种意识也在不断提高。卫生总费用占全省生产总值的比重为6.17%，政府支出占卫生总费用的比重达到30.75%，群众看病就医得到保障①。目前，全国第一个5G医疗实验网络在河南省成功建立，为人们提供了更加便捷、无忧的服务。城乡居民大病保险制度愈加健全，医疗救助制度也在不断完善。

二、河南省卫生健康事业发展问题

2020年是建设健康中原、卫生强省至关重要的一年。从全国卫生与健康大会召开，到《"健康中国2030"规划纲要》发布，再到省第十次党代会的"预防为主""以健康为中心"等内容引起了人民群众的广泛关注，卫生与健康事业在国民经济和社会发展中的作用得到进一步体现，面临重要发展机遇。2020年是河南省处于"十三五"规划的最后一年，也是决胜全面建成小康社会的收官之年，为推动河南省卫生健康事业高质量发展，我们要以发展的眼光去发现问题并解决问题，直面机遇与挑战。

（一）制约卫生与健康事业发展的体制机制问题日益凸显

以人民健康为中心的服务模式尚未形成，各级各类医疗卫生机构的合作协同性不足，难以有效应对慢性病发病率日益上升等健康问题。科学稳定的卫生与健康投入长效机制尚不健全，医疗卫生的公平性和投资效益有待进一步提高。深化

---

① 河南省卫生健康委员会党组书记、主任阚全程于2019年12月30日发表的《筑牢健康之基 决胜全面小康》。

医药卫生体制改革已进入攻坚阶段，体制机制、利益格局调整难度增加。

（二）卫生总体投入水平偏低，卫生资源相对缺乏

2019 年我国卫生总费用占 GDP 的比重为 6.6%，人均卫生费用为 4656.7 元[①]，全社会医疗卫生投入仍有较大的空间。虽然河南省的卫生监督体制改革已有较好开端，但由于人口基数大，改革的步伐与其他省相比还有一定的差距。2019 年河南省医疗机构卫生床位数，包括医院、基层医疗卫生机构、专业公共卫生机构共计 64.01 万张；2019 年河南省每千人口卫生技术人员为 6.78 人，执业（助理）医师为 2.61 人，注册护士为 2.89 人[②]，均低于 2019 年全国每千人口卫生技术人员指标量，且河南省每千人口卫生技术人员数量城乡差异较大（见表1）。

表1　2019 年全国和河南省每千人口卫生技术人员城乡差异　　单位：人

地区	卫生技术人员			执业（助理）医师			注册护士		
	合计	城市	农村	合计	城市	农村	合计	城市	农村
全国	7.26	11.10	4.96	2.77	4.10	1.96	3.18	5.22	1.99
河南	6.78	12.70	3.99	2.61	4.52	1.62	2.89	6.21	1.52

数据来源：国家统计局《中国统计年鉴 2020》。

（三）食品安全与卫生监督力度不到位

近年来，随着我国经济体制的转变和卫生法制建设的不断加强，卫生监督的广度和深度也必然随之加深、加大，卫生监督体制、社会主义经济体制与社会主义法制建设不相适应的矛盾日益突出。现行的公共卫生监督体制已经越来越不适应社会主义经济发展和卫生行政监督工作的要求。卫生监督执法体系不完善，卫生监督人员编制少且力量分散，难以形成合力，且在执法过程中存在交叉执法现象。经费缺口较大，政府补偿不到位。食品安全问题在社会与网络上仍然穷出不断。

（四）应对人口老龄化的准备不足，老年人身心健康保障有待健全

人口老龄化发展比经济发展的速度要快，突出特征为"少子老龄化"和"未富先老"，原本为计划生育家庭的父母现在已进入养老阶段，农村留守老年人的养老问题日益突出。人口老龄化带来的不良后果也日益显现，不仅增加了家

---

①②　国家统计局．中国统计年鉴［M］．北京：中国统计出版社，2020.

庭成员的养老负担，加重了社会保障和公共服务的压力，同时也大幅度减少了劳动力供给，影响了国家经济增长的潜力，对未来经济社会发展造成了巨大的挑战。从目前的政策和资源等方面来看，河南省在应对人口老龄化方面的准备明显不足，养老产业发展仍处于起步阶段，全面的养老服务还未形成，正规的养老机构短缺，保障老年人的养老护理体系有待健全。另外，老年人健康管理服务应该持续进行。每年对65岁以上老年人进行全身检查，进行健康管理，尽早发现疾病，尽快治疗。

（五）妇幼健康和婴幼儿照护服务工作能力不高

随着经济发展水平的提高，人民对美好生活的愿望比过去更加强烈，妇女儿童对健康的需求更加多层次、多样化。但是，妇女儿童的健康发展仍然不充分、不平衡。从供给方面来说，我国妇幼卫生健康服务资源总量不足，服务能力薄弱，城乡和地区间仍然有较大的差距。由表2数据计算得出，河南省妇幼保健院床位数合计比重偏低，仅有3.9%①，短板现象突出。从需求方面来看，高龄和高危孕产妇的比例持续位于高位，母婴安全面临着长期挑战。随着人们对美好生活的需求增加，群众对产后修复保健等服务的需求也快速增长，对新生儿的健康问题格外重视。这些都需要我们继续推进供给侧结构性改革，加强薄弱环节，发挥优势领域，提高广大妇女儿童的幸福感和安全感。

表2　2019年全国和河南省医疗卫生机构床位数　　　　　单位：万张

地区	合计	医院	基层医疗卫生机构		专业公共卫生机构	
			社区卫生服务中心（站）	乡镇卫生院	妇幼保健院	专科疾病防治院
全国	880.70	686.65	23.74	136.99	24.32	4.11
河南	64.01	48.12	1.25	11.90	2.50	0.16

数据来源：国家统计局. 中国统计年鉴［M］. 北京：中国统计出版社，2020.

（六）中医药发展薄弱，要做强中医药传统优势

新时期，河南省中医药事业发展还面临一些新情况和新问题。河南省中医资源丰厚，但缺乏品牌引领，资源分布不均，中医与西医差距较大，中医医疗服务资源匮乏，2020年每千人口常住人口公立中医医院床位数仅为0.56张②，相比

---

① 国家统计局. 中国统计年鉴［M］. 北京：中国统计出版社，2020.
② 赵紫辉. 儿童卫生保健管理工作面临的问题及对策［J］. 饮食科学，2018（18）：180.

2015 年增长甚少（见表 3）；优秀人才不足，缺少在全国有重要影响力的大家学者；基层人才严重匮乏；人民群众对中药治病慢缺乏耐心，且对中药的好处了解甚少，这些都严重制约着河南省中医药事业的健康高速发展。要充分挖掘中医药深厚底蕴、擦亮中医药名片，继续推动建设中医药强省，让中医药服务惠及千家万户。

表 3　河南省 2015 年和 2020 年中医院医疗卫生资源

指标	2015 年实际数	2020 年目标值
每千人口常住人口公立中医医院床位数（张）	0.51	0.56
每千人口卫生机构中医执业类（助理）医师数（人）	0.4	0.42
市级中医医院达到三级甲等中医医院标准比例（%）	63	80
县级公立中医医院达到二级甲等中医医院标准比例（%）	75	80
县级公立中医医院床均建筑面积（平方米）	48	60
县级中医医院床均卫生技术人员（人）	0.95	1

数据来源：河南省中医管理局于 2017 年 10 月 17 日发布的《河南省"十三五"中医药发展规划》。

（七）心理健康教育及制度仍需完善

河南省现有的心理健康教育、心理健康咨询大多集中在学校和城市中心地带，心理健康问题在农村表现得较为严重，当面对重大风险或疾病时，心理疾病容易滋生；心理健康教育依然不够深入，上班一族、学生易发焦虑症[①]、抑郁症、自闭症等心理疾病，部分留守儿童因缺乏正确的引导，更易产生心理疾病，同时，寻求心理治疗的人占比相当低；精神障碍综合管理不规范，严重精神障碍患者救治救助政策不完善，精神障碍患者评估筛查体系和基层康复体系不健全。

（八）儿童卫生保健管理依然存在问题

河南省儿童卫生保健工作经过多年发展，已经积累了一些经验，在改善儿童健康方面有了很大进步，但是依然存在一些问题。农村和偏僻地区的 5 岁以下儿童死亡率占比依然居高，2019 年中国农村与城市 5 岁以下儿童死亡率分别为 9.4‰和 4.1‰[②]，农村 5 岁以下儿童死亡率大约是城市的 2.3 倍；农村专职保健

---

① 朱雪丽，赛雪莹，石丽萍，余洁静，詹婷婷，耿耀国. 河南省中小学生焦虑干扰生活程度现状及影响因素［J］. 中国学校卫生，2019，40（09）：1326 – 1329.

② 国家统计局. 中国统计年鉴［M］. 北京：中国统计出版社，2020.

人员严重不足，儿童卫生保健管理人员信息化素养普遍偏低、信息化能力较弱①；农村卫生保健专职人员工作量大，待遇低，队伍建设不稳定。

（九）全民健康信息化建设仍在途中

当前，河南省搭建了省、市全民健康信息平台基础框架，构建了全省全民健康信息化基础网络，但仍与卫生健康事业改革和发展的总体要求存在很大差距，区域全民健康信息平台功能尚不完善，存在着区域差距大、发展不均衡的问题；信息标准体系开放性不足，还未完全实现权威统一、互联互通的全民健康信息平台；信息安全重视不足，管理机制有待完善；信息人才队伍有待加强，专业性的复合型人才短缺，仍然制约着河南省全民健康信息化的发展。

（十）"慢病高发"的问题依然严峻

随着居民生活水平的提高，居民的生活习惯发生了巨大改变，一些不健康的生活习惯慢慢地影响着人们的健康，导致慢性病逐渐显现。当前，河南省对慢性病防控存在的问题有综合防控措施实施力度不够，疾病防控意识薄弱，防控人才缺乏，高危人群发现和预防性干预工作能力有待提高；高血压、糖尿病等高发疾病防控知识普及程度不够，癌症筛查广度有待增加；地市级和县区级疾病预防控制系统中，还有相当一部分没有设立独立的慢性病防控科室，基本的慢性病防治工作能力不足，不能有效地开展慢性病防控工作；疾病预防控制中心慢性病防治队伍人员数量、专业技能不能满足慢性病防控的需要；生活节奏的加快和工作的压力引发的职业病危害未能引起高度重视②。

（十一）公共卫生服务不均等化

在河南省，城市的医疗卫生资源相对丰富，医院、医学研究所、医学教育机构等医疗卫生机构相对较为集中。在农村，为农村居民提供基本公共卫生服务和医疗服务最主要的机构是乡镇卫生院，但是政府对农村医疗卫生机构的投入不足，这导致乡村医生居高不下的离职意愿以及医学生过低的入职意愿。同时，基本公共卫生服务在不同群体间存在很大差距，各地市卫生资源配置存在明显差异，基本公共卫生服务均等化机制和基本公共卫生服务规范、考核评价体系有待完善，服务效率和质量有待提升。

---

① 张莉，赵颖. "互联网＋"背景下儿童卫生保健管理人员信息化能力提升研究——以河南省为例［J］. 河南教育（高教），2020（03）：7－10.
② 冯化飞，韩冰，范雷，冯石献，周刚. 河南省慢性病防控现状、问题及对策［J］. 中国农村卫生事业管理，2017，37（02）：154－156.

（十二）城乡环境卫生质量偏低

截至 2019 年底，河南省农村无害化卫生厕所改造 305 万户，卫生厕所普及率达到 81%，90% 的村庄的垃圾得到有效治理①，但与实现卫生强省还有一些距离，这表明卫生治理制度不够完善。随着工业化进程的加快，河南省的空气质量污染严重，2019 年全国空气质量排名后 20 位的城市中，安阳市列最后一位，空气质量后 20 位的城市中有三个属于河南省，空气质量排名前 20 位的城市中未有河南省的，这说明河南需加强大气污染综合治理，改善大气环境质量。根据生态环境部发布的 2019 年度《水污染防治行动计划》的实施情况，河南省污染防治行动实施情况列全国倒数第七，这说明河南有待加强水污染防治能力，土壤污染治理亦需加强。

（十三）完善全民医疗保障制度

根据河南监管局的审核发现，城镇职工医疗保险缴费存在一些突出问题：医保缴费基数核定标准不一致；部分地方违规征收退休人员基本医疗保险费；部分地方医保缴费票据基础数据不真实②。目前，河南省已经建立了城镇职工基本医疗保险和城乡居民基本医疗保险调剂金模式下的市级统筹，但是市级统筹未完全落实。还存在基金风险共济的能力不足、管理服务效能低下、区域间差别较大等问题。此外，城乡居民医保制度不统一，重特大疾病医疗保障机制不完善，农民工、个体工商户和灵活就业人员参保率低等问题不容忽视；河南省资助参加基本医疗保险人数为 631.8 万人，占河南省总人口数的 5.78%③，参保率较低。《河南省人民政府办公厅关于印发河南省城乡居民基本医疗保险实施办法（试行）》（豫政办〔2016〕194 号）规定"新生儿出生当年，随参加基本医疗保险的父母自动获取参保资格并享受城乡居民医保待遇"，但河南省并未明确新生儿参保的财政补助政策，因此各地在执行中差异较大，筹资政策不统一，管理不规范。

（十四）卫生应急处置能力需要继续提升

2020 年暴发的新冠肺炎疫情充分体现了卫生应急处置能力的重要性。疫情防控期间，河南省全民动员、群防群控，成功取得了抗击新冠肺炎疫情的阶段性

---

① 河南省人民政府. 2019 年重点民生实事落实情况系列新闻发布会第五场公布"实施农村人居环境'千村示范、万村整治'工程"落实情况〔R〕. 2020 - 01 - 06.

② 财政部河南监管局. 城镇职工医疗保险缴费问题亟需规范〔R〕. 中华人民共和国财政部，2020 - 07 - 31.

③ 国家统计局. 中国统计年鉴〔M〕. 北京：中国统计出版社，2020.

成效。研究表明，当发生重大突发事件时，逐级等待上级指示的方式与各级组织、群众启动应急预案相比，后者的效率要比前者高 300 多倍。目前，河南省对应急预案编制的重要性认识不足，预案的针对性仍需加强。由于受人员素质、技术水平、专业知识等多种因素的限制，应急预案缺乏可行性评估。

三、河南省卫生健康事业发展的对策

根据河南省卫生健康事业所面临的问题，考虑到"十三五"实施完成情况，为更好地适应人民对健康的不断需求，促进经济和社会的新发展，使全省卫生健康事业及民生福祉达到新的水平，现提出下列对策。

（一）完善卫生与健康事业发展的机制体制

各级医疗保健机构要加强合作，完善服务模式，以人民健康为中心，对卫生保健事业的发展提出积极的回应。根据"十四五"规划，政府作为主体须健全多层次的社会保障体系，完善卫生健康服务体系，建立科学且稳定的卫生和健康投入机制，加大投资的力度，继续实施国家基本公共卫生服务项目，使服务内容多样化，缩小城乡之间的差距。通过提升医疗服务的能力，提高服务体系总体的利用效率，以建设健康河南。

（二）加强卫生方面的投入

提高卫生总费用的投入水平，重视未达到计生服务体系标准地区的计生标准，提高其硬件水平。将卫生资源向卫生机构数量、中高级技术人员的培养以及乡镇卫生技术人员倾斜。把发展卫生事业的出发点与合理使用市场机制结合起来，建立一套完善的管理、人事、分配制度。增大卫生健康方面的投入，需要政府与市场配合。

（三）加大食品安全与卫生监督的力度

提高卫生、计生行政效率与透明度，将卫生、计生行政管理方式进行创新，坚持优化卫生监督体制改革，使其能够更好地适应社会主义经济体制和社会主义经济发展的要求，符合社会主义法制建设的内容。完善卫生监督执法体系，加强对社会食品安全的宣传力度。

（四）重视老龄人口的发展

通过社区层面，加强老龄人口的预防保健、医疗救治、康复护理。完善康复、慢性病管理、老年人长期护理等医疗服务，增强医疗机构为老年人提供方便、优先、优惠的医疗服务。提高基层医疗卫生机构服务，为日常生活中的老人提供家庭出诊、家庭护理。深化医养结合，促进养老事业的健康发展，实施积极的人口老龄化国家战略。

（五）提高妇幼健康和婴幼儿照护服务工作能力

优化妇幼保健和计划生育服务资源，积极推行孕产妇生产全过程的医疗保健服务，全面推行住院生育补贴制度。加强新生儿出生前筛查诊断和疾病筛查，降低出生缺陷发生率。拓宽临床服务领域，保障母婴安全，继续实施农村妇女相关筛查项目，提高妇女、儿童常见病筛查率和早诊早治率，提高妇幼健康水平，改善省市县各级妇幼保健机构的硬件条件。

（六）做强中医药传统优势

坚持中西医同步发展，充分发挥中医药在医疗保健服务方面的作用，提高中医药服务，打造与中医药文化相关的河南品牌；健全行业管理体制，完善中医诊疗模式，落实中医药扶持政策。强化中医药传承与创新，继承、整理和研究中医经典著作，挖掘传统中药工艺，进行传承和推广。挖掘和整理中医药文化的精神内涵和时代特征，加强中医药科学传播，弘扬中医药文化，推动基层对中医药文化的科普，扩大中医药文化的科普宣传途径。通过多种方式进行宣传，使公众了解中医、认识中医、感受中医。

（七）完善心理健康教育及制度

针对心理健康教育和咨询机构分布的问题，除加强建设城市及学校地区的心理健康咨询场所外，还应加强对农村居民心理健康的关注。针对寻求心理治疗的人占比相当低的问题，相关部门应该积极宣传心理健康教育，改变居民对心理治疗的固有看法，并完善精神障碍者的管理和救助政策。

（八）注重儿童卫生保健管理

农村和偏僻地区儿童死亡率高的问题引起了我们对儿童卫生保健管理的注意，需要适当加强儿童保健医师的培养力度，提高卫生保健人员的待遇，合理调控卫生保健人员的工作量，培养专业稳定的保健团队。采取办宣传栏、发放宣传手册等方法开展健康知识宣传工作，提升人们对儿童保健的意识。

（九）建设好全民健康信息化

健全基本医保、大病保险、医疗救助、慈善救助等多层次的医疗保障体系，健全全民人口信息化项目建设，实现公共卫生、医疗服务等业务应用系统互联、数据共享。推进健康医疗大数据的应用，加强信息安全建设，提高信息人才队伍素质，激发人才创新活力。

（十）解决好"慢病高发"的问题

在继续利用和发展现有卫生资源的基础上，加强慢性病的综合防控工作，健全以政府为主导、全社会共同参与、多部门通力合作、专业机构支持的慢性病防控机制。鼓励疾控中心设立相关科室，强化防治队伍的能力和专业技能。树立并强化居民的健康生活理念，促进卫生健康工作的顺利开展。

（十一）促进公共卫生服务均等化

需要进一步完善农村公共卫生服务管理体制，明确各级卫生机构的职责，为实现城乡基本公共卫生服务均等化提供体制基础和人才条件。调整地区间基本公共卫生服务投入，按照各地区实际情况，确定公共卫生服务经费额度，推进基本公共服务水平均等化进程。

（十二）提高城乡环境卫生质量

对于城乡卫生、污染方面所面临的问题，应加快优质卫生资源的发展步伐，在建立完善卫生治理制度和污染防治政策的基础上，加快推进农村厕所改造和村庄垃圾处理，加快实施污染治理行动，提高卫生质量。同时，还需要根据各地市人口健康需求、经济现状、人口分布等情况，合理地配置卫生资源。

（十三）完善全民医疗保障制度

各地市要根据当地发展状况，完善统一的医疗保险制度和标准（含重特大疾病医疗保障机制）。实施由市级统筹调度，提高管理服务效能，加强医疗保障政策与医疗服务政策的衔接，提升医疗保障效率。各地区应制定统一的工作办理流程，执行具有统一标准的服务规范，实现医保的一站式服务。对于流动性人员的参保问题，应统一信息系统，实现数据共享，做到信息向上集中、服务向下延伸。

（十四）提升卫生应急处置能力

新冠肺炎疫情期间，全省各级卫生健康部门密切协作，把人民生命安全和身体健康放在第一位，充分体现了卫生应急处置的重要性和必要性。健全公共卫生应急管理体系，加强对编制应急预案重要性和针对性的认识。加强对应急事件风险进行预测，加快防治队伍的动员和建设工作。提高对卫生应急处理的专业性，使各部门的应急工作常态化、制度化，提高对突发事件的处理能力，实现应急管理常规化。

参考文献

［1］赵紫辉．儿童卫生保健管理工作面临的问题及对策［J］．饮食科学，2018（18）：180.

［2］易秋．我国慢性病的现状与挑战及应对策略［J］．养生大世界，2020（10）：63 – 65.

［3］王冉．河南省基本公共卫生服务均等化存在问题分析［J］．智富时代，2015（S2）：204 – 205.

［4］河南省人民政府办公厅．《河南省人民政府办公厅关于全面做实基本医疗保险和生育保险市级统筹的意见》政策解读［J］．河南省人民政府公报，2020（17）：22 – 24.

［5］龙海波．健全公共卫生应急管理体系的几点思考［J］．重庆理工大学学报（社会科学），2020，34（06）：1 – 4.

［6］国家统计局．中国统计年鉴［M］．北京：中国统计出版社，2020.

［7］阚全程．筑牢健康之基　决胜全面小康［R］．河南省卫生健康委员会，2019 – 12 – 31.

［8］王平．护佑人民健康　让中原更加出彩——近年来河南省卫生健康事业发展成就综述［N］．河南日报，2020 – 04 – 10.

［9］朱雪丽，赛雪莹，石丽萍，余洁静，詹婷婷，耿耀国．河南省中小学生焦虑干扰生活程度现状及影响因素［J］．中国学校卫生，2019，40（09）：1326 – 1329.

［10］张莉，赵颖．"互联网＋"背景下儿童卫生保健管理人员信息化能力提升研究——以河南省为例［J］．河南教育（高教），2020（03）：7 – 10.

［11］冯化飞，韩冰，范雷，冯石献，周刚．河南省慢性病防控现状、问题及对策［J］．中国农村卫生事业管理，2017，37（02）：154 – 156.

［12］财政部河南监管局．城镇职工医疗保险缴费问题亟需规范［R］．中华人民共和国财政部，2020 – 07 – 31.

［13］河南省人民政府办公厅．河南省人民政府办公厅关于印发河南省城乡居民基本医疗保险实施办法（试行）（豫政办〔2016〕194号）［EB/OL］．（2016 – 11 – 17）．https：//www. henan. gov. cn/2020/08 – 18/1756609. html.

4. 河南省健康养老产业
发展调查报告

祁雪瑞[*]

摘　要： 河南目前处于中度老龄化阶段，正在向深度老龄化发展，各种健康养老需求必将呈现爆发式增长，健康养老产业迎来了发展的战略机遇期。河南省健康养老产业与全国相比处于中等水平，总体上处于产业发展的初级阶段。未来几年，相关产业融合度将进一步加大，连锁化经营趋势明显，标准化、平台化、智慧化仍然是产业短板，亟须补强。健康养老产业尚存在四大矛盾，政府应开辟农村健康养老新天地，支持医养结合形成优势产业，优先支持智慧养老技术创新，支持企业跨行业发展，完善政策支持体系，规范财政扶助并聚焦特殊服务业态。

关键词： 健康养老　产业　老龄化　河南

加快健康养老产业转型发展，既是国家战略，也是河南省委、省政府从推动全省经济发展的战略全局出发做出的重大决策。截至 2019 年底，河南省 60 岁以上人口 1623 万，占比 16.84%，65 岁以上人口 1076 万，占比 11.16%，处于中度老龄化阶段，正在向深度老龄化发展①。伴随着人口生育高峰期出生的"60后"群体步入老年阶段，以及整体性生活水平的提高，各种健康养老需求必将呈现爆发式增长，产品供给必须与之匹配，目前养老产品与服务供给缺口巨大，供需失衡。河南健康养老产业发展的宗旨，应该是养老事业与养老产业并举，以事业引导和扶持产业，以产业促进和带动事业，构建以普惠型为主、品质型为补充的健康养老产业体系。

---

　* 祁雪瑞，河南省社会科学院法学研究所研究员。
　① 资料来源：国家卫生健康委调研组来豫调研老龄健康工作推动健康养老与医养结合协调发展，河南省卫生健康委员会网站，http://wsjkw.henan.gov.cn/2020/10-09/1819137.html。

一、政府规划和政策支持

河南省人民政府办公厅 2017 年出台了《河南省支持健康养老产业转型发展若干政策》《河南省健康养老产业布局规划》等一揽子措施，以推进健康养老产业成为河南经济发展新的增长点。产业布局是推进产业转型发展、构建产业发展新体系的战略举措，有利于引导各地充分发挥资源优势，吸引优势企业和资源要素集中布局，实现规模发展、有序发展和高端发展。规划则充分结合生态、交通、医疗等因素，推动养老服务设施分区分级均衡配置。

（一）健康养老产业发展规划

推动健康养老产业融合化、集聚化、市场化、信息化发展。2020 年，河南省拟扶持培育 20 个以上行业影响力强的养老服务集团，初步形成"一圈四带多点"的健康养老产业基地总体布局。到 2022 年，预计实现养老服务设施覆盖 90% 以上城市社区和 60% 以上的行政村。

城市社区养老服务设施原则上以"15 分钟服务圈"进行服务范围测算，依据居住人口密度、社区居民百户老人等指标进行规划布局。农村地区统筹规划社区养老服务设施和其他公共服务设施建设，原则上在村委会所在地建设。依托较为完善的城市功能和丰富的健康医疗资源，丰富健康养老服务产品供给，促进多种业态相融合，加快相关支撑产业集聚发展，形成一批有较强影响力的健康养老品牌。

《"健康中原 2030"规划纲要》要求，健全以社区为依托，预防保健、医疗救治、康复护理并重的老年健康服务体系。鼓励基层医疗卫生机构将护理服务延伸至社区和家庭。鼓励商业保险机构积极开发与健康管理服务相关的健康保险产品。将适宜老年人健身特点的体育器材设施列入老年宜居环境建设内容，鼓励社会组织和个人兴办老年体育服务机构。到 2030 年，实现养老服务设施人均用地不少于 0.2 平方米。

（二）健康养老产业政策支持

省政府把健康养老产业作为 12 个重点产业之一，出台了一系列支持政策。河南省健康养老产业开放合作大会重点推介了 329 个项目，其中 66 个现场签约，总投资约 1870 亿元，其余项目总投资近 2000 亿元，单个项目平均投资规模超过

7.44 亿元①。

1. 宽松行政审批要求

开办养老机构一律实行备案制，可以试营业。改造利用现有闲置场地转型成养老服务设施的，五年内可暂不办理土地和房产功能变更手续。养老用地优先供应，支持实行长期租赁、先租后让、租让结合的土地供应方式。养老机构能源、水、电消费价格享受市民待遇，在企业所得税、资源税以及五项行政事业性收费等方面享受减免。

2. 支持产业项目融资

2017 年，河南省民政厅与国家开发银行河南分行、中原资产管理有限公司签订了开发性金融支持河南省养老体系建设合作协议，截至 2016 年 12 月，国家开发银行已向养老服务设施项目发放贷款 12 亿元。

2018 年，省民政厅与中原银行签订了战略合作协议，进一步加大对养老服务发展的金融支持力度。2018 年 5 月，河南省发展改革委等四部门发出通知，要求加大健康养老产业转型发展融资支持力度。凡是符合省健康养老产业政策和重点支持领域②的各类养老服务企业、机构和社会组织都可申请支持。涉老设施升级提质贷款金额可达 500 万元；新建项目贷款金额为 500 万 ~ 3000 万元。2018 年省本级福彩公益金用于支持养老服务体系的建设资金共计 5.1 亿元。河南省财政厅等四部门联合出台了《河南省政府购买养老服务实施办法（试行）》（豫财综〔2018〕60 号），明确了购买内容，加大了购买力度。

2019 年，河南省财政厅会同省民政厅下拨中央福利彩票公益金共计 1 亿元，重点用于支持社区养老服务设施和敬老院提升改造。下拨省彩票公益金 3.5 亿元补助养老服务体系建设，下拨省级高成长服务业专项引导资金 3000 万元，主要用于支持各地新建、改造、购置社区养老服务场所及设施设备。下拨政府购买养老服务专项资金 64499 万元。

3. 做实社区和医养结合

2020 年河南省加大社区养老财政支持力度，出台了《关于财政支持城镇社区养老服务体系建设发展的实施意见》。政府扶持资金来源由单纯的福彩资金扩展到了预算内项目资金。

河南省卫生健康委员会于 2020 年 7 月 27 日出台了《关于深化医养结合促进健康养老发展的意见》（豫卫老龄〔2020〕4 号）强调，增加家庭服务功能模块，支持医养联合体建设。鼓励医务人员在医疗养老联合体多点执业，鼓励医养

---

① 相关资料和数据由河南省民政厅提供，在此以示感谢。

② 健康养老产业重点支持领域包括居家社区养老项目、机构养老项目、基地养老项目、医养融合项目、智慧养老项目和老年用品项目。

结合机构加入城市医联体或县域医共体。

二、发展现状

康养产业是多种业态的综合概念，在实际运营中也多为混业经营，横跨第一、第二、第三产业，且在服务业内的混业经营更多一些。单个康养企业的规模大小不一，从集团公司到小微企业都有。康养产业可分为四大类：服务业、制造业、地产业和金融业。河南省健康养老产业与全国相比处于中等水平，总体上处于产业发展的初级阶段，其中的服务业和制造业都是如此，尤其是老年用品的研发和使用落后较多，仅个别资深养老企业在全国享有知名度并开拓了外地市场。河南省已经初步形成层次分明、多业融合的健康养老产业体系，建成和在建一批特色突出的健康养老产业基地，涌现了一批骨干企业，初步实现了"保障基本、引导高端、体现特色、持续发展"的总体目标。2020年，修武、鄢陵、卢氏入选中国康养60强县。截至2020年8月，全省的康养产业状况如下：

（一）产业规模和内容

全省共建成各类养老机构和设施1.6万多个，其中，养老机构3600多个（包括事业和产业）①。社会办养老机构1200多家，投资额在5000万元以上的养老机构有150多家，养老床位共计51万张。郑州市的养老产业涌现出闻名业内的四大家，市、县也有做得比较好的企业，他们的共同点是一切以老人为中心，围绕老人的实际需求想办法，所以不愁客户。

1. 居家和社区养老服务即将全覆盖

居家养老的老人中，70%需要照护，对服务的需求很大，目前大多由家政服务业在照护，个别由社区站点承担。2019年河南全省已建成社区居家养老服务中心3940个，居家养老服务站点15000个，12349居家养老服务信息平台63个。对于社区提供的为老服务，消费较多的是助餐、助浴、日托和短托。养老服务设施已经覆盖80%以上城市社区和60%以上的行政村。农村老年人照料有三种模

---

① 对于养老机构的数据，2016年是3913家，比2013年有较大增长，而2020年的数据是3600家，有明显减少。表面看似乎是个悖论，即近年来政府支持力度加大了，机构设立审批取消了，服务需求增加了，进入市场的机构却不增反减。而深入分析会发现，这是市场的正常反应，政府补贴在不少地方出现梗阻，时效性和最终到位率有限，难以发挥应有作用；取消了行政审批，在便民的同时也造成鱼龙混杂的竞争加剧，加之服务需求与支付能力差距较大，导致潜在需求难以转换为有效需求。

式,即亲情模式、福利模式和市场模式,其中,福利模式由集体模式为主发展为以国家模式为主,市场模式少之又少。2019年省工业和信息化厅上报了国家第三批智慧健康养老试点5个。洛阳市、新乡市的智慧养老模式入选全国养老服务业发展典型案例。未来几年将是设施建设的加速期。

2020年河南省卫生健康委员会发布《关于公布首批社区医院建设评估合格机构名单的通知》,有109家基层医疗卫生机构获批挂牌"社区医院"。政府将把不低于45%的基本公共卫生服务任务交由村卫生室承担,2021年起将提高到50%,并依据考核结果给予相应补助。

2. 机构养老服务着力聚焦和延伸

机构养老服务建设补贴为每张床位500~9000元不等,运营补贴为每人每月50~300元不等。养老机构资金回笼较慢,且需要30张以上床位、60%以上入住率才有盈利空间。省民政厅先后发布实施了《养老服务机构服务质量规范》(DB41/T 802-2013)、《养老服务机构星级评定标准》(DB41/T 801-2013)等6个省级地方标准,成立了"河南省民政标准化技术委员会养老分技术委员会",推进养老服务标准化、规范化发展。实践证明,社区站点只有依托机构的延伸服务才具有可持续性和盈利空间,机构养老聚焦介护老人才是成本最低的行业内分工模式。

养老服务行业的收费状况。以自理型老人入住养老机构为例,郑州市区内的费用平均每月5000元左右,郑州郊区为每月3000元左右,其他地级市为每月2000元左右,县级为每月1200元左右。例如某县养老院,每月收费1000元,包括服务、餐食和床位,单人间220元,双人间100元,三人间60元,同地乡镇公办敬老院每月500元①。相对于河南省的一般工薪阶层退休工资水平,这样的收费标准还是略高,如果单纯依靠自己的退休工资,郑州市的老人只能选择入住郊区的养老机构。相对来说,社区养老站点的服务与收费因为灵活多样、选择性强,故有较大增长空间。河南养老产业发展缓慢的最大障碍是消费能力严重不足。业内人士感言:如果没有政府支持,企业不是活不好,而是活不了。

3. 基地养老瞄准高端客户

已经建成一批特色突出的健康养老产业基地,以银行业、保险业、地产业投资建设为主,还有个别传统养老机构发展壮大起来的养老产业基地。基地类型包括:医养融合型、康养旅游型和多业并举型。2020年河南省林业厅上报了4家国家森林康养基地。一批省级健康养老产业示范基地也正在一些地市加紧建设,例如,计划投资21亿元的新乡市原阳县颐养乐福健康养老基地,计划投资10亿元

---

① 个别数据引用了2020年河南省人口学会年会相关资料。

的驻马店市确山县老乐山银发一族养生养老园，计划投资 19 亿元的许昌市鄢陵县花都温泉健康养生养老项目，等等。基地面向的都是高端养老消费者，一般实行会员制，或者预缴会员费 200 万~400 万元，另再支付每月入住费用一万元以上，或者购买房屋成为社区会员，以享受社区为老服务。

目前，郑州的健康养老产业，被称为"一核两极四区八中心多点"，其主要分布在四个区域：荥阳的宜居健康城，白沙的生命科学园，二七新区的郑州健康养老示范区，南龙湖的中原国际健康城。生命科学园入驻了国际标准的医养融合养老社区"泰康之家·豫园"，这是保险业自营高端养老项目，要求存入保险费 200 万元才能取得入住养老社区的资格，月养老消费 10000 元起。豫园是泰康集团在全国布局的第 9 个养老项目，计划总投资 30 亿元，以医养融合、持续照护、文化养老为核心特色。郑州健康养老示范区中的主要项目中欧健康产业城、万科医疗养老产业园，均为 2020 年省市重点建设项目，法国巴黎公立医院集团已落户其中。位于荥阳市的郑州恒大养生谷，共投资产业项目 18 个，总投资额约 230 亿元，提供医、食、住、游、学、健、护、保 8 大板块的健康服务。

焦作"山水＋"重点项目包括森林康养类项目 8 个，其中，云武堂康养小镇，总投资 2.7 亿元，占地面积 28000 平方米，设有三未堂养老基地、非遗展示馆等；北业康养特色小镇，总投资 100 亿元，依照山谷高端度假区、山下田园养生区、山腰森林 SPA 区的空间结构，重点发展养生养老，休闲旅游；中铁生态休闲度假康养小镇，计划总投资 500 亿元，建成国家级康体养生社区；靳家岭森林康养基地，以生态、休闲、养生、度假为核心。另外，"山水"重点项目还包括乡村康养类项目 10 个和文化康养类项目 3 个。

4. 医养结合持续深入

目前，"医"和"养"结合模式有三种，即养老机构内部设立医疗部门，养老机构和医疗机构合作，医疗机构办养老。医养结合每万人需要 23 张床位，河南只有约 6 张/万人，离满足需求有较大差距，产业空间还有较大发展。以河南省老龄化程度最深的三门峡市为例，截至 2019 年底，全市 60 岁以上老人有 44.87 万，占比 19.44%，高于全国 1.34 个百分点，高于河南 2.6 个百分点。65 岁以上老人有 29.78 万，占比 12.9%。预计 2025 年 65 岁以上人口占总人口比例将超过 14%，进入深度老龄化社会，2035 年 65 岁以上人口占比将超过 20%，进入高度老龄化社会。截至 2020 年 6 月底，三门峡市实际运营的医养结合医疗机构共 12 家，其中，湖滨区、灵宝市、渑池县各 3 家，义马市 2 家，陕州区 1 家。依照机构性质来看，政府办医 6 家，占比 50%。企业、私人各 3 家，各占 25%。医养结合床位共计 950 张，平均入住率 85%，秋冬季基本满员。入住者中 80% 为失能半失能、失智半失智老人，需要长期医疗照护。2020 年 6 月三门峡市共有安宁疗护试点医院 2 家，安宁疗护病房 11 间共计 16 个床位，配备药师、医生、护师 11 人。2020 年上半年医养结合床位数比 2019 年底增长了 150 张，增长率为 18.8%①。

5. 产业服务和老年用品初具规模

产业服务企业多为大型资深养老机构兼营模式，纯粹做行业服务的比较少。各类老年用品企业约 600 家，其中，老年用品研发企业只有一家，生产企业也不多，而商业企业比较多。

6. 产业会展空前繁荣

2020 年 7 月 26 日，河南健康产业联盟康养专业委员会成立大会暨健康行业第 53 期交谈会在黄帝康养小镇灵枢天穹举行，会议由河南健康产业联盟和郑州市保健养生协会联合主办，由奥伦达郑州康养集团承办，就河南健康产业高质量发展进行交流探讨。专家认为，康养产业未来主要做两件事，一是促进健康，二是利用康养产业平台促进其他企业资源共享、资本共享。论坛既囊括了健康产业发展的宏观规划，又聚焦于健康养老旅游等具体领域和产业园区等关键载体，还涉及多项卫生健康领域创新技术。

2020 年 9 月 6 日，由河南省老龄产业协会主办，河南惠生活健康产业发展有限公司承办的第九届河南国际老龄产业博览会落幕，参与企业共 200 余家，汇集了健康养老、康复医疗、中医艾灸养生等多家单位的健康产品与健康服务，观众超过 3 万人。展会汇聚数十个国家和地区老龄产业各领域最前沿的技术、产品以及解决方案，展示了全球养老市场最新趋势及技术动态。

2020 年 10 月 16 日至 19 日，中国国际健康养老产业博览会在郑州召开，同期举办了第二届中国郑州医养结合发展高峰论坛、中原大健康产业基地及品牌推介对接会、中原老年文化艺术节。展览范围包括功能性老年服装服饰、养老照护产品、康复训练及健康促进辅具、适老化环境改善产品、智能产品及应用、养老服务及金融地产、医养健康、慢性病防治及康养产业等。

（二）民营企业在探索中前进

2019 年河南省养老产业协会在进行养老产业现状调研时发现，河南现有的几家大型知名养老机构均成立于 20 世纪 90 年代末期，起始数年都处于亏损状态，依靠其他企业补贴养老机构，坚持下来全凭热爱和意志。这些企业在近年都进行了地域扩张、产业链延伸和多业融合发展，兼营几乎所有健康养老服务业务，包括行业培训、用品研发和规划设计等。但是，仍然有 62.4% 的养老机构需

---

① 感谢关世峰先生提供相关数据资料。

要 10 年以上才能够回收投资，呈现出利润低、发展慢的状态。下面介绍几家典型资深养老企业的发展状况①。

1. 郑州晚晴山庄老年公寓

创办于 1998 年，是郑州第一家提供医养结合的养老服务单位，也是第一家由政府选定的为孤寡老人、空巢老人提供居家养老上门服务的专业机构。其公寓分为高档别墅区、养老护理区、医疗护理区三个区域，总床位共计 500 张。

2. 河南安泰养老集团

始创于 1999 年，总部位于郑州，主要业务集中在金水区。该集团由郑州大象通信信息技术有限公司、河南安泰居家养老服务信息中心、河南安泰养老服务有限公司三家核心单位组成，致力于构建一站式养老服务网络和智慧养老生态链，主要业务由"养老信息化产品研发及销售、智慧养老应用及产品推广、居家和社区养老服务、养老机构连锁化运营"四个板块构成。目前，安泰集团在河南省内 11 个地市及县区设有分支机构，在外省设有兰州办事处和台州办事处。运营管理的社区居家养老服务站点约 150 个，养老机构 10 余家，长期托养床位 1300 张。

3. 河南爱馨养老集团

成立于 1999 年，现以老年机构运营、加盟连锁、管理咨询为主营业务，在全国拥有 18 家直营养老机构、4 家加盟养老机构。2013 年 10 月，民政部要求在全国范围内学习、推广爱馨养老服务模式。

4. 河南瑞福祥医养集团

该集团是在尉氏县瑞福祥老年公寓基础上逐步发展起来的民办社会福利医康养护机构，包括河南瑞福祥养老服务有限公司、尉氏福利康复医院、尉氏县老年养护中心、尉氏县瑞福祥老年公寓、尉氏县残疾人托养中心、尉氏县居家养老信息服务中心、"23312349"公益服务热线、瑞福祥康养基地、尉氏县各乡镇 10 个健康工作站、尉氏县瑞祥家政公司、民权县南华社区养老服务中心等，是一家综合性、智慧化、一体化的专业医养康护产业管理和服务集团，已构建覆盖机构、社区、居家、残疾人托养及各乡镇多层次的智慧医康养护标准化服务体系。

5. 河南孝之源养老服务有限公司

成立于 1998 年，主营养老品牌管理咨询和老年用品研发，是河南唯一一家研发并生产老年用品的企业，有适老化家具、老年玩具、老年洗浴用品三大类。2020 年公司旗下拥有养老机构 13 家，社区服务中心 40 余家，分布在全省 7 个市。机构建筑总面积 8 万平方米，床位 2000 余张，职工人数 500 余人，护理员

---

① 因为医疗健康和其他产业介入养老的时间较短，尚未收集到可靠的资料。

300 多人，约占 2/3。公司大专及以上学历职工占总人数的 40%，获专业技能资格证书共计 321 人，占员工总人数的 62%。

6. 河南厚朴养老公司

2011 年进入养老产业，是一家集项目策划、养老评估与运营顾问于一体的一站式综合智力服务平台，是民政部直管的当代养老产业研究院项目咨询中心设立的公司，同时也是河南省老龄产业协会常务理事单位。公司于 2015 年成立厚朴养老产业研究中心，出版了十余部行业著作，如《养老机构人才保卫战》《进军居家养老》《解码老年消费需求，洞察行业投资商机》《养老机构操盘指南》《养老院的利润从哪里来》等。截至 2019 年，业务覆盖 23 省、61 市（县），主导策划、筹备、运营 100 多个养老项目，研究并建立了 1200 家全球优秀养老项目案例库，为开展养老产业全程咨询、策划和顾问服务奠定了坚实的基础。

三、发展趋势

在积极老龄化、"健康中国 2030"、"乡村振兴"等多重国家战略背景下，河南省政府把健康养老产业转型发展作为重点产业，创造了重大战略机遇。养老与旅游、文化、体验、培训等产业日益密切融合发展。未来几年，相关产业融合度将进一步加大，连锁化经营趋势明显，标准化、平台化、智慧化仍然是产业短板，亟须补强。未来消费需求渐趋旺盛，近期需求稳步增长，产业服务供给与需求的契合度的提升空间还很大。

大健康产业将成为朝阳行业[1]。发展大健康产业，就是转变传统医疗产业发展模式，从单一救治模式转向防治模式，实现"防—治—养"一体化。大健康产业是与健康相关的系列产业体系，包括医疗医药工业、保健品产业、健康管理服务产业等。

基层医疗站点转型兼营养老将成为大趋势。如某成功转型的乡镇医院，其中 2018 年的医疗收入为 155 万元，养护收入为 140 多万元，两部分基本相当，若扣除医疗收入中包含的几十万元基本公共卫生固定费，那么养护的收入超过了医疗收入。

总体来说，健康养老产业发展呈现居家养老专业化、社区养老多样化、机构

---

[1] 大健康，就是对生命实施全过程、全要素呵护，既追求生理健康，也追求心理以及社会、环境、家庭、人群等方面的健康。参见：王彦《发展大健康产业 筑梦人间之爱》，载于《中国改革报》，2014 年 5 月 14 日。

养老标准化、基地养老融合化、医养结合深入化的发展趋势。市场空间将更加广阔，产业融合将更加深入，服务模式将更加智慧，投资主体将更加多元。随着营商环境的进一步优化，民间资本和社会力量投资健康养老产业的积极性将明显提高。

四、存在的主要问题

河南养老企业数量少，规模小，专业性不足，信息化不够。为数不多的养老地产经营都不太成功。只有个别企业得天时地利人和之功，发展得比较好。当前的养老消费市场主要存在两个方面的问题：一是产品形态同质化严重，没有形成合理分工；二是需求旺盛，但供给错位，这是因为政策对需求侧的利好严重不足而造成的有需求无消费。

医疗健康相关企业正在积极探索兼营养老产业，经营过程中会遇到一些具体问题，比如政策碎片化，导致一个机构需要挂三个牌子才能充分享受到优惠政策。总体来说，健康养老产业尚存在四大矛盾，即政策碎片与产业综合矛盾、消费需求与消费能力矛盾、人才培养与市场急需矛盾、供给粗疏与需求多样矛盾。具体表现在以下五个方面：

一是城乡发展不平衡，农村养老服务产业短板明显，乡镇地域和村庄区域几乎不存在社会性养老机构。

二是开设涉老专业的院校较少，缺乏专业化的健康养老管理人才和技术人才，护理员待遇低导致人才流失严重。河南有企业试图让护理员队伍年轻化，拟招聘40岁以下护理员，月薪4500元以上，但仍然无法吸引年轻人。而在上海，有的养老企业护理员月薪1万元保底，成功吸引了护士加入，护士占比达70%。

三是财政补贴资金、项目资金拨付、资金流动的规范性和资金使用规定的科学性有待提升。资金截留、挪用、空转现象时有发生，资金到位时间延迟现象普遍，难以发挥应有的引导和支持作用。

四是市场化严重不足。从河南省民政厅2019年8月29日发布的《第一批河南省养老服务机构供需信息名单》中可见一斑。在这批名单中，共623家机构，其中568家为非民营机构，这一方面说明养老领域产业化、市场化严重不足，另一方面也说明政府在信息收集、申报程序方面可能存在问题，"公建民营"的改革也任重道远。纯粹面向社会的养老机构在乡镇和村庄里基本没有，有待填补产业空白。

五是医养结合床位缺口大。依照国家民政部"十三五"规划，每千名老人拥有 35～40 张养老床位，其中 30% 应为老年护理床位，在这一目标上，河南尚有较大差距。医养结合床位是标准的医疗床位配置，由医院正规管理，若将各项医疗检查、治疗等设备配置齐全，则建设门槛高，运营成本高，导致社会投资不积极。医养结合医院相比常规医院收入低，利润低，职工工资低，人才难招难留。比如，灵宝市函谷关镇卫生院（有 100 张医养结合床位）是全市最好的乡级卫生院，业务齐全，其 2018 年营业额 300 多万元，净利润不足 10 万元，付出和收益比例悬殊，没有力量做大做强。

五、对策建议

（一）开辟农村健康养老新天地

健康养老服务消费人群的"9073"结构会慢慢改变，农村建设用地市场化将成为健康养老产业重要的经济增长点，农村将成为产业布局的重要区域。将来健康老人和康复老人的去处，应该是在农村。健康养老产业应借助乡村振兴国家战略，着眼老人的乡村情结，填补乡村市场空白，打造新型"养老+医疗+日间照料+老年活动中心"模式，实现养老在乡村（社区）。可借鉴安徽亳州经验，整合乡镇卫生院、敬老院，充分利用农村集体建设用地和宅基地，布局产业，优化环境，尝试乡村置业型养老，形成"身边有医生，健康有保障，活动有地方，散步有田园，吃饭有新粮，呼吸有臭氧"的乡村养老新景象，吸引城市老人到农村，农村养老不出村。重庆也有成功案例，某养老机构集聚区，形成了养老一条街，基本由农家乐改造而成。两家大型养老院门对门相安无事，不同规模、不同档次的养老院鳞次栉比，公平竞争，真正实现了产业规模化、经营市场化、竞争良性化。

（二）支持医养结合形成优势产业

业界反映最多的问题，一是对老人进行医院的标准化管理，给老人带来了生活不便和不适；二是消费太高难以负担；三是床位性质转换存在障碍。政策制度应针对老人的特点和消费能力，科学设定相关标准，应体现出老人医养床位与一般医疗床位的区别。确保老人不动，床位不动，做好转换床位性质，转换服务内容，转换缴费和报销渠道，医疗管理应该有针对性更强的特别规定。医院办养老要注意避免过度医疗问题，养老机构办医院要加强与三级医院的合作。医养结合属于新兴行业，要融合、整合养老和医疗两个行业的优势，又要回避两个行业的固有缺点，机制、体制和政策都需要全方位调整和完善。我国老年人口中患有一种以上慢性病的比例高达75%，65岁以上老人失能率为18.3%，失智率为5.56%，合计为23.86%，加上半失能、半失智比例超过25%，这些老人长期需要医疗照护，而各级政府及相关部门对医养结合产业投入极少，与产业需求差距悬殊。建议对"老年护理型"床位进行建设补贴每床3000～6000元，运营补贴每月每床300～600元。

（三）优先支持智慧养老技术创新

智慧养老可以解决人工服务的不足和不能问题，是未来健康养老产业发展的常规形态。智慧养老业态的发展依赖于智慧养老软硬件整体解决方案提供商，所以，公共财政的支持应该优先和倾斜给予这一类型的市场主体。2015年，国务院印发了《关于积极推进"互联网＋"行动的指导意见》，其中明确提出要"促进智慧健康养老产业发展"；2017年2月，工业和信息化部、民政部、国家卫生计生委还印发了《智慧健康养老产业发展行动计划（2017－2020年)》，但是目前健康养老产业的智慧化程度仍然较低，普及性也不足。比如，河南孝之源孝善通软件是一款高智能、综合性强的智慧养老软件，通过软件可以实现社区老人一键呼叫、随时定位、健康监测、智能关怀、居家安防、老人与家属的互动等功能。孝之源的适老化产品也具有较大的创新因素，如开门浴缸、智能升降浴缸、失能老人干蒸房、梅花桌等。但是由于研发资金限制，且运营10年才能开始盈利，目前仍然处于瓶颈阶段。再比如，河南安泰养老集团致力于构建一站式养老服务网络，打造智慧养老生态链，实现科技、设施与人的有效互动，通过"数据结算、运营管理和智能应用"三大中心，创立"一网一卡一平台"模式，使得老人需求与社会资源有效衔接，实现了服务网络化、管理区域化、预约多元化、调度智能化、结算电子化。公司呼吁政府建设老人基本信息数据库并切实支持智慧养老技术创新。

（四）支持企业跨行业发展

河南健康养老产业主要涉及卫健委、发改委、民政厅、财政厅、工信厅、国土厅和住建厅，应充分利用养老服务厅际联席会议，加强部门联动，协同解决重大问题，形成政府服务合力。培育一批多业融合的龙头骨干企业，带动中小微企业群体共同高质量发展。应注意克服重投入轻绩效的现象，跨行业发展应依托各自优势，量力而行，合作共赢。

（五）完善政策支持体系

政策是对现实需求的回应，行业发展在很大程度上取决于政策导向及政策的科学性。应全面梳理影响健康养老产业发展的政策瓶颈，持续进行体制机制改革，着力推动居家养老家庭支持政策创新。建立老年照护需求评估体系，构建老年人实际需求与政府购买服务内容相匹配的养老服务标准体系。

（六）规范财政扶助并聚焦特殊服务业态

将目前行业支持性财政以预算外资金为主调整为以预算内资金为主。明确资金投入的持续性、占预算比例及额度、要求地方配套的比例等，给予健康养老企业稳定的政府资金预期。另外，政策和文件一定要切合实际，让基层能够操作。避免存在如下现象，如月初下文拨款，要求月底支出完毕，光做规划都来不及，导致资金空转。政府购买应聚焦失能老人群体的机构照护，因为据实际运营测算，机构集体照护服务成本是分散照护成本的1/10。

5. 郑州建设国家中心城市面临的
人口问题与对策

冯庆林[*]

摘　要： 郑州作为国家中心城市，与其他国家中心城市相比，在人口发展方面还存在诸多不足和短板。本文立足国家中心城市人口发展定位，系统梳理并分析了郑州市当前人口发展现状以及面临的人口问题和挑战，在此基础上进一步提出了实现郑州市人口长期均衡发展的对策与建议，即优化生育政策、推动以人为核心的城镇化、积极应对人口老龄化、继续深化人才引进政策、构建人口大数据平台等。

关键词： 郑州市　国家中心城市　人口问题

2016 年 12 月 29 日，国家发改委印发的《中原城市群发展规划》中提出，要把支持郑州建设国家中心城市作为提升城市群竞争力的首要突破口，强化郑州对外开放门户功能，提升综合交通枢纽和现代物流中心功能，集聚高端产业，完善综合服务，推动与周边毗邻城市融合发展，形成带动周边、辐射全国、联通国际的核心区域。此后，国家发改委于 2017 年 1 月 22 日出台了《关于支持郑州建设国家中心城市的指导意见》，郑州市政府也于 2018 年 2 月 7 日正式公布了《郑州建设国家中心城市行动纲要（2017 - 2035 年)》。对照国家中心城市定位，与国内先进城市相比，郑州市在人口发展方面还存在诸多不足和短板，制约了经济社会的高质量发展。郑州市作为中原城市群的核心城市，既承担着支撑带动中部崛起、拓展我国经济发展新空间的重大使命，又担负着引领中原崛起、河南振兴的重要任务。因此，通过系统梳理和分析郑州市人口发展现状及问题，促进郑州人口长期均衡发展，这对进一步发挥郑州作为国家中心城市的核心功能意义重大。

---

*　冯庆林，河南省社会科学院社会发展研究所助理研究员。

一、郑州建设国家中心城市的人口发展定位与目标

国家中心城市是国家城镇体系规划中设置的最高层级，建设国家中心城市就是要充分发挥其在新型城镇化建设中的示范和引领作用，从而实现城市的规模效应和辐射带动功能。具体到国家中心城市建设的人口发展定位上，主要体现在：一是人口规模要保持适度增长，引导区域内一定规模的人口总量聚集，从而带动区域内总体城镇化水平和质量的提升；二是要优化人口结构和素质，保持劳动力资源的持续充足供应和劳动力素质的不断提升，使之与经济社会发展相适应，减缓少子老龄化的发展进程，促进人口长期均衡发展；三是优化人口空间布局，按照市域内一体化总体空间规划，推进产业转移，疏解中心城区非核心功能，带动人口有序转移，化解"大城市病"。通过以上人口发展目标的不断推进，要使国家中心城市逐步成为公共服务供给高效、基础设施配套完善、就业和社会保障体制健全、人居环境优良的新型城镇化典范。

《郑州建设国家中心城市行动纲要（2017-2035年）》中明确提出了郑州市的人口发展目标。在人口规模上，郑州市依据现有的水资源承载力提出到2020年人口达到1100万人，2035年达到1350万人，2050年达到1600万人。在对人口年龄结构的预测上，如果按全国趋势来算，2035年0~14岁、15~64岁、65岁及以上人口占全部人口的比重分别为15%、65%、20%，如果主动进行调控，比重则分别为13%、70%、17%。在提高人口素质上，郑州市提出到2035年大专及以上学历人口比例达到33%。在城镇化发展上，郑州市提出到2035年城镇化率达到90%，城镇人口比2016年要增加约550万人。在人口空间布局上，郑州市提出要按照"东扩、西拓、南延、北联、中优"的发展思路，持续优化市域空间布局，形成"主城区、航空城、多组团、多节点"的城镇体系。

二、郑州市人口发展的现状及特征

郑州市作为河南省的省会城市，近年来在人口数量、结构、分布、素质等方面呈现出如下特征和趋势。

（一）常住人口数量持续增加，占全省人口比重越来越大

郑州市常住人口数量持续增加，从 2011 年的 886 万人到 2019 年的 1035 万人，八年时间共增加 149 万人，平均每年增加约 18 万人。年末总人口增加相对比较缓慢，八年时间共增加 59 万人（见图 1）。这表明郑州市作为全省人口净流入的城市，人口的积聚效应越来越显著。郑州市常住人口占全省总人口比重也越来越大，截至 2019 年底，这一比例达到 10.74%（见图 2）。郑州市人口出生率 2016 年之前一直低于全省平均水平，2016 年全省全面放开"二孩"政策后，连续三年释放政策效应，2018 年超过全省平均水平，2019 年又与全省水平基本持平（见图 3）。郑州市人口自然增长率受人口出生率影响，基本与全省平均水平走势趋同，并略高于全省平均水平（见图 4）。总体来看，户籍人口的自然增长对郑州市人口总量的影响相对较小，净流入的常住人口才是增加人口总量的关键所在（2019 年郑州市人口净流入 240 余万，见图 1）。

图 1　郑州市历年总人口数及常住人口数

数据来源：历年《河南统计年鉴》，其中 2019 年总人口数由全省其他地市《2019 年国民经济和社会发展统计公报》数据推算而得。

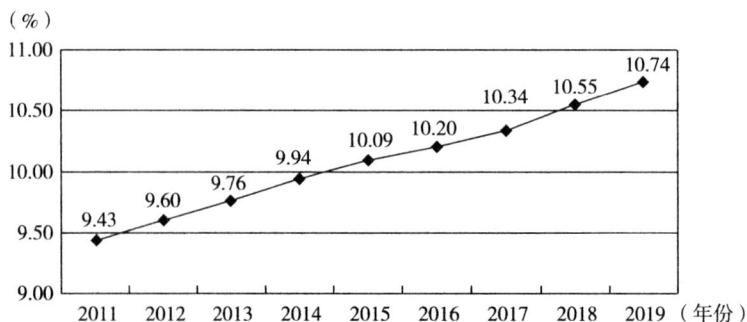

图 2　郑州市常住人口数占全省人口的比重

数据来源：历年河南省和郑州市《国民经济和社会发展统计公报》。

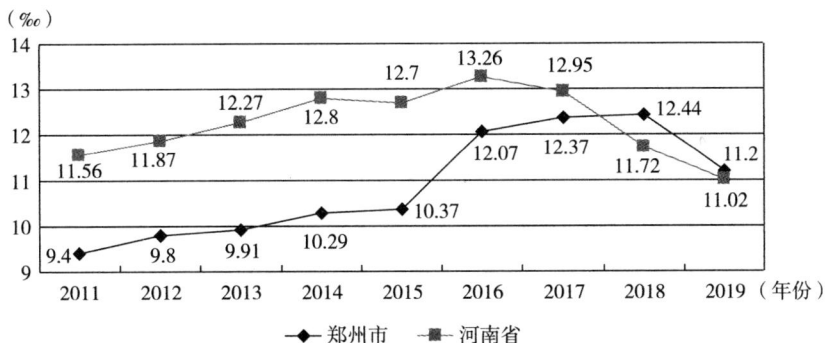

图3 郑州市人口出生率与全省比较

数据来源：历年河南省和郑州市《国民经济和社会发展统计公报》。

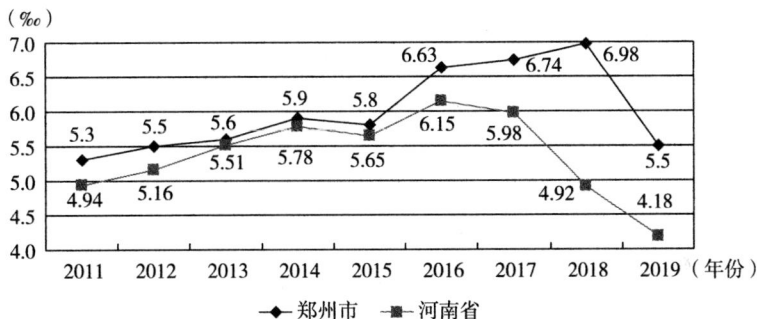

图4 郑州市人口自然增长率与全省比较

数据来源：历年河南省和郑州市《国民经济和社会发展统计公报》。

（二）城镇化率持续增高，各县市区城镇化率水平差异显著

据郑州市《2019年国民经济和社会发展统计公报》显示，截至2019年底，郑州市城镇人口772.1万人，城镇化率达到74.6%，比2011年的64.8%提高了近10个百分点，比全省平均水平高出21.39个百分点（见图5）。进一步对郑州市各县市区城镇化率进行考察，结果发现各县市区城镇化率差异显著，截至2018年，郑州市区城镇化率普遍较高，其中金水区、上街区、中原区、二七区分别超过90%，最低的是惠济区，只有75.85%。其他五市一县城镇化率只比全省平均水平高出几个百分点，其中中牟县最低，为53.68%（见表1）。这就为郑州市进一步推进新型城镇化指明了方向。

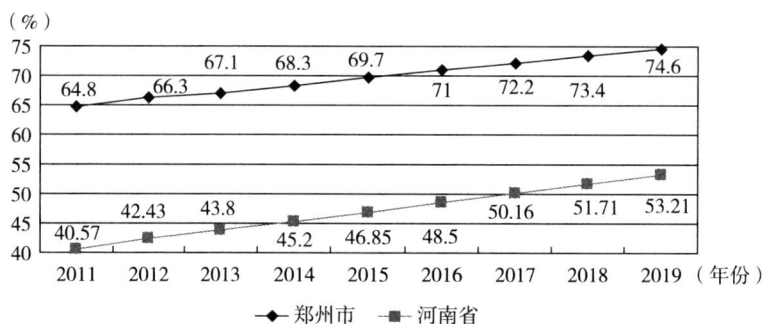

图5　郑州市城镇化率与全省比较

数据来源：历年河南省和郑州市《国民经济和社会发展统计公报》。

表1　2018年郑州市各县市区城镇化率

地区	常住人口（万人）	城镇人口（万人）	城镇化率（%）
中原区	108.09	98.64	91.26
二七区	83.81	76.14	90.85
管城区	83.57	72.79	87.10
金水区	176.47	162.11	91.86
上街区	14.40	13.23	91.86
惠济区	30.35	23.02	75.85
中牟县	116.16	62.35	53.68
巩义市	83.83	48.56	57.93
荥阳市	64.87	37.16	57.28
新密市	81.31	48.63	59.81
新郑市	98.99	59.46	60.07
登封市	71.74	41.06	57.24

数据来源：《河南统计年鉴2018》。

（三）少儿人口持续增加，占总人口比重逐步升高

郑州市0～14岁少儿人口呈逐步增加趋势，从2010年的139万人到2018年的203万人，八年时间内共增加64万人，平均每年增加8万余人。所占人口比重也从2010年的16%增加到2018年的20%，八年时间增长4个百分点（见表2）。这表明近年来随着郑州市人口总量的不断增长，受教育年龄人口也在不断增长，增加教育投入、扩大学位势在必行。

表2 郑州市常住人口年龄结构变化趋势

年份	常住人口数（万人）			占总人口比重（%）		
	0~14岁	15~64岁	65岁及以上	0~14岁	15~64岁	65岁及以上
2009	125	562	65	16.6	74.8	8.6
2010	139	666	62	16.0	76.8	7.2
2011	155	660	70	17.5	74.6	7.9
2012	163	664	76	18.0	73.5	8.5
2013	167	671	81	18.2	73.0	8.8
2014	172	684	82	18.4	72.9	8.7
2015	178	693	86	18.6	72.4	9.0
2016	184	694	95	18.9	71.4	9.7
2017	191	695	103	19.3	70.3	10.4
2018	203	699	112	20.0	69.0	11.0

数据来源：历年《河南统计年鉴》；2009年数据来源于《2009年郑州市人口与城镇化抽样调查主要数据公报》。

（四）劳动年龄人口总量不断增长，占总人口比重却持续下降

根据表2，15~64岁劳动年龄人口从2011年开始一直呈逐步增加趋势，由660万人增长到2018年的699万人，七年时间共增长39万人，平均每年增加约5.5万人。但其所占总人口比重却呈逐年下降趋势，从2010年的76.8%下降到2018年的69.0%，八年时间共下降7.8个百分点。与全省劳动年龄人口相比，全省劳动年龄人口占常住人口比重在2008年达到峰值72.3%[①]，而郑州市2010年才达到峰值76.8%；此外，全省劳动年龄人口呈下降趋势，由2010年的6644万人[②]减少到2019年的6514万人，十年间共减少130万人，平均每年减少约13万人，而郑州市劳动年龄人口每年依然在增长，这也充分说明了郑州作为国家中心城市的人口积聚效应。

（五）人口老龄化程度日益加深，增速快于全省平均水平

从表2可以看出，郑州市人口老龄化程度日益加深，从2010年的62万人到2018年的112万人，八年时间增加50万人，占常住人口的比重也从7.2%增加到了11%，八年时间增长3.8个百分点。通过与全省平均水平进行比较发现，

---

① 数据来源：《河南省人口发展规划（2016-2030年）》，发布于2017年5月5日。

② 数据来源：《河南统计年鉴2011》。

2016 年以前一直低于全省平均水平，2017 年开始超过全省平均水平，总体来看，增长速度快于全省平均水平（见图6）。

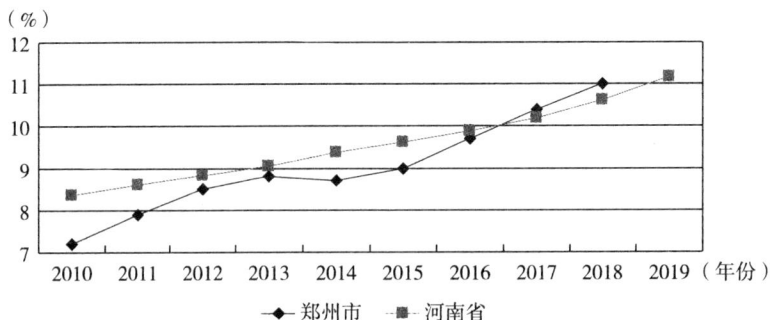

图6　郑州市65岁及以上老龄人口占常住人口比重与全省比较

数据来源：历年《河南统计年鉴》。

（六）劳动力人口抚养负担越来越重，少儿抚养负担高于老年抚养负担

郑州市总抚养系数从2010年的30.2%提高到了2018年的45%，八年时间共增长约15个百分点，表明每100个劳动力负担的人数从2010年的30个人增加到了2018年的45个人，接近每两个劳动力负担一个人，抚养负担越来越重。此外，少儿抚养系数普遍比老年抚养系数高约13个百分点，这表明劳动力人口抚养少年儿童的负担要重于老年人口（见表3）。

表3　郑州市历年抚养系数变化趋势　　　　　　单位：%

年份	少儿抚养系数	老年抚养系数	总抚养系数
2010	20.9	9.3	30.2
2011	23.5	10.6	34.1
2012	24.5	11.4	35.9
2013	24.9	12.1	37.0
2014	25.1	12.0	37.1
2015	25.7	12.4	38.1
2016	26.5	13.7	40.2
2017	27.5	14.8	42.3
2018	29.0	16.0	45.0

数据来源：依据表2数据计算而得。

（七）区域人口分布差异显著，中心城区人口密度过大

郑州市各县市区人口分布差异显著。从人口密度看，管城区和金水区平均每平方千米分别超过7000人（见表4），中原区和二七区也分别超过5000人。2019年，郑州市公布的市域内城市建成区面积合计为1181.51平方千米，其中，中心城区建成区面积为651.35平方千米（含航空港经济综合实验区）①。如果按照城市建成区面积来计算人口密度，郑州市中心城区的人口密度会更大。此外，从2010年开始的十年时间内，郑州市常住人口增加约170万人，而市区人口增加约110万人（见表5），吸纳了新增人口的65%左右，更加导致了区域内人口分布的不平衡。

表4 郑州市各县市区人口分布

地区	区域面积（平方千米）	2018年常住人口（万人）	占总人口比重（%）	人口密度（人/平方千米）
全市	7446	1013.60	100	1361
中原区	193	108.09	10.44	5600
二七区	156.2	83.81	8.10	5366
管城区	107	83.57	8.07	7810
金水区	242	176.47	17.05	7292
上街区	64.7	14.40	1.39	2226
惠济区	232.8	30.35	2.93	1304
中牟县	1393	116.16	11.22	834
巩义市	1042.6	83.83	8.10	804
荥阳市	943	64.87	6.27	688
新密市	1001	81.31	7.85	812
新郑市	873	98.99	9.56	1134
登封市	1217	71.74	6.93	589

数据来源：《河南统计年鉴2018》，其中区域面积来源于各县市区人民政府官网，各县市区面积共7465.3平方千米，与郑州市人民政府官网公布的7446平方千米稍有出入。

表5 郑州市历年常住人口和市区人口变化

年份	常住人口（万人）	市区人口（万人）	人口密度（人/平方千米）
2010	866.1	428.4	1163
2011	885.7	437.4	1189

① 参考资料：《郑州市人民政府关于2019年郑州市城市建成区规模的通告》，发布于2020年7月6日。

续表

年份	常住人口（万人）	市区人口（万人）	人口密度（人/平方千米）
2012	903.1	443.4	1213
2013	919.1	466.3	1234
2014	937.8	478.4	1259
2015	956.9	489.3	1285
2016	972.4	496.8	1306
2017	988.1	506.0	1327
2018	1013.6	522.5	1361
2019	1035.2	537.9	1390

数据来源：郑州市统计局官网。市区包含中原区、二七区、管城区、金水区、上街区、惠济区、经开区、高新区、郑东新区，不含航空港区。

（八）人口文化素质稳步提高，人才聚集效应初步显现

受教育程度是反映一个地区人口文化素质的关键指标。据统计，郑州市大专及以上学历人口占常住人口比重从 2000 年的 8.27% 提升到 2010 年的 18.95%[1]，后又提高到 2016 年的 24%[2]，这表明郑州市人口文化素质在稳步提高。此外，据《郑州市人才发展报告（2018）》数据显示，郑州市近年来不断完善人才政策体系，承载人才发展的载体发展迅猛，截至 2018 年，全市共有国家、省级引智成果示范推广基地 12 个，国家、省级留学人员创业园两个，国家级重点实验室 4 家，省级（含高校）102 家，研发中心 2159 家，已建成科技企业孵化器、众创空间 209 家，其中，国家级 18 家、省级 46 家。人才聚集效应初步显现，2018 年，全市人才总量达到 147 万，其中，专业技术人才超过 74 万（具有高级职称 3 万余人），技能人才逾 65 万，经营管理人才 3 万余人。[3]

三、郑州建设国家中心城市面临的
突出人口问题及挑战

对照国家中心城市定位及郑州市人口发展现状，通过与国家其他中心城市进

---

① 数据来源：由郑州市第六次人口普查数据每 10 万人受教育程度人数推算而得。
② 数据来源：《郑州建设国家中心城市行动纲要》。
③ 参考资料：《郑州人才总量达 147 万》，《郑州日报》发布于 2018 年 10 月 29 日。

行比较，郑州建设国家中心城市面临的突出人口问题及挑战表现在以下方面。

（一）保持人口规模持续增长面临较大压力

保持适度的人口规模和人口增长率是城市可持续发展的前提[①]。从 2019 年郑州市的人口规模来看，常住人口占全省人口比重与其他作为省会城市的国家中心城市相比处于最低（见图 7），即使与全国常住人口总量最大的广东省的省会广州市相比，也存在一定的差距。郑州市提出的目标是到 2035 年人口总量达到 1350 万人。要实现这个目标，郑州市面临较大压力。按照适度人口理论分析，城市人口规模要与经济社会发展水平相适应，要达到一定规模的人口就必须要有相应的经济发展水平。这就要求郑州市必须在产业结构调整、公共服务供给、资源与环境承载力等方面适时跟进，才能促进人口与经济、社会、资源、环境的和谐发展。否则，随着人口的不断增长，各种上学难、房价高、交通拥堵、就医难、就业难、工资低等诸多重大民生现实问题就会大量涌现。此外，从郑州市人口规模的增长速度来看，2019 年以前，郑州市平均每年新增人口约 18 万人，按照目标要求，要在 2035 年达到 1350 万人，今后每年需新增约 20 万人才能实现目标，这也给郑州市人口规模的持续增长带来不小的压力。

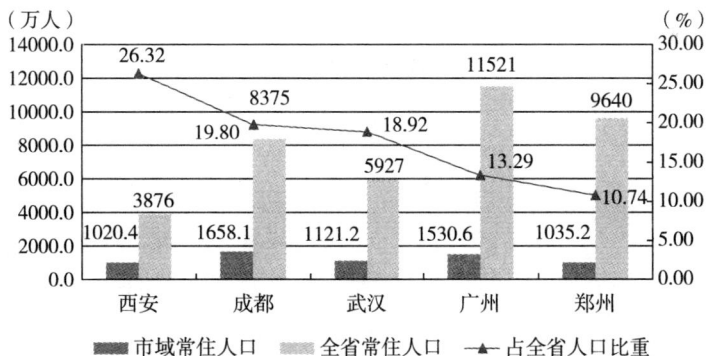

图 7 2019 年国家中心城市常住人口及占全省人口比重

数据来源：相关省市《2019 年国民经济和社会发展统计公报》。

（二）推动以人为核心的新型城镇化建设任重道远

以人为核心的新型城镇化，是党的十八大以来党中央提出来的城镇化战略新

---

① 杨帆，马晓丽.城市适度人口与可持续发展［J］.消费导刊，2009（07）：258－259.

理念，《中共中央关于制定国民经济和社会发展第十四个五年规划和 2035 年远景目标的建议》中也明确提出，要优化国土空间布局，推进区域协调发展和新型城镇化。建设国家中心城市正应合了这一战略远景目标。然而，从郑州市 2019 年的城镇化水平来看，相对于国家其他中心城市来说还处于较低的水平（见图 8），尤其是作为人口大省的省会城市，与同样是人口大省的省会广州市相比，城镇人口相差约 550 万人，郑州市在引领全省新型城镇化过程中所面临的任务依然艰巨。此外，郑州市提出的目标是到 2035 年城镇化率达到 90%（见图 9），截至 2019 年

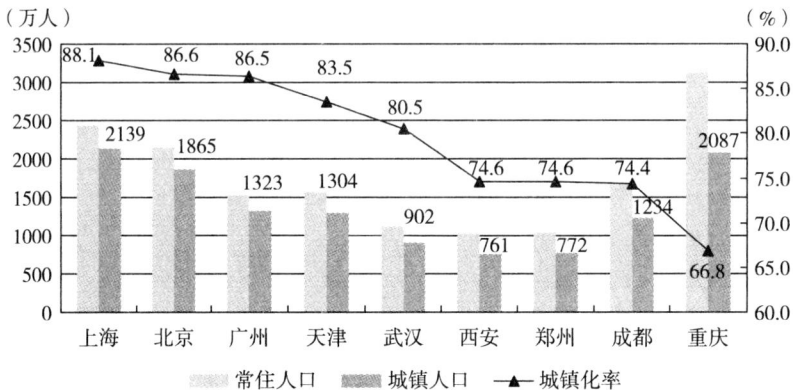

图 8   2019 年国家中心城市城镇化率比较

数据来源：相关省市《2019 年国民经济和社会发展统计公报》。

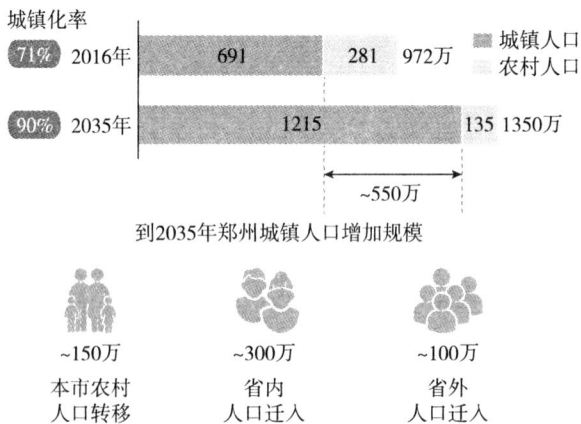

图 9   郑州市 2035 年城镇化发展目标

数据来源：《郑州建设国家中心城市行动纲要》。

底，距离实现目标还需每年提升约 1 个百分点，城镇人口平均每年增加 27 万多人，其中本市农村人口平均每年需就地转移约 8 万人，这同样显示出郑州市城镇化进程的巨大压力。从郑州市各县市区的城镇化发展水平和质量来看，也存在显著差异。中心城区人口过密，功能过载，而周边县市则发展相对滞后，综合承载力和治理能力较弱，这也为郑州市推动以人为核心的城镇化带来了压力。

（三）应对人口少子老龄化的挑战将日趋严峻

我国从 2006 年开始进入人口少子化、人口老龄化并存的人口少子老龄化年龄结构状态①。为减缓人口少子化的进程，我国从 2016 年开始实施全面"二孩"政策。受此政策影响，我国少儿人口出生率出现短期小幅上升，但这也未能从根本上扭转我国人口少子老龄化的进程。在全国人口少子老龄化的大背景下，虽然郑州市 0 ~ 14 岁少儿人口近十年来人数不断增加，占常住人口比重也持续上升（2018 年达到 20%），但从人口出生率来看，2019 年已经出现回落，未来少儿人口占总人口比重势必会呈下降趋势。此外，从郑州市的老龄化进程来看，65 岁以上人口占常住人口比重的增长速度快于全省平均水平，这表明郑州市的老龄化程度日益加深。有鉴于郑州市目前的人口少子老龄化现状及未来发展趋势，郑州市有必要未雨绸缪，通过政策调整，适时引导人口持续增长，实现人口长期均衡发展。

（四）提升劳动力人口数量和质量面临巨大挑战

劳动力资源作为经济投入最主要的要素之一，其数量、占总人口的比重、质量等都会对区域内的经济发展产生重要影响。从劳动力人口数量上来看，随着郑州市人口规模的逐步增长，劳动力人口数量也会持续保持增长。2018 年之前的八年时间内，劳动力人口平均每年增长约 5 万人，但要实现 2035 年提出的最低目标（劳动力人口比重达 65%），劳动力人口每年至少需增加 10 万余人，挑战巨大。从劳动力比重来看，劳动力人口比重代表了区域内劳动力资源的自然充沛程度，在一定程度上也能反映劳动力的抚养负担。郑州市劳动力人口比重近年来呈逐年下降趋势，劳动力抚养负担也日趋加重，如何减缓这一进程也是当前和今后必须面对的重大问题。从劳动力人口质量和素质来看，郑州市与国家其他中心城市相比也存在不小的差距。其中一个指标是大专及以上学历人口占 6 岁以上学历人口比重，2016 年郑州市为 24%，而上海是 29%②。另外，据《郑州市人才发展报告（2018）》数据显示，全市人才总量占人口比例仅为 15% 左右，远低于

---

① 茆长宝，穆光宗. 国际视野下的中国人口少子化［J］. 文化纵横，2018（04）：16.
② 数据来源：《郑州建设国家中心城市行动纲要》。

"北上广深"等发达城市水平，并且由于郑州市高等教育资源相对较少，导致高层次、创新型、国际化人才相对缺乏，尤其是缺乏国家顶尖科学家、产业领军型人才。

四、实现郑州市人口长期均衡发展的对策与建议

人口发展是一个长期的过程，郑州市应以建设国家中心城市为契机，通过实施更加积极的人口调控政策，确保人口在数量、结构、质量、分布等方面实现长期均衡发展。

（一）实施更加积极的生育政策

郑州市的人口出生率长期以来一直低于全省平均水平，只是在全面放开"二孩"政策实施以来才略高于全省平均水平。可以预见，随着全面放开"二孩"政策效应的逐渐减弱，生育意愿的持续走低，人口少子化问题将会越来越严重。人口少子化问题作为一切人口发展问题的"元问题"必须要受到充分的重视，才能实现人口的长期均衡发展①。为此，建议郑州市可以通过在全面放开生育限制、出台生育家庭的税收优惠政策、扶持0～3岁婴幼儿照护服务、增加普惠性学前教育供给、优化义务教育教学安排、缓解家庭教育抚养孩子的后顾之忧等方面实施更为积极的政策，适时引导人口再生产功能的发挥，减缓人口少子化的趋势。

（二）推动以人为核心的新型城镇化发展

随着城市业已成为人口和经济的重要载体，城市居民对优美环境、健康生活、休闲娱乐等方面的要求日益提高，所以必须要一切以人为核心来推动新型城镇化的发展。为此，郑州市需要从以下几个方面着力：一是要加快疏解中心城区非核心功能，引导人口向新区或周边县市有序流动；二是要推动郑州市所属县市的城镇化建设，加快县城补短板强弱项，鼓励本地农民就地城镇化，满足其到县城就业安家的需求；三是要强化城市基本公共服务保障，义务教育、医疗卫生、技能培训、社会保障等要加快覆盖城镇常住人口；四是要实施城市更新行动，加强老旧小区改造，推进城市生态修复，建设绿色城市，提升城市人居环境水平。

---

① 茆长宝，穆光宗. 国际视野下的中国人口少子化［J］. 文化纵横，2018（04）：16.

（三）积极应对人口老龄化

人口老龄化不断加剧是未来我国的基本国情，滚滚而来的"银发浪潮"，既给我国经济社会发展带来巨大挑战，同时也蕴含着宝贵的发展机遇。实施积极应对人口老龄化国家战略，不仅有利于满足广大老年人对日益增长的美好生活的向往，而且有利于催生"银发"经济新产业，形成经济增长的新动能，在扩大"银发"消费内需的同时，促进国内国际双循环良性互动。为此，郑州市需重点做好以下工作：一是加快完善基本养老服务体系建设。构建居家养老、社区养老、机构养老相协调，医养、康养相结合的养老服务体系，重点提升具有普惠性质的社区居家养老服务能力以及提高失能、高龄等老人群体的养老服务保障水平。二是推动养老事业和养老产业协同发展。树立新发展理念，适时把握老年消费需求变化，深化老年产品市场供给，促进养老产业与健康、教育培训、文化旅游、家政服务等产业融合发展，实现人口老龄化的社会效益和经济效益相统一。三是开发老年人力资源，发挥老人余热。支持老年人积极参与经济社会活动，鼓励老年人就业创业，推动老年人采取"时间银行"等方式进行互助养老等。

（四）继续深化"智汇郑州工程"

调控区域内人口数量、结构、素质的重要手段，除了优化人口生育政策外，就是引进外来人才政策。在目前各大城市激烈的人才争夺战中，郑州市并不占优势。因此，有必要继续深化以实施"1125 聚才计划"和普惠型人才引进政策为抓手的"智汇郑州工程"。一是要加大力度引进高端人才。实施更加开放、更有竞争力的创新人才引进政策，进一步完善针对高层次人才的住房、医疗、户籍、配偶安置、出入境等配套服务政策。二是要加大创新型人才培养力度。以国家自主创新示范区建设为引领，大力引进国内外高水平大学和国家级科研院所，厚植创新创业中心基础。开展双元制教育，建设高校教师与业内专家并行的"双师型"教师队伍，推广职业教育"大专学历证书＋技能证书"的"双证书"考核制度。三是完善人才评价激励机制。创新评价标准和办法，建立完善有利于激发人才活力的收入分配制度，激发科研人员创新动力和积极性。四是畅通人才流动渠道。建立人才跨地区、跨行业、跨体制流动的便利化机制，促进人才双向流动。鼓励企业、高等学校、科研院所人才互聘。建立柔性引智机制，推进和保障创新型科技人才的国际流动。

（五）构建人口大数据监测信息平台

开展人口研究、人口统计、人口预测、人口动态监测、人口管理、人口决策等工作，离不开人口大数据信息的支持。然而，目前郑州市在公安、统计、卫生、民政、人力资源和社会保障等相关行业领域已积累的人口变动、婚姻、就业、教育、城市化、经济社会等与人口相关的数据信息，由于缺乏必要的信息共享和整合机制，造成了部门之间出现"信息壁垒"，客观上形成了一个个"信息孤岛"，既不利于提高统计效率，也不利于形成统一的人口宏观信息资源，以至于政府管理部门难以全面、准确地掌握全市人口数据信息。为解决上述问题，建议郑州市尽快建立人口大数据信息平台。通过平台推动人口基础数据的共享整合，为区域资源承载能力、实有人口统计管理、人口全生命周期管理、人力资源现状、社会就业形势等的监测分析和评价决策提供信息支持，从而提高政府的人口管理服务和人口决策水平。

6. 河南省教育事业发展研究报告

张 侃*

摘 要：百年大计，教育为本。教育既是民族振兴和社会进步的基石，也是社会公平、民生福利的根基。改革开放以来，河南作为人口大省，始终坚持实施"科教兴豫"和"人才强省"战略，时刻将教育事业发展作为河南经济社会发展的基础工程，不断解放思想、深化改革、扩大规模、提升质量，教育事业发展取得了里程碑式的巨大成就，人口素质得到了跨越式提升。河南正在从教育大省向教育强省、从人口大省向人力资源强省稳步迈进。基本实现了教育现代化目标的河南教育事业，即将开启总体实现教育现代化的新征程。站在新时代新起点上，河南教育事业的发展需要我们有前瞻性的思维和整体性的布局，立足河南教育发展实际，坚持教育优先发展战略，大力推进新时代河南教育事业新的跨越式发展。

关键词：改革开放 河南 教育事业 人口素质

中华人民共和国成立70年以来，特别是改革开放40年以来，河南作为人口大省，始终坚持实施"科教兴豫"和"人才强省"战略，时刻将教育事业发展作为河南经济社会发展的基础工程，不断解放思想、深化改革、扩大规模、提升质量，教育事业发展取得了里程碑式的巨大成就，人口素质得到了跨越式提升。2020年是完成"十三五"规划、实现第一个百年奋斗目标的收官之年，进入新时代的河南教育事业正站在新的历史起点之上，值此时机，回望历史、梳理成绩、直面问题，并在此基础上展望未来，对河南教育事业迈向新的征程无疑具有重要的借鉴和启示意义。

---

* 张侃，河南省社会科学院社会发展研究所助理研究员。

一、河南教育事业发展的历史进程

改革开放之前，河南教育事业经历了前所未有的办学热潮和调整压缩的过程，在"文化大革命"期间教育事业发展缓慢。改革开放以来，在历届省委、省政府的正确领导和全社会的共同努力下，经过教育系统广大师生员工的不懈奋斗，河南教育事业取得了令人瞩目的成就，建立起了较为完备的现代教育体系，实现了从教育大省向教育强省的迈进。

（一）河南教育事业的全面调整、整顿、恢复期（1978～1985年）

党的十一届三中全会的召开标志着改革开放的全面开始，河南教育事业的发展也由此进入了一个全新的发展时期。一是对基础教育开始了全面的调整、恢复。对基础教育不符合教育发展规律的畸形规模扩张进行了整改，从1979年开始，河南对中小学进行了全面的结构改革，压缩了之前急剧膨胀的学校规模，提升了教学水平和教学效率，推进了基础教育的良性发展。同时，政府开始积极推进小学教育的普及，取得了很好的成效。二是对中等教育结构的调整。针对普通中学教育盲目发展、职业技术教育遭到严重影响、中等教育结构失衡的问题，开始大力推进中等教育结构调整和职业技术教育的良性发展。到1985年，中等专业学校得到了较好发展，初步扭转了高等教育和中等专业教育比例失调的局面。三是高等教育的改革和快速发展。首先是普通高等教育快速发展。到1985年底，全省普通高校发展到43所，在校生比1978年增加了1.5倍，这一时期成为全省高等教育发展最快的一个时期①。其次是研究生教育的建立和发展。河南的研究生教育起源于20世纪60年代，但在改革开放后才真正步入正轨并获得了较大发展。1985年全省省属及部属13所高校、11个科研机构面向全国招收研究生，在校研究生数量比1978年增加了9倍多②。最后是高校专业结构得到了调整。为了适应改革开放后河南经济社会发展的现实需要，对高校专业结构进行了全面调整。到1985年，高等教育文科学生比例过低的现象得到了基本改变，并新增设了一批文理科专业和新兴边缘学科专业。

（二）河南教育事业改革全面展开期（1986～1992年）

1985年以《中共中央关于教育体制改革的决定》颁布为标志，我国教育体

---

①② 苏林.河南社会发展与变迁［M］.郑州：河南人民出版社，2009：39－42.

制改革正式启动，河南教育事业也由此开启了全面系统化改革。一是大力推进基础教育体制改革。着力提升义务教育质量，1990 年河南在全省范围内选取了 100 个相关条件较好的乡作为义务教育示范乡，通过示范效应辐射全省，逐步推进义务教育教学质量和水平的全面提升，改革后义务教育整体水平的提升，也让之前较为严重的中小学学生流失严重、巩固率不高的问题得到了有效缓解。在管理体制上，基础教育开始实行"分级办学、分级管理"的体制。针对义务教育经费紧缺的问题，政府大力开展群众性集资办学，让办学条件得到了有效改善。二是大力调整中等教育结构，全面发展职业技术教育。以发展中等职业技术教育为重点，同经济和社会发展密切结合，充分调动各方面的积极性。通过多种形式办学，职业技术教育得到了持续、稳步发展。三是积极推进高等教育体制改革，大力提高高校的办学质量和效益。首先，扩大高校办学自主权。1988 年省教委进一步扩大了高校在财务、人事、招生、毕业生分配、专业设置等方面的自主权。全省各高校也以人事、分配制度为主要对象开展深化改革。通过改革，理顺了校内管理机制，提高了办学效益。其次，改革招生和毕业生分配制度。在招生方面，逐步扩大招收委托培养和自费生，招生向老苏区、山区、文化薄弱地区倾斜，对这些地区学生实施定向培养、定向招生、定向分配。同时不断完善相关监督制度，保证招生工作的公平、公开、公正。在毕业生分配方面，加强计划统筹，保证重点，进行宏观调控。努力营造公开、公平的就业竞争环境，实行毕业生与用人单位的"双向选择"。最后，扩大开放，引入社会资本，积极推进办学形式多元化。为解决河南作为人口大省的教育负担重、教育基础薄弱的问题，河南开始发展多种形式办学，建立了一批民办高校，成人高等教育也获得了较快发展。

（三）河南教育事业全面深化改革与快速发展期（1993～2009 年）

1993 年《中国教育改革和发展纲要》颁布，以此为标志，河南教育事业进入了全面深化改革、促进教育快速发展的新时期。1999 年，国务院批转教育部《面向 21 世纪教育振兴行动计划》。河南按照中央统一部署，大力发展教育事业，出台了一系列有力举措，让河南教育事业在世纪之交跨上了一个新的台阶。一是大力推进"两基"工作。首先，基本普及九年制义务教育。河南根据自身实际情况，明确了"普九"目标任务，实施了"国家贫困地区义务教育工程"和"普九扶持工程"，加强了对各地"普九"工作的督导，注重对"普九"成效的巩固提高。其次，基本扫除青壮年文盲。河南按照"分类指导，加大力度，突出重点，保证质量"的原则，1995 年开始加快了扫盲工作步伐。1998 年，河南基本实现了扫除青壮年文盲的目标。最后，大力实施素质教育。1999 年河南发布了《关于贯彻〈中共中央　国务院关于深化教育改革全面推进素质教育的决定〉

的实施意见》，多措并举全面推进素质教育。一是推进中等教育的调整改革。河南在中等教育结构调整的基础上，一方面，注重巩固中等职业教育成果，另一方面，推进普通高中快速发展。普通高中与中等职业教育协调发展，中等教育结构明显改善，日趋合理。二是积极发展高等教育，大力提升高校的办学活力。一方面，积极调整高校布局，优化结构，深化内部教育教学改革，大力推进高校后勤社会化改革，推进高校科学技术研究工作的发展；另一方面，不断扩大高等教育规模，大力提高办学效益，加强高校的精神文明建设。经过一系列改革措施，这一时期高等教育的结构布局进一步优化，高校的办学质量和效益也有明显提高，河南的高等教育日益成长为推动河南经济社会发展的重要支撑力量。

（四）河南教育事业全面实现现代化改革时期（2010 年至今）

2010 年《国家中长期教育改革和发展规划纲要（2010—2020）》颁布，2011年 1 月《河南省中长期教育改革和发展规划纲要（2010—2020 年）》颁布，河南教育发展开始向基本实现现代化方向迈进。2016 年，依据党的十八届三中全会全面深化改革精神的要求，河南发布了《河南省教育综合改革方案》，河南教育领域的综合改革开始全面推进。2019 年，中共中央　国务院印发了《中国教育现代化 2035》，为未来 15 年我国教育事业的发展指明了方向。河南教育事业发展也进入了新时代，朝着总体实现现代化，成为中西部地区教育领先省份，进入全国教育现代化发展水平上游行列的目标迈进。在学前教育方面，全面加快学前教育的普及发展，推进公立学前教育和民办普惠式学前教育的快速发展。在基础教育方面，全面改善贫困地区义务教育薄弱学校的基本办学条件，积极推进义务教育均衡发展，深入推进普通高中多样化发展。在职业教育方面，努力构建现代职业教育体系，推进省级职业教育品牌示范院校和特色院校建设，加快农村职业教育与继续教育进程，推进职业教育校企合作。在高等教育方面，大力推进高水平大学建设，实施郑州大学、河南大学的"双一流"建设；推进普通高校分类发展和本科高校转型发展，切实提高高校教学质量，加强教师队伍建设，强化政策引导，提升高校创新能力，加强高校的国际教育交流与合作。

二、河南教育事业发展的主要成就

改革开放以来，河南大力发展学前教育，推进普惠性学前教育的普及；对基础教育实行分级办学、分级管理；改革中等教育结构，大力发展职业教育；适应经济发展需要大力发展成人教育。根据经济社会发展的需要，在持续扩大高等教育规模、调整高等教育专业结构的基础上逐步提升教育质量，推进一流大学建设，各项教育事业都实现了跨越式发展，取得了辉煌成就，河南确定的到 2020 年"基本实现教育现代化"的战略目标基本达成。

（一）教育投入持续加大，教育资源不断优化

教育的发展，离不开经济的投入。河南对教育发展的重视首先就体现在教育投入的持续加大，这也为河南教育事业的发展奠定了坚实的物质基础。2018 年，河南国家财政性教育经费为 1902.19 亿元，是 2000 年时 113.44 亿元的近 17 倍，年均增长率达到了 16%（见图 1）。在政府的重视和大力投入之下，河南的教育资源得到了不断优化，各级各类教育办学条件得到了持续改善，在很多地方实现了"最好的房子是学校，最好的环境在校园"。2018 年，河南全省中小学、职业学校、高校校舍面积分别达到了 15856 万平方米、1503 万平方米、6197 万平方米；信息化教育发展迅速，义务教育阶段实现了互联网和网络多媒体教室的省内全覆盖，大幅提升了教学的效果和效率；教师的整体素质得到大幅提升，普通中小学专任教师达到 99.26 万人，小学、普通初中、普通高中专任教师学历合格率分别达到 100%、99.69% 和 98.23%，高校专任教师 11.54 万人，其中副高级以上职称人数达到 38796 人[①]。全省各级各类教育的软硬件环境都取得了跨越式发展。

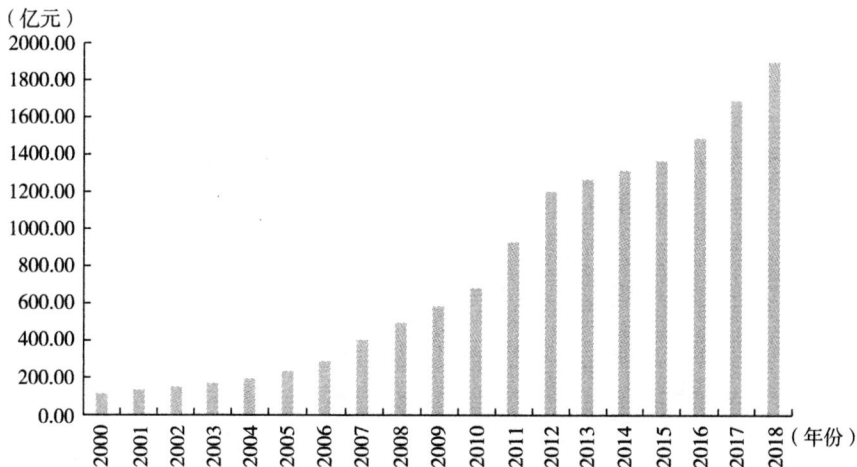

图 1　河南省国家财政性教育经费支出变动趋势

数据来源：根据历年《中国教育经费统计年鉴》数据整理得到。

[①] 资料来源：《"壮丽 70 年·奋斗新时代"教育主题新闻发布会文字实录》，河南省教育厅官网，http://jyt. henan. gov. cn/2019/08 - 27/1703686. html，发布于 2019 年 8 月 27 日。

（二）平均受教育年限快速增加，人口素质不断提高

教育事业的快速发展，也让人口大省的河南的人口平均受教育年限得到了快速增加，人口素质不断提升。历年人口普查结果显示，河南 6 岁及以上常住人口的平均受教育年限从 1982 年的 5 年提升到 2010 年的 8.7 年；文盲、半文盲人口比重持续大幅下降，从新中国成立初的占人口比重的 80% 以上降到 2010 年的4.25%；高学历人才队伍逐步扩大，2010 年每万人拥有大专及以上文化程度的人口达到 640 人，是 1964 年的 34.6 倍，2018 年每万人拥有大专及以上文化程度的人口增长到 735 人，比 2010 年增长了 14.8%，劳动年龄人口平均受教育年限达到 10.6 年[①]。河南人口整体受教育情况结构得到了较大改善，体现为文盲和半文盲的人口比例快速下降，初中文化程度人口比例快速上升，高中和大学文化程度人口比例稳步增高（见图 2）。

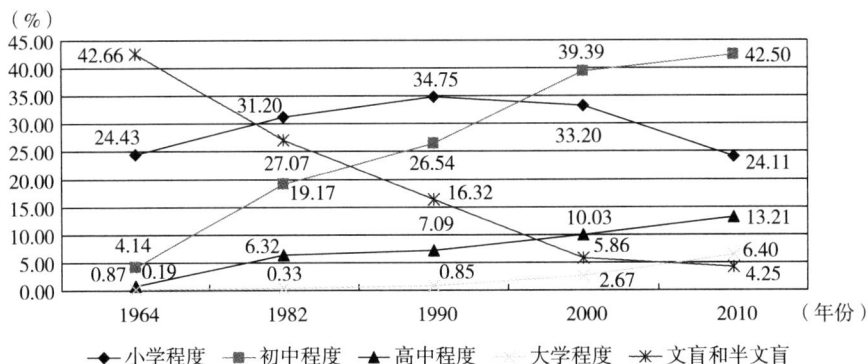

图 2　河南人口整体受教育情况结构变化示意图

数据来源：根据历年《河南统计年鉴》数据整理得到。

（三）学前教育基本普及，普惠性学前教育公共服务体系初步建立

改革开放以来，河南的学前教育经历了从少到多、从托幼服务到适龄教育、从"入园难、入园贵"到公益普惠体系初步形成的变化。进入 21 世纪以后，全省学前教育的发展逐步进入了快车道，毛入园率持续提高，师资队伍专业素质、幼儿园办园水平不断提升，普惠性学前教育资源大幅提升，覆盖城乡的普惠性学前教育公共服务体系初步建立。一是学前教育的幼儿园数量、入园人数、在园人数持续稳步提升，全省学前教育规模不断扩大（见表 1、图 3）。二是学前教育的

---

① 河南省统计局. 河南省七十年［M］. 北京：中国统计出版社，2019.

表1　河南省学前教育发展概况

年度	幼儿园数（万所）	入园人数（万人）	在园人数（万人）
2005	0.41	117.97	153.5
2006	0.48	118.22	157.64
2007	0.49	120.47	159.34
2008	0.56	116.30	164.52
2009	0.64	114.11	171.65
2010	0.77	111.96	196.67
2011	1.03	175.56	282.21
2012	1.29	195.10	319.82
2013	1.45	202.60	346.95
2014	1.58	207.80	369.22
2015	1.74	207.22	393.37
2016	1.87	157.92	408.68
2017	2.06	151.62	424.93
2018	2.21	140.57	437.99
2019	2.32	125.34	430.87

数据来源：根据历年《河南省教育事业发展统计公报》整理得到。

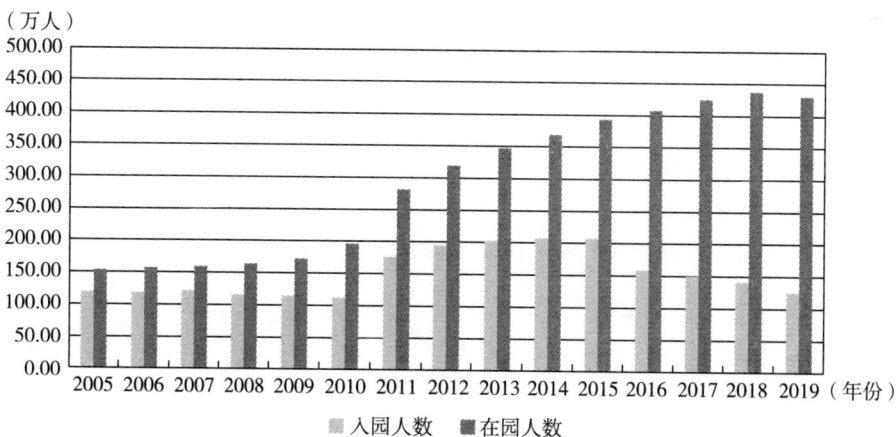

图3　河南省学前教育规模扩张示意图

数据来源：根据历年《河南省教育事业发展统计公报》整理得到。

毛入学率快速提升，学前教育普及基本实现（见图4）。2019年，全省学前教育毛入园率达到89.50%，比2009年增加了38.61%，比《河南中长期教育改革和发展规划纲要》中规定的到2020年学前教育毛入园率达到72%的目标高出17.5个百分点。三是学前教育师资力量日趋雄厚，质量稳步增长，普惠性教育资源大幅提升。学前教育师资队伍从数量上讲，教职员工和专任教师的数量逐年稳步增长（见表2）；从质量上讲，师资队伍的学历水平不断提高（见图5）。到2019年，河南全省有普惠性幼儿园1.37万所，普惠性幼儿园覆盖率达到65.26%①。

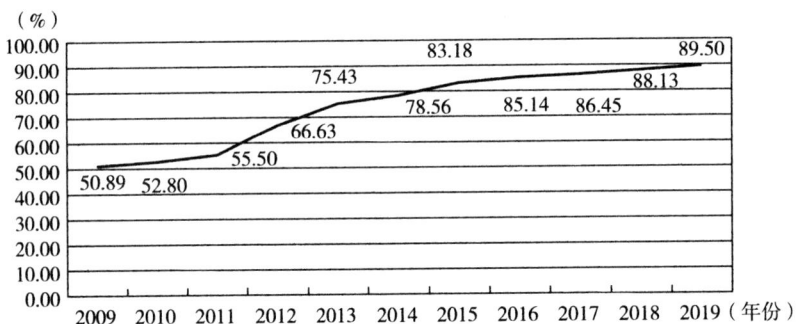

图4　河南省学前教育三年毛入学率变化趋势

数据来源：根据历年《河南统计年鉴》数据整理得到。

表2　河南省学前教育师资队伍发展基本情况

年份	教职工人数（万人）	专任教师情况	
		专任教师人数（万人）	专任教师占教职工的比例（%）
2008	7.86	5.81	73.92
2009	8.92	5.83	65.36
2010	11.06	7.20	65.10
2011	15.10	10.57	70.00
2012	18.36	12.77	69.55
2013	21.54	14.69	68.20
2014	23.75	16.20	68.21
2015	27.33	18.65	68.24
2016	29.70	20.09	67.64

---

① 资料来源：《2019年河南省教育事业发展统计公报》。

年份	教职工人数 （万人）	专任教师情况	
		专任教师人数（万人）	专任教师占教职工的比例（%）
2017	33.23	19.78	59.52
2018	36.77	21.45	58.34
2019	39.07	22.62	57.90

数据来源：根据历年《河南统计年鉴》数据整理得到。

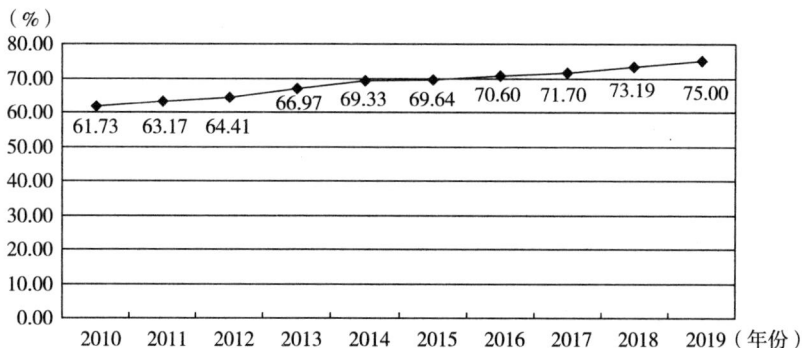

图5　河南省学前教育专科及以上学历专任教师变化示意图

数据来源：根据历年《河南统计年鉴》数据整理得到。

（四）基础教育全面普及，均衡化高质量发展初步实现

改革开放以来，河南基础教育事业迎来了快速发展，各项工作全面推进，普及程度不断提升，办学质量持续改善。在义务教育方面，义务教育的发展主要分为两个阶段，第一阶段是从改革开放到2007年，是义务教育的全面普及阶段；第二阶段是从21世纪初至今，是义务教育均衡化高质量发展阶段。在义务教育发展的第一个阶段，河南把"两基"工作作为义务教育发展的重点。1990年全省基本普及小学教育，有条件的地区基本普及初中教育，截至2000年底，全省"普九"地区人口覆盖率达到93%。1998年，河南正式通过国家扫盲验收，完成了基本扫除青壮年文盲的历史性任务①；2007年12月，河南"两基"工作顺利通过国家验收。截至2018年，河南全省九年义务教育巩固率94.6%，小学学龄儿童净入学率100%，小学毕业生升学率99.5%，初中阶段毛入学率109.8%，

① 王日新，蒋笃运.河南教育通史［M］.郑州：大象出版社，2004：396.

升学率80.6%，河南的义务教育实现了全面普及①（见图6）。义务教育第二阶段的发展，开始于21世纪初。2001年，国务院《关于基础教育改革与发展的决定》中首次提出了"均衡发展"的思想，从此义务教育均衡发展代替了"两基"工作逐步成为发展的重要方针，这也标志着我国义务教育发展从以效率优先的规模化发展向以公平、质量优先的价值化发展转变②。21世纪河南的义务教育发展也开始逐步向彰显公益性，重视区域间、城乡间均衡高质量发展的方面转变。到2019年，河南已经有134个县（市、区）成为全国义务教育发展基本均衡县（市、区），占河南县级行政区划的84.81%。高中教育也发展迅速，办学规模不断扩大，在校生人数在2002年首次超过100万人，2006年首次超过200万人，2019年达到215.88万人；办学条件持续改善，2019年，普通高中学校校舍建筑面积达3542.71万平方米，比2006年增加了55%；专任教师学历合格率为98.18%，比2006年提升了13.01%；生师比为15.6：1，比2006年提升了6.34③。高中阶段毛入学率得到快速提升，2019年高中阶段毛入学率达到91.62%，是2000年的2.34倍，河南高中阶段教育已实现了基本普及（见图7）。

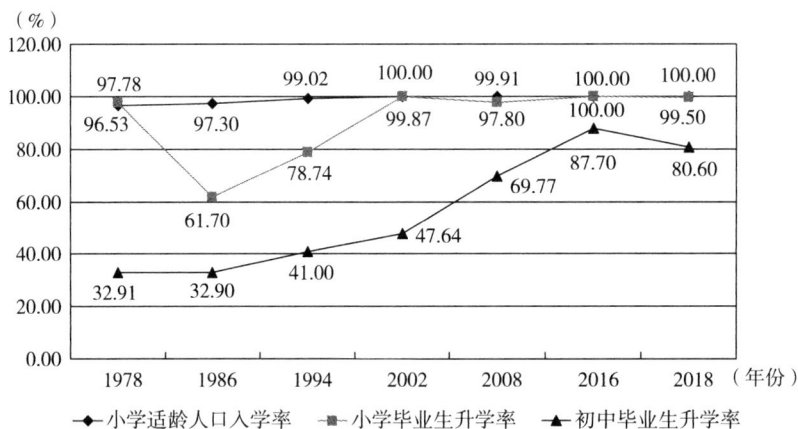

图6 河南省义务教育发展基本情况

数据来源：根据历年《河南统计年鉴》数据整理得到。

---

① 河南省统计局，国家统计局河南调查总队．河南统计年鉴2019［M］．北京：中国统计出版社，2020.

② 张侃．改革开放40年河南省义务教育发展的回顾与展望［J］．河南科技学院学报，2019（08）：6-12.

③ 根据历年《河南省教育事业发展统计公报》整理得到。

（%）

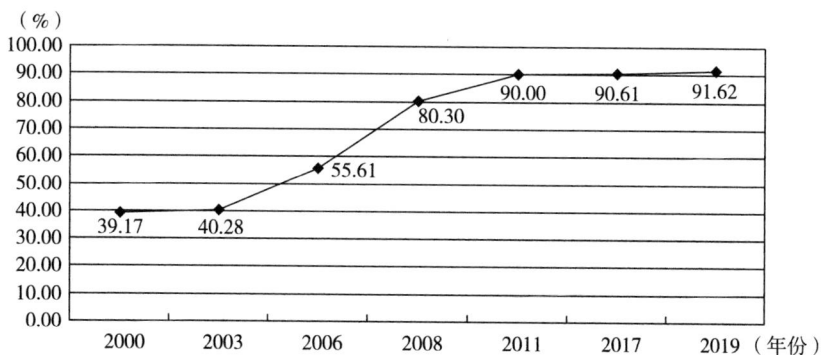

图7　河南省高中阶段毛入学率变化示意图

数据来源：根据历年《河南统计年鉴》数据整理得到。

（五）高等教育入学率快速提升，实现了从精英教育到大众化教育的跨越

改革开放以来，河南高等教育快速发展，取得了巨大的成绩，实现了从精英教育向大众化教育的转变、从单纯规模的扩大向高水平高质量发展目标的转变，为推动河南经济社会发展和国民素质提高做出了巨大的贡献，为河南从教育大省向教育强省的迈进提供了核心动力。一是高等教育的规模不断扩大，高等教育毛入学率快速增长。2019年，全省普通高等学校141所，比1978年的24所增加了5.9倍；本专科在校生达231.97万人，比1978年增加了85倍；在校研究生55395人，比1978年增加了398倍；普通高等学校校均规模16449人，比1978年增加了18倍。高等教育毛入学率在2004年首次突破了15%，标志着河南高等教育实现了从精英教育到大众化教育的跨越。2019年全省高等教育毛入学率达到49.28%，离高等教育普及化只有一步之遥。二是高等教育的布局结构不断优化。全省高等教育的布局从改革开放之初的主要集中在郑州、开封、洛阳等少数几个省辖市，发展到现在的全省18个省辖市全部都有高等学校，其中13个省辖市都有本科高校。更加合理的高校布局，为高校更好地开展教学、科研工作和服务当地社会创造了条件，为各地经济社会发展提供了有力的人才和智力支撑。三是高等教育的内涵式高质量发展持续深入。2017年，郑州大学成为"双一流大学建设高校"，郑州大学和河南大学一共有四个学科入选"双一流建设学科"，这为新时代河南高等教育的高质量持续发展奠定了坚实的基础。高校的教学和科研水平都得到了较大提升。大力推进河南优势特色学科建设工程，到2018年，有16个学科进入ESI全球排名前1%。截至2019年，河南有各类国家级科研中

心、重点实验室等共计 38 个，省部级重点实验室、研究中心等共计 21 个①。高校已经成为河南科技创新研究的绝对主力军。

（六）职业教育规模持续扩大，适应河南经济社会发展实际的现代职业教育体系初步建立

1987 年，省政府做出了关于大力发展职业教育的决定，强调兴办职业技术教育要同国民经济和社会发展事业相适应，推动了全省职业教育的快速发展。进入 21 世纪后，河南职业教育"以服务为宗旨，以就业为导向"，坚持"校企合作，工学结合"，着力培养学生的职业技能和就业能力；实施了"河南省农村骨干中等职业学校和示范性乡（镇）成人学校建设工程"等，持续改善了办学条件。2002 年以来，河南把职业教育作为实现人口大省向人力资源强省转变的重点战略，积极探索具有河南特色的职业教育发展之路。经过多年的发展，全省目前已经形成了适应河南经济社会发展需要、产教深度融合、职教普教相互沟通的良好局面，现代职业教育体系得以初步建立。2006 年到 2010 年，河南有四所职业技术学院获批国家示范性高等职业院校，三所职业技术学院获批国家示范性高等职业院校建设骨干高职院校。2017 年，黄河水利职业技术学院等 15 所高职院校获批国家级优质高等职业院校立项建设单位。2018 年，周口科技职业学院经教育部批准成为全国首批本科职业教育试点高校，后改名为"河南科技职业大学"，这也成为河南目前唯一一所本科层次的职业大学，为高层次职业技术教育的发展开拓了新的路径。2019 年，河南有 6 所学校入选"中国特色高水平高职学校和专业建设计划"，9 所学校被认定为"国家优质专科高等职业学校"，黄河水利职业技术学院跨入国家重点建设的 10 所世界一流职业院校行列，河南省被批准试点建设首批国家产教融合型城市②。计划到 2020 年，重点建设 10 所示范性应用技术型本科院校。河南还通过全面深入实施"全民技能振兴工程"，充分发挥职业教育服务社会的作用，协助政府相关职能部门广泛开展各类职业技能培训，在提高劳动者劳动技能、促进就业、扶贫增收等方面发挥出重要作用。2019 年，河南中等职业学校在校生数占高中阶段教育在校生总数的 38.97%，是 1978 年 4.8% 的 8 倍多。快速发展的河南职业教育培养出了大量的应用型职业技术人才，为河南经济社会的发展提供了坚实的技术技能和人才基础。

---

① 资料来源：《2019 年河南省教育事业发展统计公报》。
② 陈伟然 . 2019 年河南教育"成绩单"发布：发展态势良好、亮点纷呈 ［EB/OL］.（2020 - 02 - 21）［2020 - 12 - 26］. http：//news. hnr. cn/202002/21/95111. html.

三、新时代河南教育事业发展路径展望

2020 年是不平凡的一年，也是承上启下、继往开来的一年。2010 年国家颁布的《国家中长期教育改革和发展规划纲要（2010－2020 年）》确定的基本实现教育现代化的目标，已经基本达成。2019 年 2 月，中共中央　国务院印发的《中国教育现代化 2035》，作为我国第一个以教育现代化为主题的中长期战略规划，明确提出了"到 2035 年，总体实现教育现代化，迈入教育强国行列，推动我国成为学习大国、人力资源强国和人才强国"的总体目标，为我国教育事业未来 15 年的发展指明了方向、明确了任务。在这个重要的时间节点，河南的教育事业也基本实现了教育现代化的目标，即将开启总体实现教育现代化的新征程。站在新时代新起点上，河南教育事业的发展需要我们有前瞻性的思维和整体性的布局，立足河南教育发展实际，坚持教育优先发展战略，大力推进新时代河南教育事业新的跨越式发展。

（一）进入"后普及教育时代"的河南教育事业应加大投入、立足高质量发展

2019 年，河南学前教育毛入园率达到 89.50%，小学学龄儿童净入学率 100%，初中阶段毛入学率 109%，九年义务教育巩固率 95.45%，高中阶段毛入学率 91.62%，高等教育毛入学率 49.28%[①]。可以看出，河南的各级各类教育除了高等教育还差一点，其余全部都进入了普及化阶段，预计 2020 年河南高等教育毛入学率也会突破 50%，进入高等教育普及化阶段。这是河南教育事业发展的一个历史性时刻，2020 年河南教育事业全面进入了"后普及教育时代"。进入"后普及教育时代"的河南教育，面临着新的挑战和任务，最核心的就是要始终坚持教育优先的发展战略，进一步加大教育投入，推进教育事业的全面高质量发展。这其中最为重要和核心的就是要进一步加大教育投入。不可否认，改革开放以来，河南的教育投入力度不断加大，2018 年全省一般公共预算教育经费占一般公共预算支出 9217.73 亿元的比例为 17.59%，教育支出已成为河南省公共财政的第一大支出。但同时我们也应该看到，河南是教育大省，教育基础薄弱、教育人口众多、区域间发展不平衡等问题严重，教育投入的不足仍长期存在，这从

---

① 资料来源：《2019 年河南省教育事业发展统计公报》。

河南财政性教育经费支出占 GDP 的比重始终难以达标就可以看出。1993 年我国就提出，财政性教育经费支出要达到国内生产总值的 4%，我国在 2012 年首次实现了这一目标，可是河南直到现在也没有达到这一目标。2018 年，河南国家财政性教育经费为 1902.19 亿元，占 GDP 的比重为 3.96%，仍差 0.04 个百分点。

改革开放以来，河南的各级各类教育都取得了跨越式发展，规模扩张迅速，在学人数和入学率都得到了大幅提升，可是教育资源不足的问题也始终存在于教育发展的全过程，各级各类教育的内涵式、高质量、精细化发展亟待提升。如何一方面在进一步加大全省教育投入的同时提升教育投入的使用效率，另一方面又大力推进各级各类教育的内涵式高质量发展，是我们推进河南教育总体实现教育现代化进程中所要认真思考、着力解决的最重大问题。

（二）老龄化和少子化双重作用下的河南需要大力提升人口受教育水平

从 2000 年就进入老龄化社会的河南，近年来老龄化趋势日益凸显，65 岁以上老年人所占比重逐年增加，从 2010 年的 8.36% 到 2019 年的 11.16%，十年间共增加 2.8 个百分点。河南的人口出生率从 2017 年到 2019 年已经连续三年持续下滑。老龄化加剧和少子化显现相互交织形成双重作用，对河南这个人口大省的发展带来了巨大的隐患和挑战，这也造成河南劳动年龄人口比重持续下滑，劳动年龄人口占常住人口比重连续 11 年呈下降趋势，从 2008 到 2019 年，共计下降了 4.73 个百分点。人口红利的逐步消失和河南经济发展方式的升级转型要求相结合，使得大力提升河南人口素质，提升河南人口受教育水平，从而让河南的人力资源优势从总量优势向高质量优势转化，成为河南人口发展、经济社会发展的当务之急。改革开放以来，河南的人口整体素质和受教育水平都得到了极大提升，但是相比于其他省份和全国平均水平，还是有较大的差距。从整体人口素质来看，2018 年河南全省 6 岁以上人口中具有大专以上学历人口的比重为 7.9%，而同期全国平均水平是 14.01%，相差 6.11 个百分点。从河南就业人员的受教育水平来看，2018 年河南就业人员的受教育程度也是整体偏低的（见表 3）。河南就业人员的受教育程度与全国平均水平相比，低学历人员较多，其中，初中学历和高中学历人数最多，初中学历人数甚至占到了一半以上，而高学历人员整体偏低，大学专科人员占比比全国平均水平低了 1.6 个百分点，大学本科占比低了 3.7 个百分点，研究生占比低了 0.5 个百分点。作为中部省份，河南在中部六省之中就业人员的学历构成也属于较低水平。河南就业人员中的初中学历人数占比位居中部六省之首，只有河南的初中学历占比超过了一半；大学专科人员占比排第 4，在江西和安徽之前；大学本科人员占比排倒数第 1；研究生人员占比和江西并列倒数第 1。

表3　2018 年中部六省就业人员受教育程度构成对比　　　　单位：%

地区	未上过学	小学	初中	高中	中等职业教育	高等职业教育	大学专科	大学本科	研究生
全国	2.3	16.4	43.1	12.8	5.2	1.1	9.7	8.5	0.9
河南	2.0	13.0	50.8	15.2	4.3	1.3	8.1	4.8	0.4
山西	1.0	10.8	44.5	14.8	5.6	1.0	12.1	9.6	0.7
安徽	6.9	18.3	45.8	9.7	3.8	0.8	8.0	6.1	0.5
湖北	2.7	16.7	42.3	13.3	6.8	1.0	8.7	7.4	1.0
湖南	1.2	14.9	44.2	17.2	4.9	1.1	9.2	6.8	0.6
江西	1.9	18.8	46.9	14.3	4.1	1.3	6.9	5.4	0.4

数据来源：《中国社会统计年鉴 2019》。

面对这样的人口素质形势，河南需要在大力提升人口素质和受教育水平上下大功夫，这也是推动实现新时代中原更加出彩的必由之路。要进一步提升河南教育的整体质量，基础教育阶段要大力提升质量，体现公益性。高等教育阶段则要一方面进一步提升入学率，让更多人能够接受高等教育，提升河南人口的整体素质水平；另一方面则要大力推进高等教育质量的提升，以培养出更多河南经济社会转型升级发展亟须的高精尖人才和高层次职业技术人才。

（三）河南学前教育要加快普及普惠发展，开拓完善低龄幼儿托育制度

学前教育的发展是当前的一个热点，也是政府十分重视的一项基础性工作。学前教育的发展主要有两个方面：一是加快推进普及普惠幼儿园的建设，提升学前三年幼儿园的入学率，解决民众反映较大的"入园难、入园贵"等问题。2018年，中共中央　国务院发布了《关于学前教育深化改革规范发展的若干意见》，明确提出了"50/80 目标"，即"到 2020 年，全国普惠性幼儿园覆盖率（公办园和普惠性民办园在园幼儿占在园幼儿总数的比例）达到 80%；公办园在园幼儿占比偏低的省份，逐步提高公办园在园幼儿占比，2020 年全国原则上达到50%"。2019 年国务院办公厅又印发了《关于开展城镇小区配套幼儿园治理工作的通知》，进一步规定了城镇小区要强化顶层设计，合理规划配建幼儿园的问题，主要是对公立幼儿园和普惠性民办幼儿园的建设提出了具体要求。对标国家的具体要求，河南学前教育的发展整体还有很大差距。2019 年河南省共有幼儿园2.32 万所，其中，民办幼儿园 18061 所，普惠性幼儿园覆盖率为 65.26%，距离国家 80% 的目标还有 14.74 个百分点，2020 年如期完成的难度很大；公办园在园幼儿占比为 30.87%，距离国家要求的目标还差近 20 个百分点。河南普惠性学前教育的建设还面临着巨大的困难，任重而道远。二是要大力开拓完善低龄幼儿托育制度，将学前教育制度向前延伸。河南在全面放开"二孩"政策之后却出现了连续的人口出生率下降，无疑是和3岁以下低龄幼儿托育制度不健全，幼儿抚养成本逐年升高分不开的。国家也对此高度重视，党的十九大报告中提出了"幼有所育"的新要求，2019年国务院办公厅发布了《关于促进3岁以下婴幼儿照护服务发展的指导意见》，对3岁以下婴幼儿照护服务的发展提出了要求，这也将是学前教育发展的一个新的趋向。只有低龄幼儿托育制度不断完善，才能从根本上解决广大民众生孩子的后顾之忧，从而客观上实现提升人口出生率，进一步优化人口结构，缓解老龄化压力的目标。

（四）河南基础教育发展要处理好"民办和公立""公平和效率"这两对核心关系

在"后普及教育时代"，河南基础教育的发展主要是要推进高质量发展和凸显公益性、公平性。这其中要处理好两对关系，即"民办和公办"的关系、"公平和效率"的关系。基础教育中由于发展的不均衡和应试教育的影响使得择校问题一直是困扰河南基础教育发展的一个难题，这也是导致基础教育"拉丁美洲化"的主要根源。所谓"拉丁美洲化"是指"大量中高收入的学生家长逃离公共教育体系，而在私立教育机构寻求更高水准的服务，公办学校特别是基础教育阶段的公办机构逐渐成为低劣机构的'代名词'"的现象[①]。究其根本，其实就是由于公立学校实行"就近入学""非考入学"和其他一些限制，使得民办学校在发展中获得了更多优质的生源，其发展逐渐超过了公办学校，造成了教育不均衡更加扩大，也导致了公立教育的衰落。此外，由于公立名校办民校，导致了公立学校的优质教育资源流向了民办学校，同时也导致了一系列"超级中学"的出现，这让基础教育的公平性和公益性都受到了极大的损害[②]。基础教育领域的这一系列乱象不仅仅存在于河南，而是在全国具有普遍性，这也引起了国家的重视。2019年，中共中央 国务院印发了《关于深化教育教学改革全面提高义务教育质量的意见》，明确规定了"民办义务教育学校招生纳入审批地统一管理，与公办学校同步招生，对报名人数超过招生计划的，实行电脑随机录取"。这无疑对民办学校绕过限制义务教育招考的政策，而进行"掐尖"优质生源的行为按下了禁止键，其具体效果如何，我们拭目以待。

---

① 王蓉. 中国教育新业态发展报告（2017）——基础教育［M］. 北京：社会科学文献出版社，2018：26.

② 张侃. 改革开放40年河南省义务教育发展的回顾与展望［J］. 河南科技学院学报，2019（08）：6－12.

河南的基础教育要实现新时代的高质量均衡化发展，就一定要处理好"民办和公办""公平和效率"的关系。一定要坚持公立教育为主、民办教育为有益补充的基本原则，强调基础教育的公益性、公平性。对于基础教育来说，在保证公平性的前提之下谈效率才有意义，否则效率将毫无意义；对于基础教育来说，只有公立教育实现了全覆盖、实现了优质均衡、实现了高质量发展，那民办教育提供的多样化选择才有价值和意义。否则，注重效率而忽视了公平，注重民办的精英化发展而忽视了公办教育的优质均衡平民化发展，河南的教育事业发展就会受到损害，河南的人口素质提升就会受到阻碍，河南"新时代中原更出彩"的建设就会遭受巨大的损失。

（五）河南高等教育发展要大力推进内涵式发展，不断提升自身特色和竞争力

准确把握河南高等教育的特点是更好地推进河南高等教育良性发展的基础。河南高等教育发展的特点就是规模庞大但整体质量有待提升。2019年，河南本科毕业生数量达到276666人，位居全国第1，其中郑州大学在校人数约7.3万人，是全国在校生人数最多的高校。河南的普通高校数量位居全国第4，高考报名人数和高校专任教师人数位居全国第1。看这些数据就可以知道，毫无疑问河南是当之无愧的高等教育大省，无论是学生数、教师数还是学校数都排在全国前列。可是河南高等教育的整体质量却不高，河南没有一所部属重点高校，河南高考的本科率、一本率在全国排名都是倒数。2019年的本科毕业生中，来自211高校的毕业生只占到4%左右，双一流毕业生也不足8%，研究生毕业人数16107人，只排在全国第17位。要想改变这种大而不强的局面，在高等教育也已经从大众化步入普及化的新阶段，河南高等教育的发展只能通过大力推进内涵式发展和特色发展来不断提升自身的质量和竞争力。

一是要大力推进高校分类发展。通过对高校的分类来合理搭配高等教育层次结构，推进不同类别高校的不同发展。第一类就是要加快建设一流大学，以河南"双一流"高校建设为抓手，重点建设好2~3所高水平的综合性研究大学，通过这类大学的开办，把河南高等教育的层次提高上来，为河南输送经济社会发展所需要的高精尖人才。第二类就是要选择若干学校和学科来推进特色骨干大学、特色骨干学科建设，这个在河南已经开始实施了。2020年11月，省教育厅、省发展改革委、省财政厅联合发布了《关于印发河南省特色骨干大学和特色骨干学科建设方案的通知》，提出"确定立项河南农业大学等9所特色骨干大学建设高校、信阳师范学院等8所特色骨干学科建设高校，河南农业大学兽医学学科群等41个特色骨干学科建设学科（群）"。第三类就是要选择一批高校实施高水平应用

型本科高校建设工程，通过重点建设若干高水平应用技术类本科高校，以及一批立足河南经济发展结构、更好地适应河南经济产业发展需要，特别是当地产业发展需求的专业高校，以提升高校服务社会、帮助区域产业发展的能力。第四类就是要选择一批高等职业学校并推进其高质量发展，使其发挥示范引领作用。通过重点建设一批优质的高等职业院校，培养出能够更好地服务区域经济发展的拥有专业技能和实际工作经验的高素质技术人才。通过这样明确的分类分层，让高校能够各司其职，多样化发展，从而避免高校建设的趋同化和向高层次研究型大学发展的盲目化。二是要优化高等教育布局结构。调整优化高校区域布局，合理配置高等教育资源，促进高等教育布局与产业布局和社会发展需要相衔接。科学制定高校设置规划，在高等教育资源薄弱、经济社会发展急需人才支撑、对高等教育布局结构具有明显补充作用的地市设立高校，构建以地市为依托、空间布局合理的高等教育发展骨干节点。积极鼓励社会资本特别是各类企业能够投资开办高职教育，让高职教育与企业发展更好的结合，并相互促进，从而营造良好的职教和产业发展的共生共促关系。三是要大力提升各级各类高校的科学研究和创新服务能力。根据高校的分类，分别在不同类型的高校中大力推进实施高校基础研究增强工程、高校社会服务水平提升工程、高校哲学社会科学繁荣计划等一系列重点建设项目，大力提升不同高校符合自身定位和职能的科研创新能力和服务社会的水平。多元化推进我国高等教育的内涵式高质量发展。

7. "十三五"时期河南省社会保障 事业发展研究

潘艳艳*

摘　要: "十三五"时期,河南省的社会保障事业呈现快速发展态势,社会保障制度日益完善,社会保险覆盖面不断扩大,社会保险待遇水平稳步提升,社会保险基金运行平稳,社会保险经办管理服务进一步优化。然而,河南省社会保障事业也面临许多问题,如社会保险扩面难度增加,发展不平衡问题依旧突出,社会保险基金收支平衡压力加大,社会保险经办服务质量有待提高等。在"十四五"时期,推进河南省社会保障事业发展的建议是深入推进全民参保计划,提高重点人群的社会保障覆盖面;深化社会保障制度改革,确保全省人民共享发展成果;强化社会保险基金监督管理,切实维护基金运行安全;加强社会保障信息化建设,提高社保经办服务效能。

关键词: 河南　"十三五"时期　社会保障事业发展

社会保障是社会的"安全网"和"减震器",是关乎国计民生、社会安定的重要事业。党的十九大提出"要按照兜底线、织密网、建机制的要求,全面建成覆盖全民、城乡统筹、权责清晰、保障适度、可持续的多层次社会保障体系"的总体部署,为新时代我国社会保障的改革与发展提供了基本遵循。近年来,河南省紧紧跟随我国社会保障制度改革的步伐,将社会保障事业作为加强和改善民生的着力点和落脚点,坚持抓扩面、促征缴、保发放、强监管、化风险,不断完善社会保障体系建设,推动社会保障事业健康发展。本报告聚焦于"十三五"时期河南省社会保障事业发展的成就与现状,剖析河南省社会保障事业发展过程中存在的问题,进而提出社会保障事业发展的对策建议,以期对"十四五"时期深入推进河南省社会保障事业的发展提供借鉴。

---

*　潘艳艳,河南省社会科学院社会发展研究所助理研究员,研究方向为社区建设、社会治理。

一、"十三五"时期河南省社会保障事业发展情况

"十三五"时期，河南省的社会保障事业呈现快速发展态势，在制度建设、待遇水平、工作机制、管理服务等方面都取得了突破性进展，全省人民福祉不断增强，民生保障水平进一步提升。

（一）社会保障制度日益完善

国家"十三五"规划纲要提出"建立健全更加公平、更可持续的社会保障制度"。近年来，河南省围绕"十三五"规划目标，不断加强社会保障事业的总体设计，立足制度的长远发展，扎实推进各类社会保险重大改革，为社会保障事业的发展明确了目标方向。

在养老保险方面，2018 年，制定了《关于建立健全多缴多得激励机制完善城乡居民基本养老保险制度的意见》，鼓励引导城乡居民早参保、多缴费、长缴费，提高全省城乡居民养老保险水平。2019 年，出台了《关于建立城乡居民基本养老保险待遇确定和基础养老金正常调整机制的实施意见》，推动城乡居民基本养老保险待遇水平随经济发展逐步提高；出台了《关于对被征地农民参加基本养老保险实施补贴的意见》，把被征地农民纳入基本养老保险制度并给予补贴。2020 年，印发了《关于规范完善企业职工基本养老保险省级统筹制度的通知》《河南省企业职工基本养老保险工作责任和激励约束机制实施办法》，明确将建立全省规范统一的养老保险制度，实施养老保险制度省级统筹。截至 2020 年 12 月底，河南省的养老保险制度体系在不断健全和完善中基本完成了机关事业单位人员、企业职工、城乡居民的全覆盖。

在医疗保险方面，2017 年，印发了《河南省省直职工重特大疾病医疗保障工作的通知》《河南省城乡居民大病保险实施细则》，重点扩大省直职工、城乡居民大病保障范围。2018 年，发布了《关于开展基本医疗保险相关支付方式改革试点工作的通知》《关于进一步做好城乡居民大病保险和困难群众大病补充医疗保险工作的通知》，着力深化基本医疗保险支付方式改革。2019 年，先后出台了《关于完善城乡居民基本医疗保险门诊统筹制度的指导意见》《关于全面开展城乡居民基本医疗保险基金总额预算管理的指导意见》，在全省建立城乡居民基本医疗保险门诊统筹制度，全面开展医保基金总额预算管理工作。2020 年，印发了《关于全面做实基本医疗保险和生育保险市级统筹的意见》，大力推进基本

医疗保险和生育保险市级统筹。在"健康中原"的目标指引下，河南省已经建立了覆盖全省城镇职工和全体居民的医疗保险制度。

在工伤保险方面，2019 年陆续发布了《河南省工伤保险省级统筹实施意见》《河南省工伤预防费使用管理暂行办法》《河南省工伤保险浮动费率管理办法》，实施工伤保险省级统筹，加强工伤保险的基金保障能力。

在失业保险方面，2020 年连续出台了《关于加大新型冠状病毒感染的肺炎疫情防控工作失业保险政策支持力度的通知》《关于进一步做好失业保险稳岗返还工作的通知》《关于进一步做好失业保险保生活稳就业工作的通知》，为有效发挥失业保险在应对疫情冲击、经济下行的重要作用，以及贯彻落实"六稳六保"工作奠定了制度基础。

（二）社会保险覆盖面不断扩大

"十三五"时期，河南省扎实推进社会保险扩面征缴工作，各类险种的参保人数逐年递增，社会保障覆盖面继续扩大，社会保障事业完成了从补充性保障向普惠性保障的转变。据统计数据显示，从 2016 年至 2019 年，全省参加基本养老保险的人数从 6643.76 万人增长到 7333.04 万人，增长幅度为 10.4%。其中，参加城镇职工养老保险的人数从 1749.98 万人增长到 2133.84 万人，参加城乡居民养老保险的人数从 4893.74 万人增长到 5199.2 万人。全省基本医疗保险参保人数从 2016 年的 2360.75 万人增长到 2019 年的 10289.78 万人，实现了参保人数的三倍增长。其中，参加城镇职工基本医疗保险人数从 1227.34 万人增长到 1281.65 万人，参加城乡居民医疗保险人数从 1133.40 万人增长到 9008.13 万人。全省参加失业保险的人数从 788.07 万人增长到 837.26 万人，参加工伤保险的人数从 876.97 万人增长到 966.24 万人，参加生育保险的人数从 646.80 万人增长到 765.30 万人（见图 1）。

（三）社会保障待遇水平稳步提升

"十三五"时期，在养老保险方面，河南省继续采取定额调整、挂钩调整、适当倾斜的办法，连续 5 次调整提高企业退休人员和机关事业单位退休人员的基本养老金水平。2016～2020 年，退休人员的基本养老金每人每月分别增加了 70 元、50 元、45 元、47 元、55 元，全省共有 485 万退休人员受益。建立健全城乡居民基本养老保险待遇确定和基础养老金正常调整机制，将城乡居民的基础养老金从原来的每人每月 88 元提高到每人每月 103 元。在医疗保险方面，城乡居民医保待遇水平稳步提升，大病保险保障功能持续增强。2016 年新农合与城镇居民医保合并成城乡居民基本医保后，河南省城乡居民医保门诊统筹和住院费用报

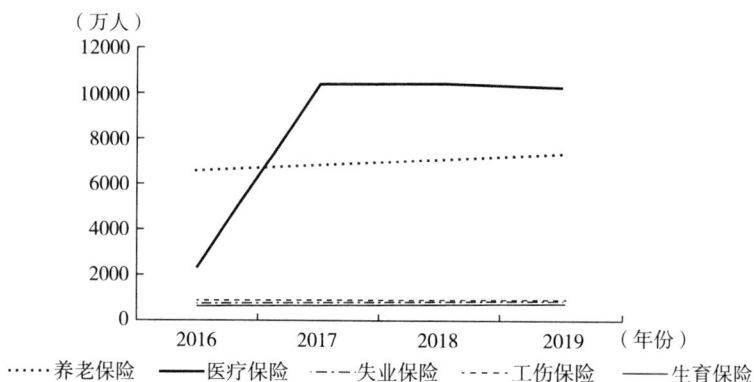

图 1　2016～2019 年河南社会保险参保人数发展趋势

数据来源：根据相应年份《河南省国民经济与社会发展统计公报》及《河南统计年鉴》数据整理得到。

销比例均有所上涨，截至 2019 年，城乡居民医保的门诊统筹报销比例为 60%，住院费用报销比例按照医院等级分为 50% 至 65% 不等，年度支付最高限额由 40 万元上涨至 55 万元。大病保险起付线由 1.5 万元降低至 1.1 万元，年度内封顶线为 40 万元。加大大病保险对农村贫困人口的政策倾斜，对农村贫困人口，享受大病保险"一降一提高"的倾斜政策，起付线由 1.5 万元降至 0.75 万元，合规医疗费用报销比例最高可达到 95%。在其他险种方面，对失业、工伤保险采取阶段性减低保险费率的同时上调补助标准的优惠政策。失业保险金标准经过调整后，按区域可分为 1520 元、1360 元、1299 元三个标准；工伤伤残津贴人均每月增加 140 元，供养亲属抚恤金调整额度为 70 元。

　　在社会救助方面，河南省为了巩固兜底脱贫成果，不断提高城乡贫困群体最低生活保障标准、财政补助水平及特困人员供养标准。2016 年全省城市低保对象保障标准月人均 400 元，补助水平月人均 240 元；农村低保对象保障标准年人均 2960 元，补助水平月人均 132 元；农村特困人员集中和分散供养标准年人均分别达到 4000 元和 3000 元。2020 年提标后，城市居民最低生活保障标准每人每月不低于 570 元，人均财政补助水平不低于 286 元；农村居民最低生活保障标准每人每年不低于 4260 元，月人均财政补助水平不低于 178 元；特困人员基本生活标准不低于当地低保标准的 1.3 倍①。

---

　　①　资料来源：《河南省民政厅　河南省财政厅　河南省扶贫办关于提高 2020 年最低生活保障标准、财政补助水平及特困人员供养标准的通知》，河南省民政厅网站，http://mzt.henan.gov.cn/2020/08－04/1750630.html。

（四）社会保障基金运营情况持续良好

社保基金监管工作是社会保障体系的重要组成部分，在保证社会保障制度良性运转和可持续发展，确保基金安全完整方面发挥着不可或缺的重要作用。"十三五"时期，河南省按照收支两条线管理要求，进一步完善社保基金规章制度，规范管理运作行为，加大监督检查力度，认真开展社会保险经办风险管理专项行动，各级经办机构对社会保险各项业务认真梳理，形成了内部"三审"（初审、复审和内审）、外部"三查"（抽查、核查和检查）机制，建立了对业务经办纵横立体的稽核网络，确保了各项业务经办合规合法。严格执行社会保险基金财务制度和会计制度，加强社会保险基金运行风险分析研判和监控，不断增强社会保障基金的抗风险能力和保值增值能力，推动了五项社会保险基金的安全平稳运行。

（五）社会保险经办管理服务进一步优化

"十三五"时期，全省各级社会保险经办机构牢固树立"以人为本、服务至上"的理念，加强标准化、规范化、制度化、信息化建设，社会保险经办服务方式不断优化，服务质量持续提升。一是持续深化"放管服"改革。按照省政府审批服务事项"三级十同"的要求，对全省社会保险经办服务改革事项进行了全面梳理，梳理事项共计16个大项、62个子项。依据"优化流程、精简材料、共享信息、压缩时限"的原则，持续开展"减证便民工作"，大力推进审批服务事项网上办理，让群众真切感受到了"最多跑一次"的便捷。二是推进社会保障信息化建设。加强政务办理"两厅一网"建设，在强化实体大厅的同时，积极优化网上服务平台，实现线上线下无缝衔接、融合发展、合一通办。2018年，河南省社会保障信息系统正式上线，充分利用云计算、大数据、生物认证等技术，基于省政务云平台建设运行，依托互联网提供公共服务①。2019年，河南省人社厅网上办事大厅系统、社会保障信息系统、工伤认定系统等9个业务系统与省政务平台完成对接。三是深入开展社会保障一卡通工作。截至2018年底，全省累计发行社保卡9263万张，已经基本覆盖全部参保人群。全省各级人社部门建设社保卡服务窗口2017个，依托银行网点设置社保卡服务窗口2266个。积极开展"互联网＋社保卡"工作，通过河南省社保卡服务网可以为全省参保人提

---

① 资料来源：《2018年河南省社会保险经办工作情况》，河南社会保险中心网站，http：//www. hn-ylbx. com/hnsi/xinxigongkai/zongjiegongbao/webinfo/1578404295635167. htm。

供社保卡申领、进度查询、临时挂失等服务①。

二、河南省社会保障事业发展面临的问题及挑战

"十三五"时期，河南省的社会保障事业在取得成就的同时，也存在许多问题和短板。当前河南省正处于改革攻坚期、社会转型期、矛盾凸显期，人民群众对保障更好、待遇更优的社会保障有更多的期盼，然而，现阶段社会保障事业面临社会保障制度体系不协调、社会保障范围不充分，保障水平不平衡、社会保险基金可持续不足等问题，社会保障事业的发展任务依然繁重而艰巨。

（一）社会保险扩面工作难度增加

近年来，河南省通过持续推进社会保障促缴扩面工作，社会保险的参保人数呈现连续增长态势。但是受经济下行形势、社保征缴制度改革等因素的影响，社会保险扩面空间不断收窄，征缴工作的难度不断加大。一是灵活就业人员参保率低。近年来，互联网的蓬勃发展催生了一批新业态从业人员，诸如快递员、外卖人员、快车司机、网络主播等，他们数量增长快、工作灵活度高、流动性大，但其收入差距较大、缺乏从业保障意识、断保退保率高，且灵活就业人员参加的社会保险以养老、医疗为主，失业保险、工伤保险、商业保险的参保比例非常低。二是部分企业社会责任感不到位。部分企业特别是一些劳动密集型企业和中小型民营企业，市场经济法制意识淡薄，企业发展心态不成熟，仍然采取降低人力成本、逃税避税的低效竞争方式，企业参保人数与税务部门的就业登记人数存在一定出入，参保的主动性和积极性不足。

（二）发展失衡问题依旧突出

发展社会保障事业的目的是惠及全民，但从河南省具体实施情况来看，多层次的社会保障体系尚未完全建立，社会保障发展不公平、不协调、不可持续的问题依然存在。一是区域发展不平衡。河南省作为流动人口大省，省内劳动力主要向郑州、洛阳、开封等城市集中，受经济发展水平、政策支持力度、社会氛围等因素影响，不同地区的社会保障事业发展有较大差异，如2018年，郑州市、南阳市常住人口数量分别占全省常住总人口的10.6%、10.4%，但城镇职工养老保

---

① 资料来源：《河南省人力资源和社会保障厅2018年政府信息公开工作年度报告》，河南省人民政府门户网站，https：//www.henan.gov.cn/2019/03 – 29/740604.html。

险参保人数却分别占全省总参保人数的 24%、5.8%，差距十分明显，基本养老保险省级统筹工作亟待进一步落实。二是城乡发展不平衡。"新农合"与城镇居民医疗保险，"新农保"与城镇居民养老保险并轨后，农村参保人数有了很大程度的增加，但是长期在城乡二元差异的影响下，城镇职工、城镇居民和农村居民在保障范围、保障水平方面仍存在不小的差距，城镇职工、城镇居民大多拥有"五险一金"以及社会救助、商业保险等较全面的社会保障服务，但农村居民参加的主要是养老、医疗保险，且统筹层次一般处于低位。三是不同人群发展不平衡。现有的社会保障政策并没有完全实现人群的全面覆盖，对灵活就业人员、城镇无业人员、失地农民等特殊人群的社会保险征缴缺乏明确的规定，相关顶层设计仍不健全、不完善，这在很大程度上限制了社会保险覆盖面的持续扩大。

（三）社会保险基金收支平衡压力加大

近年来，河南省在推进全民参保的同时，社会保险基金收支也呈现稳中有升的态势，2016 年，全省五项社会保险基金总收入为 1738.63 亿元，总支出为 1473.87 亿元，累计结余 2093.26 亿元。到 2019 年总收入增长至 3372.18 亿元，总支出增长至 3204.36 亿元，累计结余增长至 3011.51 亿元。虽然社会保险基金收入总量在逐年递增，且收入总量一直大于支出总量，但是社会保险基金收入的增长率却从 2016 年的 12.8% 下降到 2019 年的 5.6%，基金累计结余的增长率从 12.6% 下降到 5.9%，下降幅度较为明显，这意味着社会保险的收支矛盾日益突出（见图 2）。从长期来看，随着经济增长速度放缓，全省人口老龄化程度加深，社会抚养比下降，社会保险待遇刚性上调，社会保险支出总量将继续增长，社会保险基金的可持续性发展将面临重大的挑战。这不仅容易加大社会保险基金对财政转移支付依赖的潜在风险，增加社会整体负担，也会危及社会团结和社会稳定的大局。

（四）社会保险经办服务质量有待提高

党的十九大以来，河南省将社会保险经办服务作为完善社会保险管理体系的重要抓手，不断创新社会保险经办服务机制，规范社会保险的征收、发放工作。但是从目前实际情况来看，河南省社保经办体系仍不健全，社保经办机构服务能力不能完全适应社会保障事业发展的客观要求。一是社保经办人员能力提升受限。社会保障事业政策性较强，涉及面广，政策调整变化快、敏感度高，对经办人员的服务能力提出了更高的要求。但随着各项社会保险覆盖面的扩大，社保经办机构的服务对象急剧增加，经办人员平日面对大量的经办业务量和咨询量，常常处于超负荷的工作状态，无暇进行业务能力的学习提高。二是社会保险服务的信息化水平不高。部分贫困偏远地区的基层社会保险经办机构的计算机设备陈旧老化、业务操作系统落后，无法实现社会保险业务的系统规范化管理，严重影响经办业务效率。还有一些统筹地区不易实现联网互通和资源共享，"信息壁垒"现象普遍，部分社会保障业务至今无法跨省办理，经办服务的可及性、便捷性不够。

图 2　2016～2019 年河南社会保险基金收支情况

数据来源：根据相应年份《河南统计年鉴》《河南人力资源和社会保障事业发展统计公报》《河南医疗保障事业统计公报》数据整理得到。

三、"十四五" 时期社会保障事业发展的展望及对策建议

"十三五"规划已经进入收官阶段，同时"十四五"规划新的布局即将开启。党的十九届四中全会提出要"完善覆盖全民的社会保障体系""强化提高人民健康水平的制度保障"，十九届五中全会出台的《中共中央关于制定国民经济和社会发展第十四个五年规划和二〇三五年远景目标的建议》也提出了"健全多层次社会保障体系"的远景目标，这都为新时期社会保障事业指引了方向，描绘了蓝图。河南省的社会保障事业将在"十三五"时期发展的基础上继续前行，坚持以人民为中心的发展理念，不断满足人民群众多层次多样化的社会保障需求，持续推进社会保障事业的各项改革，努力建成全面覆盖、更加公平和可持续的社会保障体系。

（一）深入推进全民参保计划，提高重点人群的社会保障覆盖率

实施全民参保计划是实现社会保险全面覆盖目标，建立全民共享、公平可及的社会保障体系的重大举措，也是今后几年河南省社会保障事业发展的重点工作，要按照全民参保的计划安排，深入推进全民参保计划，着力解决城乡居民不能参保、不便参保、缴不起费、断保退保等问题。一是完善落实社会保险征缴政策。稳定社会保险征缴制度，继续落实阶段性"减免缓"社保费和降低缴费比例政策，减轻企业负担，促进企业积极参保。二是巩固全民参保登记成果。探索建立全民参保数据库和全民参保计划库，合理设定参保扩面目标，做好全省各项社会保险应覆盖人群及其基数的摸底工作，了解应保未保人群的基本特点和范围，通过加强数据动态管理、分析和应用，把工作重心从登记转向精准扩面。三是推进重点群体的参保扩面工作。针对建档立卡的贫困人口、灵活就业人员、私营企业和个体工商户从业人员等重点人群进行分类施策，如针对灵活就业人员，要做好社会保险的转移接续工作，建立长期稳定的社会保险关系；针对建筑业农民工，要重点抓好以工伤保险为主的促缴参保工作；针对城镇失业人员，要建立失业保险、最低生活保障与促进就业联动机制，在就业保障和社会救助方面实现"应保尽保"。四是健全参保常态化宣传机制。借助新媒体平台、基层服务平台组织开展社保政策宣传，对未参保人员实行精准推送式宣传，让未参保人员了解社保政策，知悉参保的权利与义务，在全社会形成积极参保、主动参保的良好氛围。

（二）深化社会保障制度改革，确保全省人民共享发展成果

社会保障制度改革是全面深化改革的重要内容，关系到社会保障事业的持续健康发展，关系到亿万百姓福祉，关系到国家长治久安。河南省要认真贯彻落实中共中央关于深化社会保障制度改革的要求，坚持立足眼前、着眼长远、互助共济、城乡统筹，不断推动社会保障制度改革创新，努力构建覆盖全民、保障适度、权责清晰、可持续、多层次的社会保障制度。一是要深化养老保险制度改革，落实基本养老保险省级统筹，继续提高基础养老金标准，建立基础养老金正常调整机制，增强基本养老保险待遇的公平性，大力发展商业养老保险和个人储蓄型养老保险，加快推进居家和社区养老、医养康养相结合的养老服务体系建设。二是要深化医疗保险制度改革，继续推进基本医疗保险市级统筹，深入实施城乡居民医保门诊统筹，适度提高基本医保、大病保险、困难群众大病补充医疗保险保障待遇水平并扩大报销范围，探索建立长期护理险制度，协同推进医药服务供给侧改革。三是深化失业保险制度改革，推动失业保险基金省级统筹，进一

步扩大失业保险覆盖率，完善失业保险费率动态调整机制，建立失业保险金标准与再就业指数、物价指数等联动机制。四是深化工伤保险制度改革。加快推进工伤保险省级统筹，推动工程建设领域全面覆盖工伤保险，全力做好新冠肺炎疫情医护人员及其他防疫工作者的工伤保障，推进工伤保险按项目参保，完善预防、补偿、康复"三位一体"的制度体系。

（三）强化社保基金监督管理，切实维护基金运行安全

加强社会保障基金监督管理，确保基金安全完整是社会保障体系安全运行的前提条件。河南省要以社会保险征缴机制改革为契机，进一步强化基金监督管理，完善政策、经办、信息、监督四位一体的风险防控体系，提升监管手段和效能，切实防范和化解基金风险，为社会保障事业发展提供有力支撑。一是强化审查稽核工作。创新监管工作方法，对内定期开展社会保险基金管理风险专项检查行动，对各项社会保险的征缴、管理、支付等经办环节全程进行跟踪检查。对外以稽核促扩面、促征缴、促清欠，加大检查处罚力度，严防社会保险基金"跑、冒、滴、漏"，确保社会保险基金安全可控。二是加强社会保险基金运行分析。充分利用大数据分析等信息化手段，加强对历年社会保险基金数据的比对分析、社会保险基金财务运行分析、现行政策执行效果的评估分析，对未来可能出现的风险点进行预测研判并及时提出应对措施。三是完善社会保险基金筹资方式。不断优化政府财政支出结构，加大对社会保险资金的投入力度，同时积极探索社会保险基金市场化、多元化、专业化投资，增强社会保险基金运行效益，实现基金保值增值。

（四）加强社会保障信息化建设，提高社会保险经办服务效能

社会保险经办机构是民生事业的一个重要窗口，经办机构服务能力是衡量社会保障事业发展水平的重要指标。要不断完善社会保险管理体系，创新社会保险经办机制，进一步提升社会保险经办服务综合效能。一是深化社保领域"放管服"改革，加快推进"一窗通办"综合柜员制服务，进一步精简证明，压缩办理时限，积极推行预约服务、上门服务，实现社保经办服务"提速办""一次办""简便办"。二是深入推进社保信息化建设，加快社保卡服务升级，拓展社保卡应用功能。将社保经办服务向互联网、移动终端等便民化载体延伸，丰富线上社保经办服务功能，促进社保经办向数字化转型。三是增强基层经办平台服务能力。充分利用街道（乡镇）、社区（村）基层服务平台，推动社保服务向基层延伸，加强对基层经办平台常规性业务指导和事后巡查监管工作，开展经办服务的标准化建设，为参保单位和参保人员提供规范、便捷、高效的社保服务。

参考文献

［1］王永梅，孙月，李天骄.2019年中国社会保障事业在改革中前进［M］//李培林，陈光金，王春光，等.2020年中国社会形势分析与预测.北京：社会科学文献出版社，2020：50－69.

［2］王延中，龙玉其，宁亚芳.中国社会保障"十三五"时期回顾与"十四五"时期发展展望［M］//王延中，单大圣，龙玉其.中国社会保障发展报告（2020）.北京：社会科学文献出版社，2020：1－30.

［3］孙远太，侯帅，张玉博.河南省社会保障事业发展报告［M］//郑永扣，郑志龙，刘学民，等.河南社会治理发展报告（2017）.北京：社会科学文献出版社，2017：126－142.

Ⅲ　专题报告

8. 浙江与河南应对人口老龄化的比较研究

杨旭东[*]

摘　要： 浙江、河南两省虽然在人口总量、老年人口数量、主要经济发展指标和基础养老条件等方面存在着较大差异，但两省老龄化的特点和趋势具有相似之处。鉴于浙江省在完善老年收入保障制度、实施养老服务补贴制度、推进医养结合新模式、支持老龄化产业发展、破除体制机制障碍等方面的先进经验，河南省对照自身在老龄事业的人力资源投入、应对老龄化政策措施的前瞻性、老龄事业的财政支持力度、体制机制创新等方面的严重不足，下一步将借鉴浙江先进的经验，在超前规划老龄事业、勇于破除体制机制障碍、积极发展老龄产业、营造颐养康养环境以及数字化技术在老龄事业中的推广应用等方面加大力度，以适应老龄化社会的到来，探索出一条符合河南实际的应对老龄化路子。

关键词： 老龄化　浙江　河南　启示

国家统计局数据显示，截至 2019 年末，我国 60 岁及以上人口约有 2.54 亿人，占总人口的 18.1%，65 岁及以上人口 17603 万人，占比 12.6%[①]。按照通行的"老龄社会的国际标准"，即 60 岁以上者占到总人口的 10% 或 65 岁以上者达到 7%，则进入了"老龄社会"，我国已经进入老龄社会。为了积极应对这一严峻形势，党的十九届五中全会提出"实施积极应对人口老龄化国家战略"，老龄化问题上升为国家战略，充分说明了老龄化问题的重要性和严重性。如何积极应对老龄化，不仅是十九届五中全会提出的重要任务，也是摆在全社会面前一项非常紧迫的任务。我国东中西部发展不平衡，浙江省地处东部沿海，具备了较好的经济条件、开放的理念以及先行先试的精神，在应对人口老龄化方面也走在了全

---

　*　杨旭东，河南省社会科学院社会发展研究所副研究员。

　①　资料来源：《2019 年国民经济和社会发展统计公报》，http：//www. stats. gov. cn/tjsj/zxfb/202002/t20200228_ 1728913. html。

国前列。作为中部欠发达地区的河南，人口基数大，老龄人口比重高，虽然在很多方面与浙江差距较大，但是通过与其比较，可以为河南的老龄化事业提供一些有益的借鉴和启示。

一、豫浙两省人口老龄化的基本情况对比

虽然浙、豫两省省情差异较大，尤其是经济发展水平、社会建设水平、城镇化水平等存在较大差异，但如果仅从老龄化的视角来对两省进行比较，还是有一些共性的地方，正是建立在这样的共性基础上，两者的比较研究才有意义。差异是造成差距的原因，共性是比较的基础所在。下文拟从人口、经济指标、养老基础条件、老龄化趋势等方面进行比较。

（一）人口总量和老年人口的比较

截至 2019 年末，浙江省常住人口为 5850 万人，60 岁及以上人口为 1205.1 万人，占常住人口的 20.6%，比上年上升了 1.0 个百分点。其中 65 岁及以上人口为 830.7 万人，占比为 14.2%，比上年上升了 0.6 个百分点[①]。河南省总人口为 10952 万人，常住人口为 9640 万人，60 岁及以上人口为 1623 万人，占常住人口的 16.84%，65 岁及以上人口为 1076 万人，占比为 11.16%[②]。两省 60 岁及以上人口均已过千万，所占比重也都超过 15%，均属于老龄化程度较高的地区。尽管浙江省老年人口的占比较河南省高，但河南省老年人口总量比浙江省大，而且未来老年人口的增幅也会比浙江省大。

（二）主要经济发展指标的比较

浙江省 2019 年生产总值（GDP）62352 亿元，人均 GDP 为 107624 元，财政总收入 12268 亿元，城镇化率为 70.0%。河南省 2019 年的生产总值为 54259.20 亿元，人均 GDP 为 56388 元，财政总收入为 6187.23 亿元，常住人口城镇化率为 53.21%，人均可支配收入为 23902.68 元，其中城镇和农村分别为 34200.97 元

---

① 资料来源：《2019 年浙江省人口主要数据公报》，http：//tjj. zj. gov. cn/art/2020/1/21/art_ 1229 129205_ 519873. html。

② 资料来源：《2019 年河南省国民经济和社会发展统计公报》，http：//www. ha. stats. gov. cn/2020/ 03 - 09/1367753. html。

和 15163.75 元，城市应对老龄化的能力强于农村。从生产总值、人均生产总值、财政收入、城镇化率等几个指标可以看出，浙江省无论是在总量上还是在人均量上，均比河南高出很多，应对老龄化的经济支撑能力远强于河南。而河南最大的短板就在于主要经济指标都会被庞大的人口总量稀释，从而增加了河南应对老龄化的难度系数。

（三）基础养老条件的比较

除了基本的人口、经济之外，建立在这两组基本数据之上的另外两个重要指标对于应对老龄化具有至关重要的作用。一是养老机构和床位。截至 2019 年末，全国共有各类养老机构和设施 20.4 万个，养老床位合计 775.0 万张，每千名老年人拥有养老床位 30.5 张①。浙江省共有各类养老机构 2382 家，养老床位 44.34 万张，百名老人拥有养老床位 3.82 张，其中民办养老机构 1487 家，床位 30.33 万张，民办养老床位占总床位的 68.40%②。河南省共有 3050 家养老机构，床位数为 278881 张③，民办非盈利养老机构 623 家，计划到 2020 年底达到每千名老人拥有养老床位 35 张④⑤。二是医疗健康服务。截至 2019 年末，浙江省设立医疗机构的养老机构有 168 家，其中设医疗床位 7477 张；开展养老服务的医疗卫生机构有 105 家，其中设养老床位 15568 张。全省医疗机构与养老机构建立签约合作关系的共 1310 对，为居家老年人提供上门医疗卫生服务的机构有 2997 家，与社区居家养老服务照料机构签订合作协议的有 11415 对。河南采取多种措施持续推进老年健康服务体系建设，截至目前，全省老年医院、康复医院、护理院、安宁疗护等专业机构共 131 家，二级以上医疗机构开设老年病科的仅有 287 家。预计到 2022 年，所有市、县均有 1~2 所老年医院、康复医院或护理院，至少有 1 所安宁疗护中心；二级及以上综合医院设立老年医学科的比例达到 50%；三级中医医院设置康复科比例达到 100%；基层医疗卫生机构护理床位占比达到 30%。

---

① 资料来源：《2019 年民政事业发展统计公报》。

② 资料来源：《浙江省 2019 年老年人口和老龄事业统计公报》。

③ 资料来源：民政部发布的《2020 年 3 季度机构情况》，http：//www. mca. gov. cn//article/sj/tjjb/sysj/2020/202/20201106003. html。

④ 资料来源：河南省民政厅发布的《第一批河南省养老服务机构供需信息名单》，http：//mzt. henan. gov. cn/2019/08－29/944642. html。

⑤ 资料来源：河南省民政厅　河南省发展和改革委员会《关于印发〈河南省民政事业发展第十三个五年规划〉的通知》，http：//mzt. henan. gov. cn/system/2016/11/29/010686623. shtml。

（四）人口老龄化特点和趋势的比较

两省的老年人口的共同之处在于规模持续扩大；老年人口回流（浙江外出经商后回流、河南外出务工后回流）；农村老年人口高于城市老年人口；高龄老人增速快于老年人口增长。不同之处在于输出人口数量差别大，虽然浙江也有大量浙商外出经商，也存在人口外流，但与河南的劳务人口输出数量比差距甚远，由此带来的回流人口数量差别也大。预计2050年，60岁以上老年人口，浙江将超过2500万人，比重超过40%；河南将达到3200万人，占比33%。同浙江相比，河南老年人口基数大、增速快、失能老人多，高龄化和空巢化趋势明显，老龄化问题更为严重。

二、浙江省应对人口老龄化的主要做法

浙江省根据自身实际，积极应对人口老龄化，主动适应机构改革新形势，回应老年人快速增长的服务需求，推进老龄事业取得新进展，采取了一系列的有力措施，以化解人口老龄化社会带来的问题，主要的做法如下。

（一）完善老年收入保障制度

2019年末，浙江省的基本养老保险、基本医疗保险参保率分别达到96.68%和99.61%。企业单位退休人数为788.61万人，正常缴费人员养老金月均水平超过3260元。城乡居民基础养老金最低标准提高至每人每月155元，536万余老年人领取基础养老金。

浙江省率先在全国全面实现县（市、区）域范围内低保标准城乡一体化，低保老人保障水平不断提高。截至2019年末，全省在册低保老人25.18万人，城乡人均月低保标准达到814元，在全国省份中位居第1，其中最高的为杭州主城区，每人每月1041元。

（二）加强养老服务体系建设

浙江的养老服务体系建设，在很多方面都走在全国前列，其一是加强顶层设计。2017年，浙江省党代会提出加快构建多层次社会化养老服务体系，养老服务发展情况列入省委、省政府的考核和民生实事。2019年，省委、省政府发布了《关于推进新时代民政事业高质量发展的意见》，提出打造"幸福颐养标杆区"的目标，养老服务成为民生领域展示社会主义制度优越性的重要窗口。其二是重视制度建设，2015 年发布的《浙江省社会养老服务促进条例》，是全国首部综合性社会养老服务的地方性法规。相关部门制定了《养老护理员培训规范》《养老机构失智症服务与管理规范》等养老服务省级地方标准 6 项，养老服务工作不断规范、不断深化。其三是狠抓基层养老服务体系建设。2017 年实现了居家养老服务照料中心城乡社区全覆盖。全力推进乡镇（街道）居家养老服务示范中心建设，省政府将其列入为民办实事项目。其四是各相关部门认真落实老年人优待政策，为老年人提供经济补贴、优先优惠和便利服务。省卫生健康委积极推进"最多跑一次"的改革向公共服务领域延伸，通过多项举措，为老年人看病就医提供方便；省民政厅在实现全省老年优待证即到即办的基础上，积极推进全省通办，并让外地老年人享受同等待遇；全面落实高龄老人补贴制度，惠及142 余万老年人。

（三）实施养老服务补贴制度

优化服务方式，对养老服务进行补贴。补贴对象是城乡最低生活保障家庭中的 60 周岁以上的失能、失智等生活不能自理的老年人。现行标准为入住养老机构的，每人每年补贴 12000 元。居家接受养老服务的，每人每年补贴 4800 元。补贴方式是通过向补贴对象提供服务的形式来实现。居家养老的补贴标准、发放形式参照重度残疾人护理补贴（重度残疾人护理补贴标准按照完全不能自理、基本不能自理、部分不能自理分别为每人每月 500 元、250 元、125 元）。入住机构养老的，以"钱随人走"的方式将补贴直接发放到机构。同时，为了吸引人才、劳动力资源，对康养人员岗位实行补助。为养老服务机构和参与康复服务的基层医疗机构人员，每月发放 100 元至 800 元不等的财政补助。完善康养人员入职奖补制度，入职养老服务机构的，不论毕业时间、所学专业，只要工作满 2 年，即可持续三年分期享受金额不等的补助。

（四）推进医养结合新模式

浙江省先后制定了《关于推进医疗卫生与养老服务相结合的实施意见》《医养结合工作重点任务分工方案》《医养结合机构基本服务规范》，由省政府召开全省医养结合试点工作交流会，建立省级医养结合工作联席会议制度，加强对养老工作的考核，将"养老机构护理床位占机构床位比例、养老机构内设医疗机构数占比、每千名老人医疗机构康复护理床位数"等指标，列入考核各县（市、区）党委政府的《健康浙江考核评分细则》中，初步形成了"养中设医""医中有养""医养签约""居家社区服务"等适合不同机构特点和老年人服务需求的医养结合服务模式。

（五）支持老龄产业发展

老龄产业是一个具有较大发展潜力的新兴产业，浙江商业文化氛围浓厚，在这一方面具有先天的优势。一方面，全省不断优化养老产业营商环境，促进老龄产业发展的政策支持力度不断加大。养老服务业发展的投融资环境进一步改善。国家出台了《关于金融支持养老服务业加快发展指导意见》后，浙江省出台了配套政策，提出鼓励商业银行通过设立"养老事业部"等方法加大对各类养老机构的支持力度，探索以养老服务机构有偿取得的土地使用权、产权明晰的房产等固定资产为抵押物申请信贷支持，要将信贷资源重点投向财政补贴力度大的公办优质养老机构和设施服务好、经营状况优、发展潜力大的民营营利性养老机构，适度投向集养老、特色医疗、康复护理、旅游休闲于一体的综合型高端养老项目。另一方面，推进"浙里养"智慧养老服务平台建设。省养老服务信息管理系统初步实现"一通一查三录三码"（老年优待证全省通办；老年食堂等实体助餐点网点查询；录入机构老年人、机构护理员和农村留守老年人信息；养老院入住申请"码上办"、养老机构备案"码上办"、老年优待证"码上办"）。省经信委、民政厅、卫健委自 2017 年起，连续四年开展智慧健康养老应用试点示范评选，并组织制订智慧健康养老技术标准。温州、海宁等地依托物联网技术，实施失智老人和高龄老人"爱心手环"项目，降低老年人走失风险。此外，建设老龄产业发展新载体。将特色小镇建设作为健康养老产业发展的重要抓手，已有 9 个健康养老特色小镇创建单位、6 个省级特色小镇培育单位。

（六）破除体制机制障碍

浙江省积极破除养老事业发展的体制机制障碍，实施养老服务机构公建民营及社会化运营，越来越多的公办养老机构通过招投标实现民营，对养老服务企业实行三个"一视同仁"：公办民办"一视同仁"，省内省外"一视同仁"，境内境外"一视同仁"。到 2020 年，全省 2382 家养老机构中，民办养老机构有 1487 家，床位 30.3 万张，占比为 68.4%，较 2015 年提高了 13.8 个百分点。大量社区居家养老服务照料中心委托社会组织运营，全省乡镇（街道）居家养老服务中心全部交由专业服务机构运营，提供生活、康复护理、托养、家庭支持、社会工作与心理、康复辅具租赁六大专业服务。助餐、配送餐服务覆盖 1.35 万个城乡社区，占全省社区的 55.3%。

三、河南省应对人口老龄化存在的主要问题

由于河南是外出人口大省，大量的劳动适龄人口到省外务工经商，进一步加深了常住人口的老龄化程度。受出生人口下降以及人口年龄结构变化的影响，近年来，劳动适龄人口比重下降，老年人口比重上升，人口老龄化逐年加深，仅65 岁及以上老人就超千万，社会负担持续加重，这已经是河南省人口结构的基本特征。与浙江省的做法相比，河南目前主要存在的问题有以下几个方面。

（一）参与老龄事业的人力资源不足

河南目前仍然处于人口净流出状态，2019 年省际净外出人口比上年增加11.0 万人。更为重要的是，流出人口以青壮年为主，进一步加剧了参与老龄化事业的人才、人力资源不足的困境。流出人口既有接受高等教育的群体，也有普通劳动力群体，他们均可能参与到外省的养老服务产业中，弥补了外省的不足，而省内的不足缺陷进一步加大。从实地调研来看，河南各地养老机构中，基本上是老年人服务老年人现象较为突出，即相对年轻的老年人服务年龄更大的老年人，养老服务的窘境日趋明显。

（二）应对老龄化的政策措施前瞻性不足

河南省预计今后几年少儿人口和劳动适龄人口将呈现下降趋势，老龄化将继续加深。针对这一趋势，河南应及早谋划应对人口老龄化问题，在未来的"十四五"规划中，重视对人口老龄化的侧重，从养老资金的配置、养老设施的建设、颐养环境的优化、敬老爱老文化的营造等方面，加强政策措施的前瞻性。同时，各级党委、政府还要提高对老龄事业的认识，对河南的人口形势进行科学预判，积极采取措施，让流出人口回流或留住人口在本省内流动。

（三）投入老龄事业的财政支持力度不足

河南是中国的一个缩影，省情的一个基本特点就是，虽然经济总量保持在全国前列，但人均国民生产总值在全国非常靠后。与发达省份相比，河南缺乏足够的财力投入，人均养老投入自然也远远落后，虽然在趋势上对养老方面的支持力度不断加大，例如基础养老金，基本上也在逐年增加，从最初的人均60 元已经上涨到103 元，但与全国其他省份相比，仍然处于倒数的位置，属于落后省份。

（四）涉及老龄化的相关体制机制创新不足

除了加快经济发展之外，更重要的还在于解放思想，大力进行体制机制创新。目前，河南老龄事业的基本架构仍然是政府公办养老事业兜底、民营养老机构蓬勃发展的局面。在养老资源整合、提高养老服务质量、社区养老与家庭养老结合、医养结合等问题上制约养老事业发展的体制机制因素较多，创新的动力严重不足。

因此，加快构建多元养老和专业医养服务体系，从经济和社会服务方面采取政府主导、社会参与，积极构建居家为基础、社区为依托、机构为补充、医养相结合的多元化养老服务体系，增加养老服务和产品供给，促进形成老有所得、老有所养、老有所医、老有所乐的幸福和谐社会形态，已经成为河南民生领域一项重要而紧迫的任务。

四、浙江省对河南省应对老龄化带来的重要启示

虽然浙豫两省的经济发展、人口总量、社会环境等方面存在较大差距，但存在一些共性问题，整体上正处在由"从无到有"向"从有到好"转变的转型发展时期。从浙江省应对老龄化问题的做法当中，可以给河南带来一些有益的启示。

（一）超前对老龄事业进行规划

重视对老龄事业的超前规划是浙江的一条重要经验，也是对后发省份的重要启示。作为规划，特别是中长期规划，除了一些具体工作外，可能更重要的是要指出一个方向性、理念性的东西，而方向性、理念性的东西是可以管长远的，比如，健康老龄化、高龄化是不可逆转的趋势，而高龄化必然伴随着失能失智的比例增大，2020 年，河南全身失能老年人占老年人的比例为 7% 左右，预计"十四五"时期可能会达到 10% 左右。超前对老龄事业进行规划可以有效预防和延缓老年人失能失智、促进功能恢复、改善自理能力，减轻社会和家庭养老负担，努力提升老年人生活品质和获得感、幸福感、安全感。对河南来说，农村人口比重大，在重视城市老龄事业时，加强对农村老龄化问题的分析研判同样关键。这一方面，浙江已经提供了很多可以借鉴的经验，加强农村基层养老服务体系建设在河南还非常落后，除了乡镇一级基本的养老机构建设外，许多养老服务尚未向村

级延伸。

（二）勇于对老龄事业进行体制机制创新

浙江是民营经济的沃土，在推动老龄化事业发展上同样展现了灵活性和多样性，比如，养老机构的公办民营，乡镇一级养老中心全部实现委托专业化机构运营，等等。这些做法对河南来说，非常具有借鉴意义，一方面，我们要积极破除体制机制的制约，在老龄事业上加快"放管服"步伐；另一方面，加大开放力度，引进先进地区的经验、做法、资金，促进老龄事业的多元化发展。

（三）积极对老龄产业化发展进行探索

随着社会的发展进步和人们思想观念的转变，对养老服务的需求也更加多元，除了建立民办养老机构这样的传统产业外，老龄产业也非常具有潜力、前景，浙江已经在养老旅游、康养服务、康复辅具等方面进行了积极探索。虽然已经取得了不少成效，但与发达国家相比，仍然有较大的空间。河南在这方面更是有着非常大的潜力和空间，可以充分利用后发优势，借鉴省内外甚至国内外的经验，推进老龄产业的跨越式发展，实现经济效益和社会效益的双丰收。

（四）努力营造颐养康养环境

开展老龄化国情教育，营造康养环境。积极开展包括人口老龄化形势教育、老龄政策法规教育、应对人口老龄化成就教育、孝亲敬老文化教育、积极老龄观教育在内的老龄化国情教育，通过开展主题宣讲、进行集中宣传、举办文化活动、组织文艺创作、创新教育形式等措施，努力营造颐养康养的社会环境。提高全社会对老年人健康的科学认知，促进实现健康老龄化和积极老龄化，催生和创造老年人友好的社会环境，深化认识老年健康和健康中国的重要性和战略性。2019 年的中央一号文件指出了农村存在的"老无所养、孝道式微"问题，对于河南这样的农业大省而言，更加具有现实性和针对性。因此，河南不仅要在新型养老文化培育、无障碍环境建设、专业人才培养、法律法规制定等方面及早着手，而且要动员社会各界广泛开展为老年人献爱心、送温暖、办实事活动，营造浓厚的尊老敬老社会氛围，这是所有老龄事业的社会基础。

（五）重视数字技术在老龄事业和产业中的推广应用

在养老事业上，浙江引入大数据理念和技术，将智慧康养设施建设纳入新基建，建立"养老云"数据，预计截至 2022 年，每个市县至少建设一家智慧养老院。在产业上，加快研发场景回忆类、益智康复类老年游戏、老年玩具，生活照护、康复治疗机器人，智慧养老监护设备和高精度健康管理、监测、检测设备等。推广智慧终端应用，建立三级视频监管机制，链接互联网监管平台、信用评价系统等，提高养老服务机构综合监管能力。浙江的这些做法既是河南的短板，也有可借鉴采用之处。利用数字技术为老龄事业服务是一个大课题，也肯定是未来的一个趋势，需要进一步深入研究，实现精细化、精准化为老年人服务。

五、结语

从浙江、河南两省应对老龄化的比较研究中，我们可以得出如下几点认识。

一是老龄化问题是全球性的，提早谋划，积极应对，越早采取措施，越能够占据主动地位。未来的老龄化问题，既有劳动力短缺的问题，也有如何适应老龄化社会到来的问题。尤其是在适应老龄化的问题上，各级政府不能把重心放在鼓励生育上，生育政策松绑的效应已经基本显现，依靠激发生育动力来缓解老龄化的问题需要有一个时间周期，且是否能达到预期尚不确定。因此，老龄化社会到来时，需解决的首要的问题是适应老龄化，诸如，老龄化国情教育之类的措施就是加强国民对老龄化社会的认识，在这一方面，目前还有很大的不足。只有正确认识这一基本国情，我们才能从思想上重视起来，工作上积极起来。

二是后发地区要充分借鉴发达地区的经验。中国区域发展不平衡的弊端是显而易见的，但也从某种程度上为后发地区学习先进经验，避免重走老路提供了有利条件。正如中国作为后发国家可以吸取发达国家工业化的教训，河南作为中部欠发达地区，同样可以借鉴浙江应对老龄化的经验，在现有条件下，尽早建立起完备的养老服务体系，日益完善养老保障制度，即使处于低水平的运行状态，也可以随着经济发展逐步提升养老服务的水平和质量。

三是积极老龄化在实施积极应对老龄化国家战略中仍有很大空间。积极老龄化是在 2002 年第二届世界老龄大会上提出的，要求老年人在整个生命周期中不仅要在机体、心理方面保持健康，还要积极地面对老年生活。老年群体作为家庭和社会的主要资源，应继续为社会做出有益的贡献。对河南而言，尤其广大农村地区，实际上一直在实践着积极老龄化的理念，60 岁及以上的老年人大多仍然在劳动、生产、家庭生活等方面发挥着重要作用，是积极老龄化的践行者。从这个意义上说，河南老龄人口数量庞大，则成了推行积极老龄化的优势条件，可以充分利用这一优势，在积极应对老龄化问题上不断探索出更加符合河南实际的路子，成为实施这一国家战略的先行先试者。

9. 郑州大都市区城际人口融合发展研究

刘兆鑫　赵蔚琳　张　琳[*]

摘　要：郑州大都市区建设是河南省长远发展和跨越式发展的关键之举。从郑州大都市区内人口发展基本情况来看，郑州大都市区内的五个城市人口稳步增长；从就业情况来看，五个城市各自具有自己的区位优势和发展特色，人口就业时的产业分布和年龄、学历要求也各有不同；从现有人口政策来看，各地纷纷落实户籍制度改革。从高质量发展视角来看，大都市区城际人口融合既包含域内各城市外来人口的融合，也包括域内不同城市间人口的融合。要实现城际间人口融合就需要加强大都市区的制度建设，构建城际间融合协调机制；优化产业发展布局，推动大都市区城际产业协同发展；加强城际间交通建设，推进基础设施互联互通；推动区域内公共服务的均衡发展。

关键词：大都市区　人口融合　郑州

自改革开放以来，我国经济的快速发展推动了社会结构的深刻变革，城镇化的发展也经历了一个起点低、发展快的过程，国家中心城市和重要区域中心城市的都市化现象也日趋明显，大都市区的健康发展也逐渐成为国家城镇体系从"量"向"质"转变的重要驱动力。2016 年底，国务院正式批复了《中原城市群发展规划》（以下简称《规划》），中原城市群获得国家肯定。《规划》中首次提出了中原城市群的空间布局，要求构建"一核四轴四区"网络化空间发展格局，其中的"一核"即郑州大都市区，它是我国实施中部崛起战略的重要支点，是中原城市群发展的龙头和核心。郑州市虽然与周边城市的互动和联系不断密切，但是都市区内城市间的协调以及人口的融合却仍有欠缺，因此加强郑州大都

---

*　刘兆鑫，郑州大学教授，博士生导师，公共政策与社会保障研究所所长；赵蔚琳，郑州大学公共管理博士研究生；张琳，郑州大学公共管理博士研究生。

市区内城际人口融合发展，提升都市区的综合实力是当前都市区建设的当务之急。

一、郑州大都市区的定位及相关概念

（一）相关概念概述

"大都市区"的概念最早于1910年由美国管理和预算总署提出，它限定了一个范围，即包括中心城市和周边地区；同时也限定了人口规模和空间距离。随着欧美国家城市的不断发展，加拿大、瑞典等国家根据各国的实际情况也相应地对大都市区进行了界定。

我国的都市区研究起源于20世纪80年代，随着改革开放的不断深入，我国城市的快速发展，城乡二元壁垒逐步打破，城镇化的加速使得我国也逐渐出现了大都市区这一城市功能区域，相应的都市区的研究也就日益受到学术界的关注。学者们普遍认为大都市区是一种客观存在的地域空间，是由一个人口核心以及与其密切关联的外围地区共同构成。国内有关都市区的研究前期主要集中于中心城区，随着我国政治经济的不断发展，外围区域也日益壮大，因此如何实现大都市区内不同区域或城市之间协同融合发展也逐渐被学术界所重视。

总的来讲，大都市区是城市化发展到一定阶段的产物，是城市群的核心组成单元，是融入全球城市体系网络的主要空间载体。以发达的交通和通讯设备为载体使得高度聚集的中心城市与外围区域进行紧密的联合，区域内不同空间承担着不同的产业分工。大都市区要求城市由原本的摊大饼式、同质化、人口流动性差、"城市病"突出的发展阶段转变为资源共享、产业协同、功能互补、特色鲜明、人口自由流动的集约式发展模式。

（二）郑州大都市区的界定及定位

郑州市位于我国的中部地区，处于铁路大动脉京广线和陇海线的交汇处，是国家"两横三纵"城镇化战略格局中的陆桥通道，是"郑州—卢森堡"空中丝绸之路的起点，区位优势十分明显。2011年《国务院关于支持河南省加快建设中原经济区的指导意见》中明确提出支持郑汴新区发展，加快郑汴一体化进程。2012年《中原经济区规划（2012—2020年）》中进一步提出建设以郑州大都市区为核心、中原城市群为支撑、涵盖河南全省延及周边地区的中原经济区。2016

年12月，国家发改委印发了《中原城市群发展规划》，规划中对中原城市群的空间布局进行了顶层设计，要求构建"一核四轴四区"网络化空间格局，推动郑州与开封、新乡、焦作、许昌四市的深度融合，建设现代化大都市区，进一步深化与洛阳、平顶山、漯河、济源等城市联动发展①。2017年1月，国家发展改革委出台的《关于支持郑州建设国家中心城市的指导意见》中指出，郑州作为中原城市群的核心城市，腹地市场广阔、人力资源丰富、文化底蕴厚重、区位优势明显，具有建设国家中心城市的良好条件和巨大潜力。要求郑州在建设国家中心城市时要坚持开放引领、区域联动，辐射带动中原和中部地区开发开放。完善更加开放、更加灵活的人才培养、吸引和使用机制，集聚国内外创新领军人才、高水平创新团队和专业人才队伍。在国家发展改革委出台的《关于支持郑州建设国家中心城市的指导意见》中同样也对大都市区的建设提出了要求，要加快郑州与开封、新乡、焦作、许昌等城市的融合发展，共建高效衔接基础设施，共守生态安全，健全多元共享公共服务体系，打造现代化大都市区②。

习近平总书记在2019年提出"我国经济发展的空间结构正在发生深刻变化，中心城市和城市群正在成为承载发展要素的主要空间形式。我们必须适应新形势，谋划区域协调发展新思路"③。2019年1月，河南省发改委主任何雄在河南省十三届人大二次会议举行的记者会上讲到，郑州大都市区是以郑州为核心，包括了郑州市域，开封、新乡、焦作、许昌四市中心城区和巩义市、武陟县、原阳县、新乡县、尉氏县、长葛市、平原城乡一体化示范区。郑州大都市区所占国土面积约1.59万平方公里，占河南省国土面积的9.6%，聚集了河南省近20%的人口和超过30%的经济总量。2019年7月，中共河南省委、河南省人民政府印发了《建立更加有效的区域协调发展新机制实施方案》，方案中提出要建立区域战略统筹机制，加快郑州大都市区建设，完善规划体系，打造创新活力、生态宜居、魅力人文的现代化都市圈。郑州大都市区建设是河南省深入贯彻落实科学发展观、加快转变经济发展方式的必然之举，是关系到全省的长远发展和跨越式发展的必然之举。

---

① 资料来源：《国家发展改革委关于印发中原城市群发展规划的通知》（发改地区〔2016〕2817号），https：//www.ndrc.gov.cn/xwdt/dt/sjdt/201701/t20170105_ 1051518.html。

② 资料来源：《国家发展改革委关于支持郑州建设国家中心城市的复函》，https：//www.ndrc.gov.cn/xwdt/ztzl/xxczhjs/ghzc/201701/t20170125_ 972047.html。

③ 资料来源：《推动形成优势互补高质量发展的区域经济布局》，http：//www.gov.cn/xinwen/2019－12/15/content_ 5461353.htm。

二、郑州大都市区内人口发展的基本情况

大都市区是城市化发展到较高阶段的产物，是一种人口、经济和空间都紧密联合的一种空间组织形态。人口是一个社会生产和发展的关键要素，人口和空间的动态联系深刻地反映了经济社会的发展状况。

（一）人口总量情况

郑州大都市区内的五个城市人口稳步增长，其中郑州市人口的增长态势最好。截至 2019 年末，郑州市人口 1035.2 万人，比上年增加 21.6 万人，增长 2.1%。其中，城镇人口 772.1 万人，城镇化率 74.6%，比上年提高 1.2 个百分点。郑州市区常住人口 387.28 万人，其中，男性 186.61 万人，女性 200.67 万人；外地迁入人口 14.43 万人，其中，省外迁入 1.4 万人，省内迁入 13.04 万人。省内迁入人口中 8.58% 的来自开封市，6.78% 来自新乡市，6.52% 来自许昌市；流动人口 352.66 万人，其中，男性 209.92 万人，女性 142.73 万人。常住外国人 5480 人（见表1）[①]。

表1 2013～2019 年末郑州市常住人口数

年份	总人口数（万人）	市区人数（万人）	城镇化率（%）	人口密度（人/平方公里）	自然增长率（‰）
2013	919.1	466.3	67.1	1234	5.6
2014	937.8	478.4	68.3	1259	5.9
2015	956.9	489.3	69.7	1285	5.8
2016	972.4	496.8	71.0	1306	6.6
2017	988.1	506.0	72.2	1327	6.7
2018	1013.6	522.5	73.4	1361	7.0
2019	1035.2	537.9	74.6	1390	5.5

数据来源：郑州市统计局发布的年度人口数。

[①] 数据来源：《2019 年度郑州公安工作主要数据》，http：//public.zhengzhou.gov.cn/D12Y/4354038.jhtml。

开封市 2019 年末常住人口 457.49 万人，比上年末增加 1 万人，其中城镇常住人口 230.03 万人，常住人口城镇化率为 50.28%，比上年末提高 1.43 个百分点；新乡市 2019 年常住人口 581.43 万人，比上年增加了 2.02 万人，城镇化率达到 54.91%，比上年提高了 1.5 个百分点；焦作市常住人口 359.71 万人，比上年增加了 0.64 万人，城镇化率达到 60.94%，比上年提高了 1.52 个百分点；许昌市常住人口 446.21 万人，比上年末增加 2.47 万人，其中城镇常住人口 241.54 万人，常住人口城镇化率为 54.13%，比上年末提高 1.50 个百分点。

（二）人口就业情况

2019 年河南省全省就业人员中，第一产业就业人员占 34.7%，第二产业就业人员占 29.2%，第三产业就业人员占 36.0%。郑州市作为郑州大都市区的核心城市，2019 年郑州市就业人员中，第一产业 7.6 万人，第二产业 252.7 万人，第三产业 374.7 万人，人均生产总值 113139 元，比上年增长 4.1%[①]（见表 2）。郑州市作为河南省的省会城市，多年以来第三产业吸纳了 50% 左右的从业人员。2019 年郑州市第一产业的岗位所占比重为 1.78%，第二产业的岗位所占比重为 19.53%，第三产业的岗位所占比重为 78.69%，第三产业吸纳就业的比例不断提高，并且远超过河南省的平均水平。其中，租赁和商务服务业的岗位所占比重为 24.77%。招聘单位对学历要求排名依次为大专、本科、中专（技校）。其中，大专学历占 32%，本科学历占 42%，研究生以上的为 1%。在郑州市的求职人员当中，以新成长失业青年和就业转失业人员为主，男性求职者略多于女性求职者，年龄主要集中在 35 岁以下，登记有职业资格技能等级和专业技术职务的求职者很少，大部分没有技术等级或职称，低质量就业是当前郑州就业市场存在的普遍问题。

表 2　2013~2018 年郑州市从业人员就业分布

年份	全社会从业人员（万人）	第一产业（万人）	第二产业（万人）	第三产业（万人）	职工人数（万人）	职工平均工资（元）
2013	537.9	101.6	184.8	251.5	171.3	44622
2014	539.5	105.6	203.3	230.6	—	49279
2015	556.8	95.3	208.7	252.8	—	52987
2016	592.0	94.4	208.8	288.8	—	61149
2017	612.9	91.5	210.5	310.5	—	70486

---

① 数据来源：《2019 年郑州市国民经济和社会发展统计公报》，http://public.zhengzhou.gov.cn/02MA/324887.jhtml。

续表

年份	全社会从业人员（万人）	第一产业（万人）	第二产业（万人）	第三产业（万人）	职工人数（万人）	职工平均工资（元）
2018	622.9	91.5	199.0	332.5	—	80963
2019	635.0	7.6	252.7	374.7	—	88030

数据来源：郑州市统计局公布的历年就业与工资数据。

开封市位于郑州大都市区的东部，是郑州航空港区的主体城市，开封自贸区也是河南自贸区的三大片区之一，2019年第一、第二、第三产业结构为13.5：40.1：46.4，第三产业增加值占生产总值的比重比上年提高0.1个百分点，人均生产总值51733元，比上年增长6.9%①。其第三产业占比是郑州大都市区内除郑州市以外最高的城市。2019年第四季度开封市第一、第二、第三产业需求人数所占比重依次为4.57%、18.99%和76.44%。其中，第一产业的用人需求环比上升0.52%，同比上升0.27%；第二产业的用人需求环比下降5.15%，同比下降9.32%；第三产业用人需求环比上升4.63%，同比上升9.05%。从行业需求情况看，租赁和商务服务业的用人需求为46.66%，制造业的用人需求为15.78%，房地产业用人需求为6.78%，农、林、牧、渔业用人需求为4.57%，教育行业用人需求为4.28%，此五大行业的用人需求占需求总量的78.07%。从求职情况看，59.06%的求职人员相对集中在专业技术人员、办事人员和有关人员，所占比重分别为38.01%和21.05%。从对劳动者的性别需求看，90.20%的用人需求对求职者的性别无要求。此外，对男性的用人需求为8.17%，对女性的用人需求为1.63%。从求职者的性别结构看，男性的求职比重为58.48%，女性的求职比重为41.52%。此外，对16～24岁的用人需求为13.21%，25～34岁的用人需求为25.49%，35～44岁的用人需求为3.32%，45岁及以上的用人需求为0.12%。从求职者的年龄构成来看，16～24岁的求职人员比重占32.16%，环比下降3.26%；25～34岁的求职人员比重为43.86%，环比下降3.48%；35～44岁的求职人员比重为12.28%，环比上升1.00%；45岁及以上的求职人员比重为11.70%，环比上升5.74%。从用人需求对求职者文化程度的要求来看，58.07%的用人单位对求职者的文化程度没有要求。此外，对文化程度有要求的用人需求主要集中在具有高中、大专和初中文化程度，其用人需求分别占总需求的14.72%、12.81%和5.93%。从求职者的文化程度来看，具有大专学历、高中学

① 数据来源：《2019年开封市国民经济和社会发展统计公报》，http://www.kaifeng.gov.cn/sitegroup/root/html/8a28897b41c065e20141c3f8db4205fa/029a881d584c4f74aa398d5dfa879745.html。

历的求职者成为人力资源的主要来源，分别占总求职者比重的 29.17%、26.14%。从供求情况来看，开封市供求总量均大幅提升，且供求矛盾仍然存在，总体呈需求大于求职的状况。各大企业岗位招聘对性别的要求逐渐放宽，无性别要求的岗位需求逐渐增多。对年龄的要求也逐渐放宽，无明确要求的岗位需求逐渐增多。

新乡市位于郑州大都市区的最北边，与郑州、开封隔黄河相望，2019 年人均生产总值 50277 元，增长 6.5%，第一、第二、第三产业结构为 8.7:45.9:45.4①，第二产业和第三产业发展相对均衡，当前重点发展先进制造业，建设和郑州航空港协同发展的平原示范区、新东区、封丘区三大电子信息产业园。但其经济发展上仍然存在于人均生产总值偏低，服务业发展滞后的缺陷。

焦作市位于郑州大都市区的西北部，与郑州、洛阳隔黄河而望，人均地区生产总值 76827 元。第一、第二、第三产业结构为 5.4:53.6:41.0，第三产业比重比上年提高 0.4 个百分点②。其工业以能源型重工业为主，其农副产业种类多、名气大，具有一定的发展优势。2019 年焦作市职位类别需求排名前 5 位的分别是：市场营销、公关、销售占比 33%，普工占比 22%，教师、培训、科研占比 14%，技工占比 9%，证券、银行、保险类占比 4%。招聘求职均以大专学历为主。在学历方面，企业对于大专以上学历者需求最多，占总需求的 54% 左右；中专以上学历占比 28% 左右；本科以上学历占比 15% 左右。求职者的学历构成也以大专居多。受多方因素影响，焦作市化工、热能电力人才流失现象严重，再加上市内几个高校鲜有以上专业设置，使得焦作市这两类人才出现了有岗无人的现象，很多企业都是从外地高薪聘请人才，勉强达到企业用工需求。同时伴随着焦作产业转型升级，全市对于材料学等专业的人才需求量也在不断增加。

许昌市位于郑州大都市区的南部，第一、第二、第三产业结构为 4.8:54:41.2，人均生产总值 76312 元，比上年增长 6.5%③，在郑州大都市区内的五个城市中，其第二产业占比最高。2019 年第四季度许昌市第一、第二、第三产业需求人数所占比重依次为 3.01%、47.05% 和 49.94%。从总量结构来看，第二、第三产业的用人需求占主体地位。第二产业用人需求比重与上季度相比下降了 1.04 个百分点，与上年同期相比下降了 0.79 个百分点；第三产业的用人需求比重与上季度相比上升了 0.77 个百分点，与上年同期相比上升了 0.75 个百分点。

---

① 数据来源：《2019 年新乡市国民经济和社会发展统计公报》，http://www.xinxiang.gov.cn/site-sources/xxsrmzf/page_ pc/zwgk/ghygb/tjgb/articleac57702d3e4741c79acdfe91972ccc4d.html。

② 数据来源：《2019 年焦作市国民经济和社会发展统计公报》，http://www.jiaozuo.gov.cn/sitesourc-es/jiaozuo/page_ html5/ywdt/zwyw/article44bdf4ed79d14adb99602776ebcce2b8.html。

③ 数据来源：《2019 年许昌市国民经济和社会发展统计公报》，http://www.ha.stats.gov.cn/2020/05-08/1373849.html。

从行业需求来看，用人需求比较集中的行业为制造业、批发和零售业、居民服务和其他服务业、住宿和餐饮业，以上行业用人需求比重分别占总用人需求的44.16%、13.55%、10.41%和10.53%。第二产业中，制造业用人需求与上季度相比需求比重下降了0.80个百分点，与上年同期相比需求比重下降了0.98个百分点；第三产业中，批发和零售业用人需求与上季度相比需求比重上升了0.42个百分点，与上年同期相比需求下降了0.71个百分点。居民服务和其他服务业用人需求与上季度相比需求下降了0.77个百分点，与上年同期相比需求比重下降了0.70个百分点；住宿和餐饮业与上季度相比需求比重上升了1.36个百分点，和上年同期相比需求比重下降了0.09个百分点。从各类职业的需求状况来看，生产运输设备操作工、商业和服务业人员是用人需求的主体，所占比重分别为40.61%和36.40%，二者合计用人需求占总需求的77.01%。与上季度相比生产运输设备操作工的用人需求比重下降了0.53%，和上年同期相比下降了0.04个百分点；商业和服务人员的用人需求比重与上季度和上年同期相比均分别上升了7.08个和0.24个百分点。从求职情况来看，求职人数相对较为集中的职业依次是生产运输设备操作工、商业和服务业人员、办事人员和有关人员、专业技术人员、单位负责人，求职比重分别为33.61%、28.02%、13.54%、10.06%、7.91%。用人需求对性别有要求的为37353人，占用人需求的66.45%，其中，对男性求职人员的需求为22244人，占用人总需求的39.57%，与上年同期相比比重上升了0.03个百分点；对女性求职人员的需求是15109人，占用人总需求的26.88%；有33.56%的用人需求对求职人员的性别无要求。从求职者的性别结构来看，男性的求职人数高于女性，男女求职人员所占比重分别为59.04%和40.96%。男、女的求人倍率分别是1.14和1.12。从用人单位对求职人员的年龄要求看，35岁以下年龄段的用人需求占73.73%，构成用人单位用人需求的主体，对35岁以上的用人需求比重为19.92%，对年龄无要求的用人需求占总需求的6.33%；其中，对16～24岁、25～34岁的劳动者的需求比重分别为46.78%和33.42%，与上季度相比，用人单位对16～24岁的求职人员需求比重下降了0.03个百分点，对25～34岁的求职人员需求比重较上季度上升了0.57个百分点；与上年同期相比，用人单位对16～24岁的求职人员需求比重下降了0.10个百分点，对25～34岁的求职人员需求比重下降了0.13个百分点。从求职者的年龄构成来看，求职者同样以年龄在16～34岁为主体，16～34岁的求职人员占总求职人数的80.20%；其中，16～24岁的求职人员占46.78%，25～34岁的求职人员占33.42%。35岁以上的求职人员占总求职人数的19.80%。从供求状况对比看，16～24岁、25～34岁、35～44岁、45岁及以上各年龄组的求人倍率分别为0.80、1.55、1.23、1.02。从用人单位对求职者文化程度的要求来看，有

78.22%的用人单位对求职者文化有要求，要求初中文化程度的用人需求占总用人需求的20.63%，与上季度相比比重上升了2.79个百分点，与上年同期相比需求比重下降了0.12个百分点；用人需求中对高中文化程度的用人需求占总用人需求的34.74%，其中需要技校或中专文化程度的占对高中文化需求的66.23%，有22.84%的用人需求要求求职人员具有大专及以上文化程度。用人单位对求职人员文化程度无要求的占需求人数的21.78%。从求职人员的文化程度来看，初中文化程度的求职人员占求职总人数18.80%，高中文化程度的劳动力占全部求职人员的40.71%，具有大专及以上文化程度的求职人员占求职总量的40.49%。

在郑州大都市区内的五个城市中，开封市和许昌市第一产业就业人员占全市总就业人数的比例较高，新乡市和焦作市第二产业就业人数占比较高，而郑州市则对第三产业的工作人员需求量最高（见表3），同时郑州市对人才的学历要求高于其他城市，对本科毕业生的需求较多，而其他城市对于技校、高中、大专学历毕业生需求较大。但同时在医生、研发人员等对于学历要求较高的职业中，除郑州以外的地区此类人员较为缺乏。各地在对求职人员需求的年龄构成中，对16~34岁的需求最多。开封、新乡、焦作、许昌各自具有自己的区位优势和发展特色，在与郑州融合发展的过程中能够实现优势互补，协调共赢。

表3 2018年末郑州大都市区内各市"三产"就业情况

市	就业人员（万人）		
	第一产业	第二产业	第三产业
郑州市	91.45	198.95	332.50
开封市	131.42	82.74	106.01
新乡市	117.98	124.09	115.69
焦作市	69.95	89.35	79.16
许昌市	107.00	92.86	93.05

数据来源：《河南统计年鉴2019》。

（三）人口政策分析

近年来，在河南省各地纷纷落实户籍制度改革。2020年9月河南省城镇化工作暨城乡融合发展工作领导小组印发的《2020年河南省新型城镇化建设和城乡融合发展重点任务》中提出，全面取消除郑州市中心城区之外的其他市县和省辖市落户限制。推动郑州中心城区落实在城镇稳定就业生活的新生代农民工和建档立卡农村贫困人口、在城镇就业生活5年以上和举家迁徙的农业转移人口、农村学生升学和参军进城的人口等重点群体"零门槛"落户政策。推行省内跨地市户口迁移"一站式"办理，实行网上办理户口迁移手续。提高居住证发证量和含金量，健全以居住证为主要依据的随迁子女入学政策。将符合条件的新市民、返乡入乡创业等进城人员纳入城镇住房保障范围。

郑州市按照"市区合理控制，县（市）、小城镇全面放开"的总体思路，以促进有能力在城镇稳定就业和生活的常住人口有序实现市民化为重点，实施差别化落户政策，分层分阶段有序推进。及时梳理、制定和完善与户籍制度改革相关的配套政策，做好新旧政策的衔接和平稳过渡，同步推进户籍制度改革和基本公共服务均等化，努力实现城镇基本公共服务常住人口全覆盖。重点吸纳高层次人才和技术技能型人才落户的原则，不断优化人口结构。全面放宽放开重点群体落户条件，全面放开县（市）、上街区落户限制，完善城乡统一的户口登记制度，深化居住证制度，健全人口信息管理制度，创新社区人口管理制度。协同推进相关领域配套改革，有序推进基本公共服务向常住人口覆盖。

开封市进一步放宽人才落户城镇政策，拓宽落户通道，全面放宽农业转移人口落户条件；调整完善户口迁移政策，参加城镇社会保险的年限要求不得超过1年；进一步放宽外来人口落户政策，加快提高户籍人口城镇化率。不得将购买房屋、投资纳税等作为落户限制条件，不得采取积分落户方式；全面放开建制镇和小城市落户限制，县政府驻地镇和其他建制镇有合法稳定住所（含租赁）的人员，及其共同居住生活的配偶、子女、父母等，均可根据本人意愿在当地申请登记常住户口。在全市范围内实行城乡统一的一元化户籍登记制度，取消农业户口与非农业户口性质区分，统一登记为居民户口。尊重城乡居民意愿，统一户口性质后，符合迁移条件的居民可以在城乡之间迁移。

新乡市全面取消社保缴交年限、居住年限等各类条件限制，将以往分层限制的落户政策统一为全市同一标准。落户至新乡市城区和所辖县（市）城镇均无任何门槛限制，只要在新乡市居住且有落户意愿，本人及其共同生活的配偶、子女、父母均可向居住地所在派出所申请入户。凡在新乡市落户的适龄儿童、少年，均正常入学，享受平等受教育权；进城落户且符合低保条件的群众已完全纳入最低生活保障范畴的，与原户籍群众享受同等的社会救助政策；进城落户群众已完全纳入城镇住房保障体系的，同等享有政府提供基本住房保障的权利。

焦作市完善城乡统一的居民户口登记制度，在全市范围内取消农业户口和非农业户口的性质划分，完善城乡统一的居民户口登记制度。进一步放宽户口迁移条件，全面放开人才落户政策。优先解决就业能力强、可以适应城市、城镇产业转型升级和市场竞争环境的人员落户问题。全面落实居住证服务管理制度。出台居住证管理办法，建立健全以居住证为载体，与居住年限等条件相挂钩的基本公共服务提供机制。完善进城落户农业转移人口的原有权益处置机制、就业保障机制、住房保障机制、随迁子女接受教育保障机制、社会保障机制、市民化成本合理分担机制。稳步推进义务教育、就业服务、养老、医疗卫生、计划生育、住房保障等城镇基本公共服务对常住人口的全覆盖和均等化。

许昌市继续执行最宽松的户口迁移政策；完善机制，切实保障进城落户农民合法权益；改革户籍登记管理制度，彻底破除城乡二元结构体制，逐步消除城乡居民公共服务差别，最大限度地释放改革红利，使人民群众切实享受到改革成果，实现新型城镇化健康、有序、可持续发展。

三、城际人口融合的要求

融合，原意是指相邻的叠层石在生长的过程中逐渐合并在一起。在社会领域，人口融合就是指当地的居民与外来人口之间的相互渗透、交往，并不断地与所居住的城市相互适应，融汇成一种共同的社会文化生活。中国自古以来就有着"大同"和"融合"的思想，无论是古代儒家的"天下大同"还是近代康有为提出的"人人相亲，人人平等，天下为公"都秉承了这一思想。

人口的融合包含四个层面的内容，一是经济融合，包括职业、收入、住房等；二是社会参与，包括政治参与、社会网络建设等；三是文化交融，包括语言文化、风俗习惯等；四是心理认同，包括与他人的心理距离、对自身身份的认同等。就业是安身立命的根本，外来人口想要在一个城市中进得来、留得住、过得好，首先就要有相对稳定的工作和经济来源，只有在经济上立足才能有更多的能力和信心融入到所在的社会生活中，进行更深层的生活和文化沟通与互动。在经济和社会参与的过程中，不断接收当地的社会文化习俗，并逐渐获得社会和政治权利，缩短与现居住地的心理距离，从而增强对现居地的心理认同感，更加主动地进行融入。人口融合的整体过程是一个由浅入深、逐步实现的过程。

人口问题在本质上是发展问题，想要推进人口的融合发展只有全面提高社会经济的大发展。当前，人口老龄化问题是郑州大都市区人口发展的突出问题，因此人口的管理必须与产业结构的优化升级相结合，转变经济发展方式，全面提高区域内劳动生产率，抵消人口老龄化所可能带来的经济负面影响。城市的人口融合不仅是外来人口对现居住地的适应和接受，也包括城市原有居民及社会对外来人口的接纳和相应的调整与发展，从而构建出更加多元化的社会和经济秩序。

（一）大都市区域内各城市中外来人口的融合

面临着人口老龄化趋势和劳动年龄人口下降的形式，人口将成为各城市发展的一项重要资源，都市区内的各城市在加强管理的同时，也需要不断地提高公共服务的数量和质量，为当地居民提供一个良好的生活和工作环境、提升政府的治理能力、完善人口人才引进政策，不仅要引得进人，更要留得下人。

1. 微观层面上，外来人口进入城市时往往会遇到很多困难

在经济上，会遇到职业的转换、创业瓶颈、收入不足等；在社会生活中，脱离原有的生活环境后如何融合到新的生活、适应现居地的生活节奏。因此，要全面提高外来人口的素质。在当前的市场环境下，想要最快地融入到城市中最根本的就是提高自身素质和竞争力，依靠自身能力去获得相对稳定的收入，从而为融入当地的生活方式提供物质基础。与此同时，由于越来越多的高层次人才进入中心城市工作和生活，而在对待外来人口时，本地居民难以接纳的原因之一就在于外来人口进入城市后对资源的争夺所带来的竞争关系，由于资源的冲突使得本地居民特别是原有的困难群体对外来人口带有偏见和排斥。因此，在关注人口融合的过程中不仅要提高外来人口的素质，还要通过各种培训和社会保障措施来提升本地居民的能力和信心，促进本地居民与外来人口健康有序的交往互动。

2. 中观层面上，减少地域隔离，加强社区建设

社区是一个城市的基础单元，也是外来人口和城市居民共同生活的空间区域。因此，想要推动外来人口的融入就要优化社区的管理模式，为流动人口提供就业服务、卫生健康服务等公共服务。党、团的基层组织也要发挥作用，为流动人口提供畅通无阻的意见和利益表达渠道，为外来人口有序的政治参与提供条件。同时，可以举办各类社区活动，一方面提高外来人口的参与感和自我管理能力，另一方面促进外来人口群体间以及与当地居民之间的互动共处，为其进一步融入当地社会提供良好的社会平台。

3. 宏观层面上，关注人口融入的政策和制度障碍

外来人口在户籍上往往具有"双二元性"，即因户籍地点形成的"内外之分"和因户籍类型带来的"城乡之别"。在融合政策上，由居住证制度到户籍制度逐步推进，使外来人口能够有条件地分次序渐进融合。重点保障流动人口的基本权利，由基本的民生保障逐步过渡到整体的全面的市民化待遇。在融合的理念上，外来人口在进入新城市的早期往往难以享受本地的公共服务和社会福利，成为城市的边缘人。要在全社会倡导一种公平意识，尊重人口多样性，提倡和谐发展，使城市本地居民真正在心理上接纳外来人口。同时，增加外来人口的自信和归属感，使外来人口主动自发地融入到当地生活中。

（二）郑州大都市区内不同城市间人口的融合

当前，郑州与其他四市的一体化趋势逐渐加强。开封市是郑州航空港区的主体城市，开封自贸区也是河南自贸区的三大片区之一。2006 年就提出了"郑汴一体化"，如今郑汴两市已形成了交通、电信、金融等一体化格局。在与许昌的融合中，建设了包括郑武客专等快速通道，与长葛进行空间对接等，依托禹州的产业转型和都市功能区，推进"郑许"区域功能互补、协同发展。在与焦作的融合中，随着桃花峪黄河大桥的开通、郑焦铁路运行通车、郑太高铁郑焦段建成，焦作与郑州的联系日益紧密。郑州产业升级过程中，化工、家居和装备制造业逐渐向焦作转移，形成两地的产业互补。在与新乡的融合中，早在 2004 年新乡就提出了打造郑州"后花园"的战略，同时在原有交通网络的基础上，规划建设"5677"互联互通工程，建设郑新交通廊道。在产业发展上，对生物、能源等新兴产业方面采用联合发展的模式，在汽车、装备制造等支撑产业实现互补发展，在食品加工、家居、建材等传统产业上积极承接，扩大新乡的产业规模。在郑州市区一体化进程不断加快的同时，如何实现人口的融合发展便成为当前亟待解决的重要问题。

1. 加强大都市区的制度建设，构建城际间融合协调机制

郑州市大都市区的建设不仅是这五个城市的发展问题，更是关系到河南省以及整个中原地区的健康发展。因此，河南省政府应当从全局出发，突破行政壁垒，在认清各城市的特点和优势资源的基础上，搭建一个有规范制度保障、省级决策和市级协调互动相推动的制度框架，以确保不同层次、不同类型的城市能够顺利地融合。其中重点要制定有关郑州大都市区人口融合发展的法律法规，为区域内的人口发展规划提供法律依据，增强相关规划的强制性和约束性。推进户籍制度改革，进一步放宽郑州的落户条件，促进人口的自由流动。成立跨行政区域的协调管理机构和沟通机制，使得大都市区内各个区域能够各司其职，实现强强联合，加快推进各市、县、区间各种区域内人口的协调与融合。

2. 优化产业发展布局，推动大都市区城际产业协同发展

人口、产业、区域三者互为一体。人口是产业发展的基石，产业归属于一定的区域内，人口的发展融合与大都市及周边城市的产业布局息息相关。因此，郑州大都市区城际人口的融合发展必须要以产业为基础，不断加快高新产业发展，提高高端服务与先进制造业的核心功能。同时，政府要进行合理的干预，充分协调好产业发展与城市功能定位之间的关系，对郑州大都市区范围内的各区县的产业选择、空间布局进行统一的规划和协调，编制区域内产业发展的专项规划。

郑州在大都市区内吸纳了大量的劳动力和资金等生产要素，但是这种模式长

久地进行下去，既不利于郑州市自身的发展和产业升级，也不利于其他四市的健康发展。因此，政府可以通过政策或制度手段进行合理干预，根据大都市区中五个主要城市及所辖区县的实际情况，在对各区域内的优势产业进行梳理和筛选的基础上，以行政手段带动经济手段，推动生产要素向周边适当分流。郑州应在整个区域的产业发展中处于高端地位，及时疏解与中心城市功能地位不相匹配的产业门类，同时做好产业链的分工合作。强化产业协同，实现大都市区内城际间产业的协同发展，加快建设郑开"双创"走廊、"许港""开港""郑新""郑焦"产业带，以产业的协同发展推动人口的融合。实现郑州市与开封市电子信息产业的协作发展，郑州市与新乡市、焦作市汽车及零部件的融合发展，郑州市与开封市、新乡市、许昌市高端装备制造业的融合发展。实施重点"产业廊道"建设，推进中原鲲鹏生态创新中心建设，建成投用国家技术转移郑州中心，持续完善郑州龙子湖智慧岛数字经济生态圈，以产业的协调融合发展推动人口融合。

3. 加强城际间交通建设，推进基础设施互联互通

郑州位于京广和陇海两条铁路大动脉的"十"字交叉中心，2020 年 9 月 3 日，河南省中原城市圈建设工作领导小组办公室印发《2020 年郑州都市圈一体化发展工作要点》，提出推进"轨道上的都市圈"建设，适时开展新焦城际铁路、郑新市域铁路、郑州南至开封城际铁路前期研究，并开展跨黄河高速通道研究。郑州大都市区城际间应以"十字形"铁路为骨架，以国道、省道和高速公路为辅助形成全方位的开放的综合交通网络。加快城际间的轨道和公路设施建设，实现高可达性的主体通勤圈，发挥区域内各城市的不同优势，实现差异化发展。加快周边区县连接中心城区的射线道路建设，缩短区域间及各市所辖区县的通勤时间，促进区域内部物资往来和人员交流。

4. 推动区域内公共服务的均衡发展

在区域内尤其是各区县内加大对医疗健康、教育、文化、体育、社会保障等方面的投入。要增强经济发展水平较低地区的教育经费保障能力，进一步提升外围郊县的整体师资水平，缩小与郑州的差距，建设都市圈"一家人"，支持郑州大学、河南大学、河南理工大学等高等院校开展课程互选、学分互认、教师互聘，积极推进都市圈内高校图书借阅、科学仪器协作共用等方面资源共享；健全公共卫生服务体系，以医疗联合体建设为契机，鼓励郑州市中的各大医院与县乡医院加强合作，搭建远程医疗协作网，改善都市区内优质医疗资源分布不均的现状；建立大都市区内城际间公共服务的一体化体系，加速统一五城及医疗、社保、交通等方面的"一卡通"，完善各地的社会保障体系，使各项公共资源向相对落后的地区倾斜。

参考文献

［1］汤秀娟.城市流动人口社会融合的现状与政策思考——以广州市为例［J］.人民论坛，2013（05）：138－139.

［2］杨菊华.中国流动人口的社会融入研究［J］.中国社会科学，2015（02）：61－78＋203－204.

［3］徐芳，齐明珠.经济新常态下大都市人口管理研究——以北京市为例［J］.管理世界，2017（05）：7－16.

［4］郭丽莎."1＋4"郑州大都市区融合发展的思路与对策［J］.中共郑州市委党校学报，2020（01）：87－91.

［5］景光正，盛斌.我国流动人口社会融合的多维度实证研究［J］.城市问题，2020（06）：4－11.

10. 新城镇化背景下河南省农民工就业质量与健康水平差异研究

张　勃　谢娅婷　吴　颖　卢懿纯[*]

摘　要: 本报告基于新型城镇化的背景对河南省外出务工农民工进行调查,并运用定量分析方法分析农民工就业质量和健康水平及其差异。研究发现第二代农民工的就业质量优于第一代;女性农民工的健康水平比男性差;就业质量对农民工健康水平有显著影响;就业质量对农民工健康水平的影响存在代际和性别差异。基于此,本报告为农民工就业质量和健康水平的提高提出了有针对性的建议。

关键词: 农民工　就业质量　健康水平

一、引言

就业和健康是党和国家一直关注的民生重点。党的十九大报告提出,"就业就是最大的民生,要提升就业质量和人民收入水平""人民健康是民族昌盛和国家富强的重要标志,要完善国民健康政策"。作为我国新型城镇化进程的主力军,农民工为我国的城市建设和社会经济发展做出了重要贡献。然而,长期以来农民工多数从事就业质量不高的工作,主要体现在:一是从事的工作技术含量不高,劳动收入普遍较低;二是农民工在收入报酬、社会福利待遇、劳动权益保障、职业稳定和发展等多方面容易遭受不公平的对待;三是工作环境较为恶劣,体力劳

＊　张勃,河南农业大学社会治理创新研究中心讲师;谢娅婷,河南农业大学社会治理创新研究中心讲师;吴颖,河南农业大学文法学院社会工作专业本科生;卢懿纯,河南农业大学文法学院社会工作专业硕士研究生。

动强度大，职业病严重。就业质量不高严重危害着农民工的健康，例如，弯腰导致的腰椎病、吸入大量粉尘带来的尘肺等健康问题不仅使农民工长期承受病痛困扰，而且导致农民工尤其是老一代农民工不得不退出就业岗位。农民工的健康状况不仅对农民工自身的生存和发展很重要，还影响到城镇劳动力的可持续供给，这直接关系到我国新型城镇化建设的顺利推进。河南省作为农民工输出和输入大省，在新型城镇化建设大背景下探讨农民工的就业质量和健康水平的关系及其存在的差异并针对性地提出政策建议，具有重大的现实意义。

学术界主要从农民工健康的影响因素、就业质量的代际差异、就业质量水平等方面进行了研究。但是，农民工的就业质量与健康水平之间到底存在怎么样的关系？不同群体在就业质量和健康水平上是否存在差异？如何制定有针对性的建议提高农民工群体的就业质量，改善这一群体的健康水平？针对这些问题，本报告根据河南省外出务工农民工问卷调查数据，运用定量研究方法对农民工就业质量现状和健康水平进行描述，并从不同性别和不同代际比较分析就业质量与健康水平的关系及其差异，据此为改善农民工的健康水平提出有价值的建议。

二、相关概念的界定与研究综述

（一）就业质量

1. 就业质量的定义

国外关于就业质量的研究起步较早，理论研究也较为成熟。2000 年，欧盟首先提出了"工作质量"这一概念，该概念不仅强调关注就业市场的特点，还提倡关注个人就业的特点（Sousa - Poza and Sousa - Poza，2000）。2003 年，欧洲委员会又将工作特点和劳动力市场的内容加入到了就业质量的内涵中，丰富了就业质量的含义。该内涵主要涉及以下四个方面的内容：①工作本身和工作场所的具体特征；②就业者的特征；③就业者的特点和职位要求的匹配度；④就业者对工作的满意度（UNECE，2003）。

2. 就业质量的测量

对于就业质量的测量，研究者们因为研究视角和关注角度的不同在指标选择上存在一定的差异。Beatson（2018）通过反映劳动/生产关系的经济契约内容和反映老板和员工关系的心理契约内容来测量就业质量。欧洲基金会（The European

Foundation）用就业保障、职业技能、薪资待遇和生活质量这四个指标来衡量该项工作的就业质量。张桂宁（2017）认为，就业质量可以用平等权利保护、职业稳定性、职业发展前景、工作中所处的环境、工作过程中的健康与安全、从工作中所获得的报酬、福利和社会保障待遇这几个标准来测量。姚永告认为对于农民工就业质量测量的维度应该从主观与客观两个方面去考虑，其中主观条件主要是职工对其工作的满意度和幸福感，客观条件则包括了职业的稳定性及发展前景、收入水平、职业声望等（姚永告，2019）。

总体来看，就业质量测量指标主要将工资收入作为考察的核心指标，而工作环境与聘用条件、劳工关系、就业稳定性与前景、社会保障与福利保障待遇等因素也是衡量就业质量的重要指标之一。基于已有研究对就业质量的测量和河南省农民工就业的实际情况，本报告选取工作特征、职业技能、工作权益、职业发展主观判断四个维度作为衡量河南省农民工就业质量的指标。

3. 国内外关于就业质量的研究综述

目前，研究者对就业质量的研究主要分为两类：第一类是关于就业质量概念和测量标准体系的构建；第二类是对就业质量影响因素的探讨分析。任义科等（2015）分析了劳动资源和社会人力成本对农民工就业质量的影响，他们发现良好的健康状况有利于提高农民工的工资，相应的其工作稳定度也更高。李雪（2016）等从就业者的专业技能入手，通过相关调查研究表明获得国家职业资格证书的工人在技能水平上显著高于无证工人，而技能水平也与所获得的薪资报酬呈正相关的关系，表现为工人的技能水平越高，所获得的薪资报酬也越高。严善平（2017）研究发现，教育不仅可以提高农民工就业的概率和稳定性，而且会影响农民工在就业时的选择范围。杨晓军和陈浩（2018）研究证明了经过教育技能培训过的农民工普遍收入都会得到显著增长。彭国胜（2019）选取利用职业发展前景和薪资待遇来衡量新生代农民工的就业质量水平，他发现新生代的农民工就业质量仍旧偏低，其中劳动资源、社会人力资本和劳工制度是主要的影响因素。

（二）健康水平

1. 健康的定义

世界卫生组织宪章中对健康这一概念给出了广义上的定义，即体格、精神以及社会生活等方面完全处在一个良好的状态，而不只是我们普遍意义上理解的没有疾病或不虚弱（WHO，1986）。Atella 等（2018）认为身心，健康是社会个体完成其社会角色和工作所最基本的必要条件。

2. 健康的测量

研究者们对健康的测量主要从生理健康和心理健康两个维度进行。对生理健康的测量，已有研究提供了多种方法。米松华等（2016）主要从主观、医学和机体功能三个方面来进行评价农民工的生理健康，其中自评健康是现有研究中采用最广泛的测量方法。Song 和 Sun（2016）认为自评健康指标不仅能够系统地评价受访农民工的总体健康状况，还能够有效地预测受访者的身体机能和发病率，具有很强的指导性。Atella 等（2018）则认为虽然自评健康指标是方便获取的单一测度指标，这种获取的便利性也不可避免地会受到被访群体个体特征的影响，如个体的素质能力、性格特征、对健康的评价标准等主观因素。由于自评健康指标具有一定的局限性，齐良书和李子奈（2019）在自评健康的基础上，还引入了身体质量指数 BMI、血压、心率和肺活量等客观测量指标。

对心理健康的测量，目前还没有统一的标准。黄四林等（2015）用 90 项症状自评量表（SCL－90）的调查数据进行分析，探讨中国农民工心理健康水平的变迁。Chen 等（2018）则引用流行病学抑郁中心量表（CES－D），运用生活满意度和主观幸福感这两个单一变量来测度心理健康。

基于已有研究对健康的测量和河南省农民工健康问卷调查的实际情况，本报告选取已有研究使用较多的自评健康状况作为衡量农民工健康水平的指标。

3. 国内外关于健康的研究综述

国内外学者在健康的影响因素、健康与就业的关系等方面做了很多研究。Bustillo 等（2017）认为工作场所的环境对劳动者的身心健康有着重要的影响。良好的工作氛围对劳动者的心理健康有着很大的影响，如果工作氛围太过凝重、工作压力太大的话则不利于员工的心理健康。Macefield（2018）的研究表明劳动者因缺乏自信、悲观抑郁，进而导致工作效率降低。程平源（2019）认为企业的生产管理机制对劳动者的健康产生重大影响，比如富士康工厂严苛的管理制度对劳动者无论是身体健康还是心理健康都造成了难以弥补的创伤。孙红湘和陈红芳（2018）发现农民工职业病之所以多发的主要原因在于政府政策制定的缺失、企业责任的逃避和农民工自身意识的淡漠三个方面，同时他们还指出，应加强对农民工的业务培训和相关劳动法律政策的学习。李迎生（2019）研究发现收入水平越高，个体出现健康风险的概率就越小。但魏洁和周绿林（2020）认为对农民工这一特殊群体而言，高收入往往伴随着要付出更辛苦的劳动付出，而这些劳动往往是对健康具有损耗效应的，所以对于农民工来说，收入水平越高出现健康风险的概率反而越高。

三、研究方法

（一）问卷调查情况

本报告所用问卷来源于2018年西安交通大学新型城镇化与可持续发展课题组与河南农业大学联合开展的"全国百村外出务工人员调查——河南卷"。此次调查范围涉及河南省郑州市、商丘市、驻马店市、洛阳市等14个市的62个村庄，在河南省共发放问卷411份，回收有效个人问卷408份，有效回收率为99.27%。问卷内容包括农民工基本情况、生计与就业、城镇化政策、社会融合与公共服务、婚姻与家庭、养老与保障六大类。调查的信息量和样本规模都较大，为我们了解河南省农民工的就业质量与健康水平的现状及其差异提供了重要依据。

（二）样本信息

在回收的408份有效问卷中，男性调查对象有294人，女性调查对象有114人。此次调查被调查对象以中青年为主，年龄都集中在45岁以下，在农民工年龄分布方面，年龄在16～25岁的占总人数的34.8%，年龄在26～30岁的为14.71%，年龄在31～45岁的约占29.66%，年龄在46岁及以上的为20.83%。本报告将被调查对象以1980年为界限划分成"新生代"农民工和"老一辈"农民工两类群体，其中"新生代"农民工占比57.11%，"老一辈"农民工占比42.89%，两类群体占比均衡，有利于下文基于代际视角的农民工就业质量与健康水平的差异分析。在受教育程度方面，被调查对象中有65.44%是初中及以下学历，占总人数的一半以上，技校、中专及高中占比19.61%，大专、本科及以上只有14.95%。不可否认，农民工群体整体的文化水平仍较低，大部分只接受了九年义务教育。但由于职业化技能的需要，有部分农民工是技校毕业，甚至有6.13%的本科生，这说明农民工的职业技能素质正逐渐提高。婚姻状况方面，被调查农民工初婚占比最多，为59.07%，从未结过婚的占比36.03%，仅有不到10%的离婚、丧偶和再婚现象发生（见表1）。

（三）变量描述

对于农民工的就业质量，本报告从工作特征、职业技能、工作权益、职业发

表1 农民工样本统计性描述

项目		样本量（个）	百分比（%）
性别	男性	294	72.06
	女性	114	27.94
年龄	16~25岁	142	34.8
	26~30岁	60	14.71
	31~45岁	121	29.66
	46岁及以上	85	20.83
受教育程度	初中及以下	267	65.44
	高中/技校/中专	80	19.61
	大专/本科及以上	61	14.95
婚姻状况	从未结婚	147	36.03
	初婚	241	59.07
	再婚	7	1.72
	丧偶	3	0.74
	离婚	10	2.45
代际划分	老一代	175	42.89
	新一代	233	57.11
	样本量	408	100

数据来源："2018年全国百村务工人员调查——河南卷"。以下各表同。

展主观判断四个维度进行测量。其中，工作特征包括年收入、周工作时间、职业阶层地位三个测量指标。月均收入取对数做连续变量处理；每周工作时间将每周工作天数和每天平均工作小时相乘，做连续变量处理；职业阶层地位结合实际调查情况，将从事"党政机关/事业单位负责人""国有/集体企业负责人""私营企业主（雇员8人以上）""专业技术人员"的农民工划分为"上层职业阶层"，将从事"办事人员""个体工商户（雇员8人以下）""技术工人"的农民工划分为"中层职业阶层"，将从事"商业服务业人员""非技术工人""农林牧渔业生产人员""无业失业半失业者"的农民工划分为"下层职业阶层"，以"上层职业阶层"为参考项。职业技能包括是否掌握职业技能和是否接受过正当职业培训两个测量指标，以没有掌握职业技能和没有接受过正当职业培训为参考项。工作权益包括劳动合同签订情况、在务工地的社会保险参与情况两个测量指标。劳动合同签订情况分为"有""无"两个选项，以无签订劳动合同为参考项；社会保险参与情况分为"有""无"两个选项，以无社会保险参与为参考项。职业发展主观判断通过询问被访者"目前工作是否具有职务晋升或收入上涨的可能"来测量，选项为"有可能"和"无可能"，以"无可能"为参考项（谢娅婷和张勃，2020）。

对于农民工的健康水平，问卷设计的问题是"您认为您的健康状况如何？"，选项采用了李克特量表，将答案设置为"1. 非常好""2. 较好""3. 一般""4. 较差""5. 非常差"五个选项，被调查者根据自身实际身体状况和主观感受填入 1~5 任意数字。本报告主要运用定量分析的方法，对就业质量各个指标的样本量的分布比例、均值及标准差进行描述，运用卡方检验对农民工就业质量和健康水平的代际差异与性别差异进行分析，并运用方差分析针对农民工的就业质量与健康水平进行差异性检验。

四、就业质量与健康水平差异分析

（一）农民工就业质量分析

1. 农民工就业质量现状

本报告对农民工就业质量将从工作特征、职业技能、工作权益、职业发展主观判断四个方面进行分析。工作特征：在收入方面，农民工的平均收入为4844.807 元，2017 年国家统计局公布的全国人均月收入水平线为3485 元，数据显示有将近35.78% 以上的农民工月均收入在3500 元以下，说明仍有一部分农民工的收入处于较低水平。在每周工作时间方面，我国实行劳动者每周工作 40 小时的工时制度。数据表明，农民工每周平均工作61.1 小时，并且占比88.73% 以上的农民工超出国家规定的每周工作 40 小时的法定工作时间。这是由于农民工囿于其自身的职业素质、文化水平，他们的就业岗位往往集中于劳动密集型产业，因而工作强度大、工作时间长，靠出卖廉价劳动力获取工资，付出的体力和收入往往不对等，同时也面临收入低、工资拖欠克扣等一系列问题。在职业阶层方面，上、中、下层等级的农民工分别占比 12.5% 、33.33% 及 54.17% ，过半数的农民工处于中层及以下的职业阶层等级，农民工自身由于较低的知识技能、职业素质等，在就业市场上往往处于不利地位，再加上职业的门槛问题，会阻碍农民工向上流动。工作权益：从劳动合同签订情况上看，仅有47.3% 的农民工签订了书面劳动合同。从社会保险参保情况上看，至少参加一种社会保险的农民工占比 74.02%，一种社会保险都没参加的农民工占比 25.98%，这是由于农民工的社会保障水平与城镇职工差距较大，且存在保险制度碎片化、项目不健全、覆盖面过窄、缴费率过高等问题，因此在劳动合同签订和社会保险参与方面农民工仍然是弱势群体。在职业技能方面，通过分析发现 61.52% 的农民工掌握外出务工所必需的职业技能，但接受过公司、单位或政府培训的农民工仅占 1.96%，绝大多数农民工未接受过正规途径的职业技能培训，这可能是由于信息不畅通导致其不能及时接收培训信息，因此其职业技能获取的主要途径依然是传统的自学或跟师傅学等方式。在职业发展主观判断方面，总体上，农民工群体对自身的职业发展持相对积极的态度，有 64.95% 的农民工认为自己有"职务上升或收入上涨"的可能性，这表明农民工对未来职业的发展持乐观态度（见表2）。

表2　农民工工作特征状况

项目		样本量（个）	百分比（%）
月均收入	3500 元以下	146	35.78
	3500~5000 元	128	31.37
	5000 元以上	134	32.84
	均值（元）	4844.807	—
	标准差	5608.551	—
周工作时长	40 小时及以下	46	11.27
	40 小时以上	362	88.73
	均值（小时）	61.10049	—
	标准差	15.99423	—
职业阶层地位	上层职业阶层	51	12.5
	中层职业阶层	136	33.33
	下层职业阶层	221	54.17
是否掌握工作技能	是	251	61.52
	否	157	38.48
是否接受专业培训	是	8	1.96
	否	400	98.04
劳动合同签订情况	是	193	47.3
	否	215	52.7
在务工地的社会保险参与情况	至少参加了一种	302	74.02
	一种也没参加	106	25.98

项目		样本量（个）	百分比（%）
工作是否具有职务晋升可能	有可能	265	64.95
	没可能	143	35.05
	样本量	485	—

2. 农民工就业质量差异分析

（1）代际差异分析。在工作特征方面，从代际视角来看，两代农民工的"月均收入"不存在显著的代际差异，但是相对而言，第一代农民工工资在3500元以下的居多，占比37.21%，略微高于二代农民工的35.34%。相比于第一代农民工，第二代农民工工资为5000元以上的占比较多，达到34.05%。在工作时间上，两代农民工存在显著的代际差异，其中，第一代农民工的平均周工作时长最高，每周约为64.2小时；第二代农民工每周约为58.7小时。在两代农民工群体中，约有90%的人每周工作时长均超过40小时。在职业阶层方面，两代农民工的职业阶层存在着显著的代际差异，第二代农民工相较于第一代总体上职业阶层较高，在第二代农民工中具有中层及以上职业阶层的占比为52.79%，第一代农民工占比为36.57%。在职业技能方面，农民工在职业技能掌握方面和职业技能培训途径上不存在显著的代际差异，两代农民工均在已经掌握职业技能方面占比略高，但是均在接受过正规途径职业培训的所占比例非常低。在工作权益方面，基于代际视角，两代农民工之间在劳动合同签订情况上存在显著的代际差异，相比于第一代农民工劳动合同签订率为36.57%，第二代农民工劳动合同签订率较高，这一比例达到55.36%。两代农民工之间在社会保险参与情况上存在显著的代际差异，两代农民工大多数至少参加了一种社会保险，其中，第二代农民工"至少参加一种社会保险"的占比最多，为79.4%，而第一代农民工占比66.86%。在职业发展主观判断方面，基于代际的视角，两代农民工之间存在职业发展主观判断上存在显著的代际差异，相比于有53.14%第一代农民工对未来工作晋升持消极态度，达到78.54%的第二代农民工对职业晋升可能持积极态度（见表3）。

（2）性别差异分析。从性别视角来看，农民工月收入水平呈现显著性差异，约占一半多（58.41%）的女性月均收入在3500元以下，均值约为3407.08元，而男性工资在3500元以下、3500～5000元、5000元以上三个范围分别占比27.49%、32.65%、39.86%，均值约为5403.10元，男性农民工的工资总体水平明显高于女性农民工。不同性别的农民工在社会保险的参与情况也存在显著差异，男性在务工地的社会保险参与情况中选择了"至少参加了一种"的占比76.53%，高于女性农民工（67.54%），男性农民工"一种也没有参加的"只占

表3　农民工就业质量代际差异分析

项目		第一代（%）	第二代（%）	卡方检验/方差分析
月均收入	3500元以下	37.21	35.34	
	3500~5000元	33.14	30.6	
	5000元以上	29.65	34.05	
	均值	4737.5058	4924.3578	
	标准差	5733.0687	5525.5468	
周工作时长	40小时及以下	9.14	12.88	***
	40小时以上	90.86	87.12	
	均值	64.2114	58.7639	
	标准差	16.6221	15.1253	
职业阶层地位	上层职业阶层	5.71	17.6	***
	中层职业阶层	30.86	35.19	
	下层职业阶层	63.43	47.21	
是否掌握工作技能	是	57.71	64.38	
	否	42.29	35.62	
是否接受专业培训	是	1.71	2.15	
	否	98.29	97.85	
劳动合同签订情况	是	36.57	55.36	***
	否	63.43	44.64	
在务工地的社会保险参与情况	至少参加了一种	66.86	79.4	***
	一种也没参加	33.14	20.6	
工作是否具有职务晋升可能	有可能	46.86	78.54	
	没可能	53.14	21.46	***
	样本量	175	233	

注：***表示p<0.01；**表示p<0.05；*表示p<0.1。以下各表同。

23.47%，低于女性农民工占比（32.46%），这说明男性农民工参与社会保险的意识较强。在工作晋升方面，不同性别的农民工也存在显著差异，其中，女性认为"未来有晋升和加薪可能"的比例（67.54%）要高于同类别男性（63.95%），而男性农民工要比女性农民工高4%的比例认为"未来职业没有可能晋升或加薪"。

在性别视角下，农民工周工作时长、职业阶层地位、工作技能、专业培训、合同签订情况在统计学上没有呈现显著性差异。85.09%女性与90.14%男性农民工的周工作时间达到 40 小时以上，工作时间普遍较长；男女性农民工都有多于一半的比例位于下层职业阶层；二者都有 60% 以上的人掌握了工作技能，但是有超 90% 的人未接受过专业培训；女性签订劳动合同的比例略（52.63%）高于男性（45.24%）（见表 4）。

表 4　农民工就业质量性别差异分析

项目		女性（%）	男性（%）	卡方检验/方差分析
月均收入	3500 元以下	58.41	27.49	
	3500～5000 元	29.20	32.65	＊＊＊
	5000 元以上	12.39	39.86	
	均值	3407.0796	5403.0997	
	标准差	1600.7653	6450.1886	
周工作时长	40 小时及以下	14.91	9.86	
	40 小时以上	85.09	90.14	
职业阶层地位	上层职业阶层	12.28	12.59	
	中层职业阶层	28.07	35.37	
	下层职业阶层	59.65	52.04	
是否掌握工作技能	是	63.16	60.88	
	否	36.84	39.12	
是否接受专业培训	是	2.63	1.70	
	否	97.37	98.3	
劳动合同签订情况	是	52.63	45.24	
	否	47.37	54.76	
在务工地的社会保险参与情况	至少参加了一种	67.54	76.53	＊
	一种也没参加	32.46	23.47	
工作是否具有职务晋升可能	有可能	67.54	63.95	
	没可能	32.46	36.05	＊
	样本量	294	114	

（二）农民工健康水平分析

1. 农民工健康水平

在所有调查的 408 个农民工对自身健康水平自评中，选择"非常好"和"较好"的人数最多，其中，有 178 个人认为自己身体"非常好"，占比

43.63%；有 148 个人认为自己的身体"较好"，占比 36.27%；17.65% 的人认为自己的健康状况"一般"；只有 2.46% 的人认为自身的健康状况是"较差"或"非常差"。就整体而言，农民工的健康自评状况比较乐观（见表5）。

表5　农民工健康水平自评表

项目		样本量（个）	百分比（%）
健康水平	非常好	178	43.63
	较好	148	36.27
	一般	72	17.65
	较差	9	2.21
	非常差	1	0.25
	样本量	408	100

2. 农民工健康水平差异分析

（1）代际差异分析。在代际视角下，两代农民工的健康水平呈现显著的代际差异，第一代农民工选择"较好"和"一般"的较多，分别占比 35.43% 与 30.29%，而第二代农民工更倾向于选择"非常好"和"较好"，占比分别达到 54.08% 和 36.91%，两代农民工在"较差"与"非常差"的选项上均占比很小。相比于第一代农民工，第二代农民工自评健康水平较好（见表6）。

表6　农民工健康水平的代际差异分析

项目		第一代（%）	第二代（%）	卡方检验
健康水平	非常好	29.71	54.08	
	较好	35.43	36.91	
	一般	30.29	8.15	***
	较差	4.00	0.86	
	非常差	0.57	0.00	
	样本量	114	294	

（2）性别差异。在性别视角下，男女性农民工的健康水平呈现显著性差异，其中，选择"非常好"的男性占比最高，达到 45.24%，选择"非常好"的女性占 39.47%，其次是选择"较好"的女性占比较高，达到 44.74%，而男性只占 32.99%。因此，整体上看，男性农民工的健康水平自我评价要高于女性农民工（见表7）。

表7 农民工健康水平的性别差异分析

项目		女性（%）	男性（%）	卡方检验
健康水平	非常好	39.47	45.24	
	较好	44.74	32.99	
	一般	12.28	19.73	*
	较差	3.51	1.70	
	非常差	0	0.34	
	样本量	114	294	

（三）农民工就业质量与健康水平差异分析

1. 不同代际农民工就业质量与健康水平的差异分析

为了解被调查农民工的就业质量与健康水平是否存在差异性，对两组变量分别做了差异性分析。从表8中可以看出，在全部样本中，农民工的健康水平，与其月收入水平、职业阶层地位、工作技能掌握情况、社会保险参与情况与未来职务晋升的自评情况存在显著差异。这表明，不同健康水平下的农民工，其月收入水平、职业阶层地位、工作技能掌握情况、社会保险参与情况与未来职务晋升的自评情况都会呈现差异性结果。将农民工的健康水平根据代际划分，然后同就业质量的变量进行差异性检验发现，不同健康水平的第一代农民工在月收入、职业阶层地位、掌握工作技能、社会保险的参保情况、未来工作晋升可能方面存在显著性差异。

表8 不同代际农民工就业质量与健康水平的差异

变量	健康水平（方差分析/卡方检验）		
	全部样本	第一代	第二代
月均收入	0.054 *	0.079 *	0.288
周工作时长	0.564	0.3802	0.4509
职业阶层地位	0.022 **	0.246	0.394
是否掌握工作技能	0.009 ***	0.013 **	0.184
是否接受专业培训	0.710	0.125	0.248
是否签订书面合同	0.315	0.445	0.843
在务工地的社会保险参与情况	0.063 *	0.144	0.513
在务工地工作是否有晋升可能	0.000 ***	0.157	0.122
样本量	408	175	233

2. 不同性别农民工就业质量与健康水平的差异分析

将农民工的健康水平根据性别划分，然后同就业质量的变量进行差异性检验，结果显示，女性农民工的健康水平在是否掌握工作技能上存在显著性差异，表明掌握工作技能的女性农民工与未掌握工作技能的女性农民工存在健康水平不同的结果。而男性农民工的健康水平在是否掌握工作技能、社会保险参与、未来职业晋升上存在显著性差异，表明不同健康水平的男性农民工其工作技能掌握情况、社会保险参与情况、未来职业晋升情况均呈现不同结果（见表9）。

表9 不同性别农民工就业质量与健康水平的差异

变量	健康水平（方差分析/卡方检验）		
	全部样本	女性	男性
月均收入	0.054 *	0.435	0.193
周工作时长	0.564	0.422	0.774
职业阶层地位	0.022 **	0.294	0.106
是否掌握工作技能	0.009 ***	0.072 *	0.084 *
是否接受专业培训	0.710	0.764	0.688
是否签订书面合同	0.315	0.121	0.568
在务工地的社会保险参与情况	0.063 *	0.215	0.068 *
在务工地工作是否有晋升可能	0.000 ***	0.265	0.000 ***
样本量	408	175	233

五、研究结论

通过上文对河南省农民工的就业质量和健康水平及其性别和代际差异进行描述和分析后，得出以下结论。

（一）第二代农民工的就业质量和健康水平均好于第一代

在就业质量方面，第二代农民工的就业质量要优于第一代。第一代农民工更多从事工作时间较长的工作，参与社会保险的较少，签订工作合同的占比较少，并且他们对未来工作晋升可能较为消极；第二代农民工的就业环境较好于第一代农民工，其优势表现为第二代农民工年龄整体较小，学习能力较强，接受的职业培训的机会较多，选择性更多样化，且第二代农民工对未来工作晋升的期望更为积极。

在健康水平方面，第二代农民工的健康水平要好于第一代。这是由于随着时间的推移，第一代农民工逐渐进入老龄化，因壮年时从事高强度的体力工作而导致慢性病和其他类疾病的产生，身体素质进一步下降；而第二代农民工所从事的工作领域多为服务业，工作强度较小，并且随着国家医疗事业的进步，新一代农民工患大病的概率要小于老一代农民工。

（二）女性农民工的就业质量和健康水平均比男性差

在就业质量方面，女性农民工的就业质量比男性差。首先，男性农民工的工资总体水平明显高于女性农民工，这可能是由于男女生理因素的影响，男性农民工更能胜任工作强度大的工作，此外部分工作岗位带有"隐性"就业歧视，使得女性农民工相比于男性就业机会更狭窄；其次，男性农民工社会保险的参保情况也要多于女性。

在健康水平方面，女性农民工的健康水平也比男性差。这是由于男性农民工的就业质量要优于女性，有更高的工资，更多地参与社会保险，因而在看病治病方面更有优势；而女性农民工相比于男性更多地受到就业、人际关系、子女教育等方面的压力和困扰，在家庭功能上承担更多责任，再加上女性先天生理体质普遍弱于男性，因而整体的健康评价要略低于男性农民工。

（三）就业质量对农民工健康水平有显著影响

数据显示不同健康水平下的农民工，其月收入水平、职业阶层地位、工作技能掌握情况、社会保险参与情况与未来职务晋升的自评情况都呈现明显差异，这表明就业质量对农民工的健康水平有显著影响。这可能是因为工资水平的提高和社会保险的参与增强了农民工抵御大病风险的能力，同时也为农民工的疾病提供心理上的保障；较短的工作时间为农民工提供了更多的休闲娱乐时间，降低了工作的强度，一定程度上减轻了对农民工身体的损耗；而较高的职业地位、职业技能为农民工提供更多的就业机会与选择，从而增强其幸福感与健康水平。

（四）就业质量对农民工健康水平的影响存在代际和性别差异

将农民工的健康水平根据代际划分，发现不同健康水平的第一代农民工在月收入、职业阶层地位、掌握工作技能、社会保险的参保情况、未来工作晋升可能方面的结果不同；将农民工的健康水平根据性别划分，发现掌握工作技能的女性农民工与未掌握工作技能的女性农民工存在不同的健康水平。而男性农民工的健康水平在是否掌握工作技能、社会保险参与、未来职业晋升上存在显著性差异。

六、政策建议

（一）为不同代际农民工提供差异化的技能培训

大多数农民工因自身文化技能限制，多从事中下层阶层类型的工作，工作时间长、工资收入低、工作强度大。因此，政府要从农民工职业技能的提升着手，并将农民工培训与就业市场紧密结合。同时根据新老两代农民工的不同特点设计和开展针对性的就业培训服务，并根据市场需求及时调整培训课程与方式。比如，对于更多从事建筑行业的老一代农民工，加强其基础能力的培训，而对于更多从事服务业的新一代农民工，侧重于增强他们的销售能力与服务意识。

（二）健全农民工就业服务体系，完善农民工社会保障政策

两代农民工均呈现参与社会保险少、签订工作合同较少的情况。因此，政府应健全农民工就业服务体系和就业信息平台。一方面，政府要发动社会力量去宣传就业政策与信息渠道，借助互联网的力量，提高招聘信息的整合性与公开性；另一方面，充分发挥全国公共就业信息服务平台的作用，给登记求职的农民工提供及时有效的政策解读与就业指导，引导农民工签订工作合同，同时对有关企业进行监督和管理。除此之外，对于老一代农民工的社会保障问题，政府也应该从社会、企业、个人三方入手，构建多方主体共同参与的养老保障模式，以减轻老一代农民工的养老负担问题。对于新一代农民工，增强他们的主动参保意识，缩小城乡社会保险的制度隔阂与差异，提高农民工社会保险的福利性水平。

（三）打破农民工性别职业流动障碍，促进两性职业协调发展

由于女性农民工生理因素以及社会上的部分就业歧视观念，导致女性农民工的就业机会比男性更少。为推进我国新型城镇化建设，必须打破女性农民工职业流动的障碍，提高女性农民工的就业质量，促进农民工合理流动。一是要结合女性农民工自身的特点，提供有特色的技能培训，提高她们的知识素质，增加就业流动的机会与能力；二是为女性就业提供更完善的法律规范体系，制定关于两性平等的法律，倡导两性平等地承担家庭责任，减轻女性农民工的家庭负担，为女性农民工的就业提供保障；三是实施弹性工作制度，推进社会保育事业的发展，

为哺乳期女性农民工提供保障，使她们更好地平衡家庭与工作之间的关系。

（四）完善大病医疗保险制度，增强农民工抵御大病风险的能力

因就业质量不高，农民工普遍面临着较大的职业病和疾病风险。所以，政府应完善大病医疗保险制度，扩大对农民工的覆盖率，不断提高报销比例和报销额度，做到能够切实保障农民工的健康权益，增强农民工抵御大病风险的能力。此外，应加大对医疗保险知识的宣传和普及，避免农民工生病后不敢去医院、离开工作岗位返乡的状况。

（五）转变企业传统发展观念，保障农民工健康水平

企业要顺应社会发展趋势，转变传统发展观念，建立更加人性化的管理模式。改变以往通过延长农民工工作时间的方式提高工作效率，应增强企业的社会责任，改善农民工的工作时间与工资待遇，减轻工作压力与负担，提高农民工就业质量。此外，应重视农民工的健康水平，定期为农民工开展健康体检，以保障农民工的健康水平和企业的可持续发展。

参考文献

[1] Atella, V., M. Brunetti, N. Maestas. Household Portfolio Choices, Health Status and Health Care Systems: A Cross – country Analysis Based on SHARE [J]. Journal of Banking and Finance, 2018 (36): 1320 – 1335.

[2] Beatson M. Job Quality and Job Security [J]. Labor Market Trends, 2000 (10): 124 – 135.

[3] Bustillo R. M. D., Fernandez – Macias E., Esteve F., et al. A Critical Survey of Job Quality Indicators [J]. Socio – Economic Review, 2011, 9 (3): 447 – 475.

[4] Chen, J., S. Chen, and P. F. Landry. Migration, Environmental Hazards, and Health Outcomes in China [J]. Social Science & Medicine, 2013 (80): 85 – 95.

[5] Macefield, R. Usability Studies and the Hawthorne Effect [J]. Journal of Usability, 2018, 2 (3): 145 – 154.

[6] Song Y., and W. K. Sun. Health Consequences of Rural – to – Urban Migration: Evidence from Panel Data in China [J]. Health Economics, 2016, 25 (10): 1252 – 1267.

[7] Sousa – Poza, A., and A. A., Sousa – Poza. A Well – being at Work: A Cross – national Analysis of the Levels and Determinants of Job Satisfaction [J]. Journal of Social Economics, 2000, 29 (6): 517 – 538.

[8] United Nations Statistical Commission and Economic Commission for Europe (UNECE). Towards an International Quality of Employment Framework: Conceptual Paper of the Task Force on

the Measurement of Quality of Work ［R］. Working Paper, 2003.

［9］WHO. Ottawa Charter for Health Promotion ［M］. Geneva：WHO, 1986.

［10］程平源. 努力推动实现更高质量的就业 ［J］. 中国人口科学, 2019 (2)：2 – 5.

［11］黄四林, 侯佳伟, 张梅, 辛自强, 张红川, 孙铃, 窦东徽. 中国农民工心理健康水平变迁的横断历史研究：1995 ~ 2015 ［J］. 心理学报, 2015, 47 (4)：466 – 477.

［12］李雪, 钱晓烨, 迟巍. 职业资格认证能提高就业者的工资收入吗? ——对职业资格认证收入效应的实证分析 ［J］. 管理世界, 2016 (9)：100 – 109 + 119 + 188.

［13］李迎生. 从分化到整合：二元社会保障体系的起源、改革与前瞻 ［J］. 教学与研究, 2019 (8)：17 – 22.

［14］米松华, 李宝值, 朱奇彪. 农民工社会资本对其健康状况的影响研究——兼论维度差异与城乡差异 ［J］. 农业经济问题, 2016, 37 (9)：42 – 53 + 110 – 111.

［15］彭国胜. 人力资本与青年农民工的就业质量——基于长沙市的实证调查 ［J］. 湖北社会科学, 2019 (10)：102 – 105.

［16］齐良书, 李子奈. 与收入相关的健康和医疗服务利用流动性 ［J］. 经济研究, 2019, 46 (9)：83 – 95.

［17］任义科, 王林, 杜海峰. 人力资本、社会资本对农民工就业质量的影响——基于性别视角的分析 ［J］. 经济经纬, 2015, 32 (2)：25 – 30.

［18］孙红湘, 陈红芳. 农民工社会保险状况调查分析与对策研究 ［J］. 开发研究, 2018 (3)：128 – 133.

［19］魏洁, 周绿林. 农民工医疗保险现状及模式选择 ［J］. 中国卫生事业管理, 2020, 27 (1)：31 – 33.

［20］谢娅婷, 张勃. 农民工的就业质量与城镇落户意愿研究——基于代际差异的视角 ［J］. 河南社会科学, 2020 (9)：106 – 112.

［21］严善平. 人力资本、制度与工资差别——对大城市二元劳动力市场的实证分析 ［J］. 管理世界, 2017 (6)：4 – 13 + 171 – 172.

［22］杨晓军, 陈浩. 农民工就业培训的投资决策模型及实证分析 ［J］. 中国人口科学, 2018 (6)：63 – 68 + 96.

［23］姚永告. 青年农民工就业质量问题研究 ［D］. 湖南师范大学硕士学位论文, 2019.

［24］张桂宁. 基于就业质量的职业意识教育探析 ［J］. 广西民族大学学报 (哲学社会科学版), 2017 (5)：138 – 140.

11. 河南省农村地区四位一体养老服务供给模式研究

殷玉如　周会丽　张禛昊　孙子青*

摘　要： 随着河南省城镇化的快速发展，城市生活方式向农村地区的传播和影响，农村人口家庭观念、生育观念、婚恋模式发生巨变，农村优势劳动力向城镇转移的速度不断加快，农村人口老龄化程度急剧增加，这给农村地区发展带来了诸多问题，农村养老问题成为迫切需要解决的难题。通过对2000～2019年河南省人口结构的研究，通过实地调研的方式，发现目前农村养老服务存在四种重要供给模式：居家养老、社区养老、机构养老、互助养老模式。这四种供给模式顺应了河南省农村地区老年人的需求，在河南省广大农村地区发挥了提供养老服务的重要作用，但是距离农村养老服务高质量发展还有不小的差距。河南省农村地区养老服务供给面临着较为严重的发展困境，结合目前农村养老服务供给模式的现状与困境，提出强化政府责任、多种供给模式融合发展、培育养老服务人才、加大农村养老保障水平等方式，以期提高河南省农村地区养老服务水平。

关键词： 农村养老服务　人口老龄化　供给模式

---

* 殷玉如，河南农业大学文法学院讲师，硕士生导师，研究方向为农村养老服务；周会丽，河南农业大学社会治理创新研究中心研究人员，研究方向为农村互助养老；张禛昊，河南农业大学社会治理创新研究中心研究人员，研究方向为乡村社会治理；孙子青，河南农业大学社会治理创新研究中心研究人员，研究方向为长期护理服务。

一、问题的提出

（一）河南省农村人口老龄化概述

1. 河南省农村人口老龄化趋势

随着现代化的深入发展，生育率下降、人口寿命延长，人口老龄化成为现代化进程的必然结果，人口老龄化也上升为国家战略。河南省作为农业大省，人口老龄化产生的因素来自社会、经济、政治等方面，这些因素彼此之间相互联系相互作用。河南省既是人口大省，也是老年人口大省。2018 年末河南省总人口10906 万人，比上年末增加 53 万人，常住人口 9605 万人，比上年末增加 46 万人，其中城镇常住人口 4967 万人，常住人口城镇化率 51.71％，比上年末提高1.55 个百分点。全年出生人口 127 万人，出生率 11.72‰；死亡人口 74 万人，死亡率 6.80‰；自然增长率 4.92‰。按照国际通行标准，65 岁及以上人口占总人口的 7％ 以上即进入老年型人口社会，河南省从 2000 年就已经进入了老龄化社会，65 岁及以上老年人口自 2017 年占总人口比重在 10％ 以上，老龄化程度呈逐年加剧的态势。而这种趋势主要体现在两个方面，一方面，低年龄段人口比重明显下降，"第六次人口普查" 0～14 岁的人口为 1975 万人，占全省总人口的21％，与 "第五次人口普查" 结果相比，下降 4.89 个百分点，减少 387.8 万人；另一方面，"第六次人口普查" 65 岁及以上人口为 786 万人，占总人口的8.36％，与 "第五次人口普查" 结果相比，增加了 142 万人，年均增长 0.86％。河南省人口 2000～2010 年的一升一降反映了河南省人口的巨大变化，河南省人口生育率持续保持较低水平，河南省人口老龄化进程逐步加快。河南省农村同样存在上述现象，农村年轻劳动力向城镇转移导致了农村人口结构发生改变，农村人口老龄化急剧增加。2013 年河南省全部外出人口中，外出地在省内的占44.3％，在省外的占 55.7％。从跨省外出的流向上看，以广东省最多，其次是北京、浙江省和江苏省，分别占 27％、14％、11％ 和 9％，去往这四个省份的外出人口占到整个出省人口的 60％ 以上。[①] 由此可以看出省内人口流动和跨省流动都对河南省的农村地区人口结构造成了影响，在一定程度上加剧了河南省农村人口老龄化的发展趋势。

---

① 数据来源：河南省统计局 2014 年发布的《2013 年河南人口发展报告》。

2. 河南省农村人口老龄化特征

河南省农村人口老龄化的问题日益突出呈现为：起步晚、速度快、来势猛等显著特点；人口老龄化超前于经济发展，未富先老，导致应对人口老龄化的经济实力较弱；老年人口规模大，发展速度快；地区差异和城乡差异明显。2018年河南省总人口10906万人，2019年河南省总人口10952万人，比上年增加46万人。2019年河南省常住人口9640万人，比上年末增加35万人。2018年新增农村劳动力转移就业56.18万人，年末农村劳动力转移就业总量2995.14万人，其中，省内转移1799.01万人，省外输出1196.13万人。2019年河南省城镇常住人口5129万人，农村常住人口4476万人，城镇常住人口占比53.21%，农村常住人口占比46.79%。2019年河南省出生人口120万人，较上年减少7万人，出生率11.02‰；死亡人口75万人，死亡率6.84‰；自然增长率4.18‰。河南省人口密度不断提高，流动人口日益增多，农村富余劳动力转移加快，人口分布趋于集中，大量农村人口向城市转移，城镇化速度加快。2018年河南省常住人口中，15~64岁和65岁及以上人口分别占常住人口的比重为67.94%和10.61%。与2017年相比，15~64岁人口比重下降0.46个百分点，65岁及以上老年人口比重上升0.42个百分点。2019年河南省0~14岁人口2050万人，占常住人口的比重为21.27%；15~64岁人口6514万人，占常住人口的比重为67.57%；65岁及以上人口1076万人，占常住人口的比重为11.16%。这意味着，河南省依然处在人口红利的阶段。但劳动适龄人口比重下降，老年人口比重上升，人口老龄化逐年加深，已经是河南省人口结构的基本特征。

3. 河南省农村人口老龄化相关政策

针对河南农村来势汹汹的人口老龄化问题，政府及时做出调整与安排。自2013年起，河南省人民政府相继出台各种政策措施解决老龄化带来的挑战和问题。2017年发布的《关于全面放开养老服务市场提升养老服务质量的实施意见》中提出，保障基本需求，繁荣养老市场，提升服务质量，让广大老年群体享受优质养老服务，切实增强人民群众获得感。2019年《关于加快发展养老服务业的意见》指出，逐步建立完善以居家为基础、社区为依托、机构为支撑、医养相结合的养老服务体系，积极推动投资主体多元化、服务方式多样化、服务队伍专业化、监督管理规范化，使养老服务业在扩大内需、增加就业、促进服务业发展、推动经济转型升级中发挥重要作用。发挥养老服务主体多元化、服务方式多样化、服务队伍专业化、监督管理规范化，使养老服务业在扩大内需、增加就业、促进服务业发展、推动经济转型升级中发挥重要作用。

(二) 国内外农村养老服务模式研究

1. 国内农村养老服务模式研究

国家明确提出构建居家为基础、社区为依托、机构为补充、医养相结合的新型养老服务体系，满足老年人日益增长的养老服务需求。怎样使国家政策与实际问题有效地结合，成为执政者、学术界和公众关注的焦点。目前国内学术界针对这一问题所持有的观点和提出的建议主要集中在三个方面：第一种观点认为目前农村社会的变迁和人口流动对家庭养老模式的冲击是结构性而非功能性的，只是削弱了家庭养老的传统方式，并未动摇家庭养老的主体角色与核心功能（张正军和刘玮，2012）。郭德奎（2012）认为，家庭养老一直是农村养老的第一选择，这种养老模式具有自身的优势，符合我国经济分配、社会心理、道德风俗的要求。第二种观点认为在结合不同地域的政治、经济、文化条件和老人个体化需求差异的基础上，推动家庭、社区、机构和社会养老保险等不同养老模式有机融合（王维和刘燕丽，2020）。杜鹏和王永梅（2020）对该观点持支持态度，认为面对城乡老龄化倒置的现实，农村地区养老服务资源急需进行有效的整合，引入"网格化"服务和管理思路，探索建立一种低成本、高效率的农村基层养老模式。第三种观点认为农村社会的养老保障质量问题是影响养老服务体系发展的重要因素。通过使农村养老服务体系现状与农村养老金与社会保障问题相结合，探究出一条适合当下农村社会保障的有效路径。部分学者对于此观点持支持的态度，例如，翟青岩和朱光明（2019）在新型农村养老服务体系构建原则中提到将我国农村保障与农村管理同步，强调"制度保障""资金保障""权益保障"三者有效结合为乡村管理奠定稳定的基础。综上所述，学术界站在不同的角度来分析农村养老服务体系面临的困境与挑战，并提出解决问题的方法与建议。

2. 国外农村养老服务模式研究

西方发达国家工业化、城镇化先于我国并且水平较高，农业人口比重相对较小，社会福利保障体系较健全。个人自由主义观念影响深远，家庭结构趋向小型化，家庭功能衰弱，代际之间并没有严格的养老义务与责任，也没有法律约束。

东亚国家的农村养老传统文化与中国较为接近，养老经验对中国而言意义重大，对于东亚国家农村养老模式的研究主要集中于日本，"邻里互助网络"缘起于日本，这种形式将独居或孤寡的都市老人聚集起来并且借助政府财政支持和志愿者的帮助，促使比较稳定的协会互助团体的形成。协会经常举办各种活动，促进老年人的社会交往，丰富老年人的精神和娱乐生活。协会团体内互助主要是"老老互助"，与我国的互助养老模式较为相似。

欧美国家养老服务模式的研究主要集中于美国和德国。美国互助养老的形式丰富多样，但主要是基于地缘发展互助养老，主要有"家园共享计划"和"村庄"模式，将养老服务的焦点由个体转向了团体乃至整个社区。"家园共享计划"主要是面向孤寡老人，为他们寻找同居伙伴，促进彼此之间的互帮互助，彼此照顾和关怀，满足其精神需求。"村庄"模式由一批中产阶级的老人自发成立，依靠会费会员来维护组织运行，会员既是管理者又是志愿者，会员之间通过互助来进行养老，这种模式保障了老年人在自己家中或社区里养老。德国养老形式主要有"多代居"和"时间银行"这两种形式，"多代居"起源于德国，是具有国家特色的养老模式，该模式实现了代际之间的互助养老，将来自不同家庭、不同年龄的人聚集在一个社区里，年轻人与老年人互相帮助，年轻人在日常生活中给老年人带来精神慰藉以及进行生活上的照顾，老年人为年轻人提供住房。这种模式的显著特点就是实现了非血缘关系的居家式的社会互助养老。综上所述，国外互助养老服务的研究大多是对某一国家或地区的某种特定养老模式的研究，主要聚焦其缘起、特色、实践模式等。西方国家的社会福利保障体系较健全，互助养老模式发挥着补充作用，促进养老水平的提高。

二、河南人口老龄化背景下河南省农村养老服务开展情况

河南省作为人口大省，长期面临老龄化程度高、老龄化增长速度快等多重压力，尤其是在农村，养老方面面临着巨大的挑战，完善农村养老服务体系是河南省应对农村人口老龄化及解决农村养老问题的紧迫要求。为积极应对人口老龄化，政府实行一系列政策措施，提出到2022年，基本建成以居家为基础、社区为依托、机构为补充，功能完善、规模适度、覆盖城镇的养老服务体系。有完善的政策也应该具备有效的执行能力，要做到政策与实际相结合，真正去解决河南省农村地区的养老服务问题。目前，河南省农村出现的养老服务主要有居家养老、社区养老、机构养老以及互助养老模式。

（一）居家养老模式

居家养老服务与机构养老服务相比，具有成本较低、覆盖面广、服务方式灵活等诸多优点，它可以用较小的成本满足老年人的服务需求，调动社会和企业的力量出资建立家庭养老院，成为老人、养护员、政府和多方受益的良好模式。长期以来，与城镇发达地区相比，河南省农村建设比较滞后，社区公共服务设施比

较简陋，公共服务意识比较淡薄，公共服务水平较低，部分农村居家社区养老服务起步晚且发展不力。

1. 社区建设方面

基本生活服务设施、网络通信设备、医疗卫生机构及队伍等是开展居家社区养老服务的必要条件，然而目前在河南省部分农村地区，道路交通设施、水电气供给设备、取暖纳凉设施、健身器械等硬件设施建设比较落后，网络通信服务设备建设也很欠缺，难以形成让老人健康而又惬意生活的社区环境，便捷、优质的居家社区养老服务更是无从谈起。

2. 家庭功能方面

"养儿防老"是中国传统养老方式的基本特征，传统家庭一般通过代际支持来解决老年人的养老问题。家庭养老作为居家养老的主要部分在提供生活照料、经济支持、精神慰藉方面具有重要作用，是我国农村传统养老保障的支柱。近年来，随着经济发展和人口老龄化程度加深，农村家庭养老面临一些问题。农村家庭养老保障功能弱化，社会中普遍存在的独居老年人问题、留守老年人问题、空巢老年人问题、高龄老年人问题等都在不同程度上与家庭养老功能的弱化有一定的关系。子女数量少、家庭养老负担重、生育率下降、人均寿命延长直接导致家庭供养资源减少，子女养老的人均负担成倍增长。传统养老观念也受到不良价值观的冲击。在追求现代生活方式过程中，逐渐脱离了"养儿防老"的圈子。

3. 政策支持方面

尽管近年来中央和河南省就居家社区养老服务出台了一些政策法规，为做好这项利民惠民工作提供了指导，但部分农村地区的领导干部不能很好地将这些政策法规与当地实际结合起来，只是生搬硬套、应付了事，政策贯彻落实情况不理想。此外，一些地方的宣传中忽略居家这一核心点，容易造成"社区组织是养老服务首要责任主体"，形成"没有入住社区相关服务机构就不能获得高质量'医养结合'服务"的误导。

（二）社区养老模式

农村社区养老是居家养老与社会养老之间的有效承接，投入成本低、灵活方便，更加人性化，符合老年人的心理特征。近年来，河南省积极规范社区创建，使社区养老服务更规范、覆盖范围更广，让更多老年人养老"不离亲、不离家、不离群"，在社区内就能享受高质量的养老服务。《中华人民共和国老年人权益保障法》第三十五条明确提出，发展社区服务，逐步建立适应老年人需要的生活服务、文化体育活动等服务设施和网点，发扬邻里互助的传统，帮助有困难的老人。按照《河南省"十三五"养老服务体系建设规划》，到2020年，90%以上的乡镇和60%以上的农村社区建立包括居家养老服务在内的社区综合服务设施和站点。

河南省规范化社区参照一套明确标准创建，每个社区都要有坚强的党组织、民主的自治组织（居委会）、广泛的社会组织。每个社区都要配备完善的社区便民服务中心、社区综治服务中心、社区文体活动中心、社区卫生服务中心、社区老年人日间照料中心、社区儿童服务中心、社区志愿服务中心。截至2019年底，河南省共建设社区日间照料中心和居家养老服务站等2400多个，河南省90%以上的老年人选择居家和社区养老。2020年河南省加大补贴力度，建设200个左右规模较大的街道综合性养老服务中心，为老年人提供涵盖机构照料、社区照护、居家护理的"一站式"养老服务。郑州市2020年新增120个左右城乡社区养老服务中心，同时积极学习借鉴省外老旧小区改造工作的先进做法和成功经验，探索出社区养老新模式，建成四个老年驿站示范点。

（三）机构养老模式

河南省农村机构养老的发展在全国具有一定典型性。为满足人民日益增长的养老服务需求，河南省相继出台一系列法规、政策，高度重视农村机构养老服务发展，降低养老服务行业的市场准入标准，充分发挥政府主导和社会力量参与作用，不断扩大农村机构养老的范围和规模。近年来，河南省公立、私立养老机构均得到了快速发展，形成了以公立养老院为主、私立养老院为补充的局面，农村五保老年人及困难老年人的日常生活基本达到了当地平均生活水平，生活幸福指数大大提高（胡建平和张佳宁，2017）。

南阳市积极支持社会力量兴建养老机构，逐步完善社会化养老服务体系，已建成农村老年人幸福院、互助家园382个。漯河市以全国养老服务业综合改革试点市为契机，深化养老服务改革，争取到2035年，基本形成"9064"养老服务格局（即全市老年人口中的90%实现居家养老，6%实现社区养老，4%实现机构养老）。驻马店市把加强农村敬老院建设列入重大民生工程、民心工程的重要位置，常议常抓，入选为全国农村养老服务优秀案例。焦作市推进农村千人以上建制村幸福院建设全覆盖，重点解决农村低保、独居、留守、困难老人的养老问题。2020年将新建146个农村幸福院，实现千人以上行政村100%全覆盖。河南省焦作市武陟县M村，村里老年人每月只需缴纳100元钱，就可以入住慈善幸福院，享受就餐、休闲娱乐、简单医疗康复等养老服务。周口市SZ养老院有家庭形式的私立养老院，规模较小，大概有7~8个房间，10多张床位，入住了10多人，接收对象为拥有自理能力且能担负起养老费用的老年人，住院费1000元/月，全院共有4位护理员。

（四） 互助养老模式

随着农村养老问题的日益严重，在家庭养老功能弱化、国家正式养老保障制度保障程度有限的情况下，农民和农村自下而上开展了互助养老模式的实践探索。农村互助养老模式是基于"守望互助"的理念，在农村基层社区范围内，以"社区主办、互助服务、群众参与、政府支持"为主要运作方式，整合社区内外的各种养老资源和设施，让在互助养老场所集体居住、集体生活的老人们通过开展自助互助解决农村空巢老人养老照护问题的一种新型养老模式（金华宝，2014）。在河南省部分农村地区主要依靠志愿服务的模式，低龄老年人自愿照顾高龄老年人，低龄老年人是志愿者，他们从志愿服务中获得友谊、荣誉和意义。低龄老年人年龄大了，再依靠更低龄的老年人来为他们提供志愿服务。还有一部分主要依靠即时付费和"时间银行"模式，即有偿服务的模式。低龄老年人提供服务可以获得较低水平的经济补偿（低偿服务），从而形成基于利益和责任的对高龄老年人进行的照料。这些低龄老年人往往有大量闲暇时间，且照料相互熟悉的高龄老年人能获得价值感。互助幸福院也可以付费，但付费远低于市场，可以形成较低成本的养老。

三、河南省农村养老服务体系面临的问题

（一） 居家养老模式：供需不平衡

近年来，河南省老年人的健康发展需求同农村当前养老服务发展不平衡、不充分之间的矛盾日益凸显，在新时期具体表现在以下三个方面。

1. 服务内容单一匮乏

随着经济社会的发展，河南农村老年人生活水平也随之提高，其对服务的需求由物质层面扩展到精神层面，生理需求延伸到社会需求。然而，河南农村养老服务虽然有了较快的增长，但仍面临着政府财政投入少、民间资本参与不足等突出问题。农村养老服务资源的不平衡以及政府对养老服务、社会服务、公共服务项目等方面的投入、重视程度明显低于城市，例如，农村日间护理中心不能有效地满足老年人的卫生保健需求和精神支持，传统的纸质记录不足以全面地呈现医疗保健需求和心理疏导效果（陆杰华和沙迪，2019）。

2. 缺乏专业服务人才培养机制

庞大的农村老龄群体也将给社会带来巨大的压力。其中老龄群体中不乏有因

为疾病、意外事故而造成的失能、半失能老年人和需要长期护理的老年人，其生活需要专人照料，并且照顾难度较大。由于河南省农村养老服务起步较晚且专业化运营不够成熟，养老服务人才的培养滞后，农村居家养老缺乏吸引、培养专业人才的机制。由于养老护理员工作环境差、工资待遇低、社会地位不平等、养老服务体制不完善导致农村养老服务工作缺乏吸引力。

3. 筹资困难

河南省农村居家养老服务筹资难有三方面原因：第一，政府投资是农村养老服务资金的主要来源，由于地区发展差异，地方政府财政负担重的情况下会使政府对于农村居家养老财政投入减少；第二，除政府投入资金不足外，现阶段河南省农村集体经济发展滞后，农村集体经济薄弱，甚至有些地区连村干部的工资及村务建设都无法完成，对农村养老服务投资更加甚微；第三，农村老年人本身思想落后，由于面子原因，认为养儿防老，不愿意去居家类养老院，同时也受经济条件限制（杨成波，2015）。

（二）社区养老模式：起步困难

农村社区的典型特征是众所周知的熟人社会，社区内的地缘和血缘关系比较稳定，彼此之间信任度更高（高灵芝，2015）。但仍存在以下问题。

1. 家庭小型化与老年人传统观念的转变

传统农村社会，儿孙满堂是老年人的传统观念，但随着社会现代化的发展和计划生育政策的严格执行，原有的传统观念被打破。计划生育使得农村家庭人口数量减少，核心家庭增多，农村家庭逐渐小型化，这就造成了农村夫妇的赡养负担加重，如果个人受教育程度低，外出务工收入不理想，就会造成无力赡养老人的现象，遇到疾病更是无力应对（刘智勇和贾先文，2019）。

2. 经费来源不足

农村社区养老主要依靠农村集体经济，而我国地域辽阔、地区发展不均衡，中西部大部分农村地区的集体经济发展滞后是普遍现象，河南省属于中部地区，农村经济发展也较为滞后。基层政府财政成为吃饭财政已不少见，基层政府除了发放基层工作人员工资外没有多余的财政投入到社区养老中（刘峰，2013）。

3. 服务人员不足和护理人员的专业水平较低

人力资源是农村社区养老体系建设的重要组成部分，社区养老服务人员主要由社会工作者和志愿者组成，但只有少数社会工作者接受过专业养老服务培训，同时，农村志愿服务也面临交通等因素的限制难以形成制度化、长期化发展（谷彦芳和柳佳龙，2014），自愿成为农村养老服务志愿者的人为数不多，专业的养老志愿服务更是空白，村民整体的志愿服务不强，农村已有的志愿服务队也缺乏合理的制度安排。

（三）机构养老模式：低效率运行

在河南省的广大农村，无论是老年公寓、老年福利院、养老院等机构，还是各类机构为老年人提供的医疗、养老、娱乐等服务，都陷入了低水平运行的困境。

1. 养老机构发育不良，无法满足农村养老需求

政府公益性养老机构服务对象覆盖面狭窄，不能面向全部农村老年人。农村地区有能力提供养老服务的机构主要是敬老院，而敬老院几乎全部由政府投资建立（曹永红和丁建定，2019）。民政部门要求各地五保户的集中供养率要达到70%（齐鹏，2019），因此乡镇养老机构赡养对象以农村五保老年人为主，兼顾部分低保老人和"三无"老人。但农村养老机构床位数量少，老年人排队入住现象屡见不鲜，非低保户、非贫困户、非特困供养老人等基本被排除在外。

2. 农村养老机构基础设施不完善、专业人才匮乏

养老机构配套的基础设施是为老年人提供养老服务质量的基本保障。然而，现实中大多数农村养老机构都存在着生活配套设施不完善的情况。部分民办和公办农村养老机构都存在着机构设施简陋、配套设施不到位、消防与安全隐患。重管理轻服务，农村养老机构宾馆化、医院化现象突出（赵强社，2016）。医疗、护理、心理等方面的专业人才严重不足，这就造成农村养老机构专业服务能力不足，甚至部分地区乡镇敬老院还没有依法登记，因此难以引进人才。

3. 农村养老机构运营状况差

目前河南省农村养老机构市场处于两头大、中间小的"哑铃形"，即低端养老机构和装饰豪华高档、硬件设施完备的高端养老机构占比高，中端养老机构占比较低（赵强社，2016），大量中等收入老年人的机构养老服务需求得不到满足。因此，高端机构价格高，农村老年人无法承担；低端机构价格低，农村老年人不愿意住；中端的机构符合老年人心理预期，但市场供给又少（穆光宗，2012）。

（四）互助养老模式：缺乏稳定性

从现有的农村互助养老服务的建设现状来看，河南省内多数农村互助养老服务建设尚处于初级试点阶段，还存在较多的问题。

1. 政府包揽责任

由于河南省农村养老服务体系建设是依据本省的实际情况开展的，学习经验有限，可以学习的先进经验较少，因而政府政策在互助养老领域自主性相对较大，导致可持续性较低。管理不规范、管理评价体系不完善、制度不能有效地衔

接、相互援助服务的自由度高导致互助服务随意性大，统一的政府购买服务使专业的社会组织和农村自助组织之间难以合作，难以发挥各自的优势（刘妮娜，2020）。

2. 资金来源匮乏，服务功能受限，帮扶效果不理想

资金是互助养老在建设、运行、管理方面可持续发展的保障和动力，但当前互助养老存在资金来源单一、村集体经济发展乏力、社会捐赠不稳定、缺少政府服务专项拨款等资金筹集问题（钟仁耀等，2020）。由于经费来源不足，基本依靠政府拨款来维持，大多数农村互助照料中心为老年人提供的活动仅限于打牌、下棋、读书、看报的娱乐或者学习场所，个别农村互助活动中心可以为老年人提供配餐服务，极少数农村互助活动中心能为老年人提供日间照料和短期托养的服务（祁玲和杨夏丽，2020）。

3. "时间银行"风险较大

"时间银行"一经推出，社会关注度很高，后因居民搬迁、管理者调离、档案丢失等原因，这类"银行"的时间储蓄成为"坏账"（景军和赵芮，2015）。首先，"时间银行"经营的是服务时间，其与银行经营的货币大为不同；其次，"时间银行"不具有异地兑现功能；再次，"时间银行"与普通金融银行的兑现强制性不同，"时间银行"内原有成员需要兑现服务时间时，需要有新的成员不断加入；最后，"时间银行"没有业内统一的制度规范，成员一旦违规很难遭到处罚，因此，存在一定的道德风险（石人炳等，2020）。

四、河南省农村四位一体养老服务供给模式的优化路径

（一）优化政府职能，合理界定政府职责

要打造河南农村养老服务业新业态，需要做到以下几点：第一，政府要做好顶层设计和建立政府、社区、社会组织、企业和其他行动者多方参与的老年人服务体系，促进不同行动者之间的沟通与合作；第二，在法律上规定各主体的养老服务责任，推动养老服务业立法，建立农村养老服务保障法律法规体系，明确老年人应当享有的服务权利；第三，设置养老服务业准入门槛和业内业外监督机制与准则，保证养老服务业市场秩序的良好，深入推进农村养老服务政策体系改革，对农村养老服务发展进行制度规划和科学设计；第四，政府应承担主要养老

服务责任，特别是针对农村地区如何建设养老服务体系、提高农村养老保障能力和医疗保障水平等方面做出科学规划和具体部署。

（二）多种养老服务模式并存

居家、社区、机构、互助养老服务融合发展，是人口老龄化背景下养老服务方式和内容的创新与拓展。当前不论是社区机构化还是机构社区化，都需要政府来填补养老服务在政策、资源、设备的空白，开发、利用社区内设施、人才等资源，实施养老服务精细化发展（李玉玲，2016）。当然，各种养老模式的融合，不仅是多种模式的简单并存。这种融合在考虑不同的养老服务模式互补集合的同时，需要整合不同地区老年人因政治、经济、文化背景不同而导致的个人需求差异，因而应渐进式地推进。

（三）加强养老服务人才培养

养老服务的人才培养是推进不同养老服务模式发展的基础，而农村养老服务从业人员不足和专业水平不高是造成农村养老服务市场人才供给不足的主要原因（马跃如等，2020）。养老服务行业报酬低、社会认同感低是造成养老服务从业人员少的原因。而养老服务报酬低的主要原因是农村老年人经济水平低，不足以支付相对应的养老服务用工报酬（余央央和封进，2014）。所以应保障养老服务从业人员的基本养老保险足额缴纳并给予适当财政补贴，同时完善养老保险制度，提高老年人的支付能力。政府加大人才培养政策支持和激励机制，提供养老服务人才培养专项资金，将培养养老服务人才纳入政府工作机制之中。

（四）提高农村养老保障水平

探索构建系统稳定的长期照料护理保障机制。加强农村社会救助、最低生活保障等社会保障制度的协调，特别是为农村失能失智、特困老年人，建立健全的养老补贴机制（齐鹏，2019）。探索构建城乡统筹性养老与医疗保障体系。各地区应根据发展实际，适时适度地提高基础养老金定期调整的幅度，优化省、市、县三级财政分担比例，提升农村老年人的生活保障水平。加强政府财政资金对养老社会保障的投入，并建立医疗保险与养老保险补贴标准的动态增长机制，增强补贴标准与各地物价、消费水平的适应性，推动实现两大保险的城乡统筹与全国异地接续，切实保障农村老年人"应保尽保"，推动实现全民参保（陆杰华和沙迪，2019）。强化"城市反哺农村"原则，进一步缩小城乡差异，在城乡居民养老保险、医疗保险的制度设计上，对农村贫困老年人适度倾斜，适当提高政府财政对农村贫困老年人参加养老保险和医疗保险个人缴费部分的补贴标准，并逐步降低城乡医疗保险与养老保险报销金额与报销项目差异。

参考文献

［1］张正军，刘玮．社会转型期的农村养老：家庭方式需要支持［J］．西北大学学报（哲学社会科学版），2012（03）：62－69．

［2］郭德奎．浅谈农村家庭养老模式的完善与重构［J］．中共太原市委党校学报，2012（01）：47－49．

［3］王维，刘燕丽．农村养老服务体系的整合与多元构建［J］．华南农业大学学报（社会科学版），2020（01）：103－116．

［4］杜鹏，王永梅．乡村振兴战略背景下农村养老服务体系建设的机遇、挑战及应对［J］．河北学刊，2019（04）：172－178＋184．

［5］翟青岩，朱光明．新型城镇化背景下农村养老服务体系构建［J］．新疆师范大学学报（哲学社会科学版），2019（02）：23－26．

［6］胡建平，张佳宁．以健身娱乐服务求发展——河南省基层养老院面临的困境与挑战［J］．中国老年学杂志，2017（07）：1780－1782．

［7］金华宝．社区互助养老：解决我国城乡养老问题的理性选择［J］．东岳论丛，2014（11）：123－127．

［8］陆杰华，沙迪．新时代农村养老服务体系面临的突出问题、主要矛盾与战略路径［J］．新疆师范大学学报（哲学社会科学版），2019，40（02）：78－87．

［9］杨成波．农村居家养老服务供给模式和对策建议［J］．农业经济，2015（11）：88－90．

［10］高灵芝．农村社区养老服务设施定位和运营问题及对策［J］．东岳论丛，2015（12）：159－163．

［11］刘智勇，贾先文．传统与现代融合：农村养老社区化模式研究［J］．江淮论坛，2019（03）：72－77．

［12］刘峰．农村养老保障服务体系建设的困境与突围［J］．湖南社会科学，2013（01）：104－107．

［13］谷彦芳，柳佳龙．新型城镇化背景下的农村养老服务体系研究［J］．经济研究参考，2014（52）：48－53．

［14］曹永红，丁建定．改革开放以来中国农村养老保障制度体系的变迁与评估——以"社会保障制度三体系"为分析框架［J］．理论月刊，2016（07）：140－146．

［15］齐鹏．农村养老服务长效机制的构建［J］．中州学刊，2019（05）：72－79．

［16］赵强社．农村养老：困境分析、模式选择与策略构想［J］．中国公共政策评论，2016（02）：88－116．

［17］穆光宗．我国机构养老发展的困境与对策［J］．华中师范大学学报（人文社会科学版），2012（02）：31－38．

［18］刘妮娜．中国农村互助型社会养老的定位、模式与进路［J］．云南民族大学学报

（哲学社会科学版），2020（03）：133 – 141.

［19］钟仁耀，王建云，张继元．我国农村互助养老的制度化演进及完善［J］．四川大学学报（哲学社会科学版），2020（02）：22 – 31.

［20］祁玲，杨夏丽．西北农村互助养老需求及其影响因素分析［J］．学术交流，2020（08）：137 – 152 + 192.

［21］景军，赵芮．互助养老：来自"爱心时间银行"的启示［J］．思想战线，2015（04）：72 – 77.

［22］石人炳，王俊，梁勋厂．从"互助"到"互惠"：经济欠发达农村地区老年照料的出路［J］．社会保障研究，2020（03）：34 – 40.

［23］李玉玲．我国居家、社区、机构养老服务融合模式发展研究［J］．学术探索，2016（09）：61 – 65.

［24］马跃如，刘旖旎，易丹．基于扎根理论的养老服务供应链风险识别分析［J］．财经理论与实践，2020（01）：125 – 130.

［25］余央央，封进．老年照料的相对报酬：对"护工荒"的一个解释［J］．财经研究，2014（08）：119 – 129.

12. 河南省0～3岁婴幼儿照护服务现状、困境与对策

河南省人口发展研究课题组[*]

摘 要： 全面放开"二孩"政策的实施，并没有带来预期的效果，人们的"二孩"生育意愿持续低迷。国家卫健委调查显示，60.5%的家庭不愿意生育二胎的原因是无人看护。在全面放开"二孩"背景下，河南省0～3岁婴幼儿照护服务现状如何？发展中主要存在哪些困境？本文通过抽样，对部分婴幼儿家长的托育需求进行了分析，同时走访调研了相关婴幼儿照护服务机构，初步了解河南省目前0～3岁婴幼儿照护服务的现状和发展困境，并提出了相应的对策建议。截至2019年12月，河南省婴幼儿照护服务机构照护0～3岁婴幼儿人数44164人，占全省0～3岁婴幼儿人数的1.11%。调研发现，0～3岁婴幼儿家庭存在一定的照护服务需求，早期教育和智力开发是婴幼儿家长对托育内容的最大需求。托育机构设置方面，家长主要关注的是机构的师资力量、硬件设施以及办学资质。在托育机构的供给方面，河南省涉及0～3岁婴幼儿照护服务机构已有1235家，以幼儿园托班为主，托育机构和早教机构托班为辅，以民办机构为主。河南省0～3岁婴幼儿照护服务发展主要面临行业标准缺失、照护监管缺位，托育供给不足、机构开办困难，运营成本高昂，专业人才匮乏等问题。为促进河南省0～3岁婴幼儿照护服务的快速良性发展，应尽快出台相关政策法规、大力发展普惠性托育机构、鼓励社会力量开办托育机构、加强托育机构师资队伍建设、引导婴幼儿家长树立科学育儿观。

关键词： 0～3岁婴幼儿 现状 困境

---

* 课题组成员：张原震，河南省人口学会会长，河南卫生健康干部学院副院长，教授；陆薇，河南卫生健康干部学院讲师；张敏，河南卫生健康干部学院讲师。

一、背景

2016 年 1 月 1 日,河南省实施全面放开"二孩"政策,进一步优化人口结构,减缓人口老龄化的压力,促进人口的均衡发展。据河南省统计局数据显示,2016 年河南省出生人口数量 143 万人,出生率为 13.26‰,是进入 21 世纪以来的最高值。但接下来的 2017 年、2018 年和 2019 年,出生人口数和出生率逐年下降,2019 年全省出生人口 120 万人,出生率为 11.02‰,比 2016 年下降 2.24 个千分点,且今后一段时期每年的出生人口数量将会继续减少①。由此看来,全面放开"二孩"政策并没有带来预期的效果,人们生育二孩意愿持续低迷。

国家卫健委调查显示,在不愿意生育二胎的家庭中,60.5% 的原因是无人看护②,超过 3/4 的全职母亲表示,如有人帮助带孩子,将会重新就业③。职场妈妈的诉求、隔代照料的矛盾和科学育儿的观念等因素加剧了社会对 0 ~ 3 岁婴幼儿照护服务的需求,建立和完善 0 ~ 3 岁婴幼儿照护服务体系变得尤为紧要和迫切。

党的十九大报告强调,把"幼有所育"作为取得"新进展"的七项重点民生任务之一,健全托育服务体系成为推进"幼有所育"的首要任务。2019 年,国务院办公厅颁布了《关于促进 3 岁以下婴幼儿照护服务发展的指导意见》,鼓励以多种形式开展婴幼儿照护服务,逐步满足人民群众对婴幼儿照护服务的需求。在此背景下,河南省 0 ~ 3 岁婴幼儿照护服务现状如何? 发展中主要存在哪些困境? 我们该如何应对? 这是本报告主要探讨的问题。

本报告通过抽样,对部分婴幼儿家长的照护服务需求进行了分析,选取商丘市为样本点,了解全面放开"二孩"背景下婴幼儿家长对 0 ~ 3 岁婴幼儿照护服务的需求特征。同时在河南省卫生健康委的带领下,走访调研了相关托育机构,初步了解河南省当前 0 ~ 3 岁婴幼儿照护服务的现状和发展困境,并提出了相应的对策建议。

---

① 数据来源:《河南统计年鉴 2019》和《2019 年河南省国民经济和社会发展统计公报》。

② 数据来源: 《2017 年 1 月全面两孩政策工作进展专题新闻发布会文字实录》,http://www.nhc.gov.cn/xcs/s3574/201701/7ea4318bf0f7450aaf91d184e02e5dcf.shtml。

③ 数据来源:《中国首部 0 ~ 3 岁儿童托育服务行业白皮书》,http://www.nwccw.gov.cn/2017 - 11/29/content_ 186819.htm。

二、河南省0~3岁婴幼儿照护服务基本情况

（一）婴幼儿群体庞大

河南省统计局数据显示，2010年以来，河南省3岁以下婴幼儿（指0岁、1岁、2岁三个年龄组，不含3岁）数量逐年递增，2016年全面放开"二孩"政策的实施使得3岁以下婴幼儿数量在2017年达到一个峰值。之后随着出生率的下降，婴幼儿数量又开始回落。截至2019年底，河南省3岁以下婴幼儿387万人，再次跌破400万人。3岁以下婴幼儿数量占总人口的3.53%，也就是说，每100个人就有近4个婴幼儿需要照护（见表1）。2019年，河南省卫生健康委开展了3岁以下婴幼儿规模变动预测，指出2020年3岁以下婴幼儿370.1万人，其中城镇181.2万人、农村188.9万人①。虽然婴幼儿数量在减少，但老龄化程度在快速加深，不论是城市还是农村，都面临着巨大的"一老一小"的照护服务压力。

表1　2010~2019年河南省3岁以下婴幼儿数量　　　　单位：万人

年份	总人口	出生人口数	出生率（‰）	3岁以下人口数
2010	10202	117	11.52	343
2011	10463	121	11.56	351
2012	10516	125	11.87	363
2013	10572	130	12.27	376
2014	10631	136	12.80	391
2015	10692	136	12.70	402
2016	10755	143	13.26	414.6
2017	10820	140	12.95	418.6
2018	10880	127	11.72	409.6
2019	10952	120	11.02	387

数据来源：《河南统计年鉴2019》和《2019年河南省国民经济和社会发展统计公报》。

---

① 数据来自河南省卫生健康委员会内部资料。

（二）照护政策先出台

为贯彻落实《国务院办公厅关于促进 3 岁以下婴幼儿照护服务发展的指导意见》精神，2020 年 4 月，河南省人民政府出台《关于促进 3 岁以下婴幼儿照护服务发展的实施意见》，提出要加大社区婴幼儿照护服务设施规划建设力度，培育婴幼儿照护机构多元化供给主体，逐步满足人民群众对婴幼儿照护服务的多样性需求。随后，驻马店市、信阳市等地相继出台本地促进婴幼儿照护服务发展实施方案和工作措施，鼓励社会力量建设 3 岁以下婴幼儿照护服务机构，大力发展普惠托育服务，努力营造婴幼儿照护友好的社会环境。2020 年 6 月，河南省总工会出台《关于推动 3 岁以下婴幼儿照护服务发展的指导意见》，要求各级工会组织通过多种形式促进婴幼儿照护服务发展，鼓励用人单位为职工提供福利性婴幼儿照护服务，帮助职工解决上班时间婴幼儿无人照护难题。

（三）托育机构再兴起

中华人民共和国成立以来，伴随着经济体制的变革，整个中国的婴幼儿照护服务也经历了波动式发展。0 ~ 3 岁婴幼儿照护服务在中华人民共和国成立初期一度呈现井喷现象，后来经历了"文革"时期的几近消亡阶段、改革开放初期的缓慢恢复阶段、改革深化后的再次萎缩阶段，当前正处于全面放开"二孩"政策实施以来的再次回暖阶段。据统计，截至 2019 年 12 月，河南省涉及 0 ~ 3 岁婴幼儿照护服务机构 1235 家，其中，2019 年新办的婴幼儿照护服务机构 68 家，占比 5.5%。2020 年 1 月，托育机构备案系统开通，截至 2019 年 10 月，信息系统中已有 421 家托育机构用户[①]。

三、河南省0~3岁婴幼儿照护服务供需现状

（一）0~3 岁婴幼儿照护服务需求现状

1. 河南省 0 ~ 3 岁婴幼儿家长托育服务需求的总体情况

在调查对象接受问题"您认为 0 ~ 3 岁婴幼儿是否需要托育"时，超半数婴幼儿家长表示希望或考虑婴幼儿照护服务。其中，4.88% 的家长表示已经将孩子

---

① 数据来自河南省卫生健康委员会内部资料。

送入托育机构，24.05%的家长有入托的考虑，还有30.02%的家长表示未来会考虑将孩子送入托育机构，明确表示不考虑将孩子送入托育机构的占40.05%。数据表明，0~3岁婴幼儿托育服务有着较强烈的市场需求，并存在明显的弹性发展空间（见图1）。

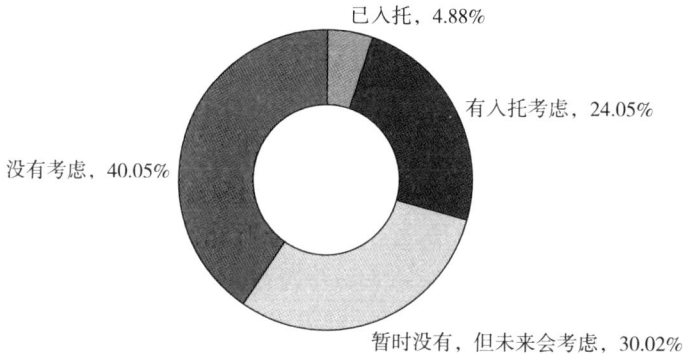

图1 河南省0~3岁婴幼儿托育服务需求总体情况

2. 婴幼儿家长注重托育服务的可获得性

调研发现，婴幼儿家长更倾向于寻找便利感强、就近方便的托育服务。调查数据显示，54.36%的家长希望托育机构或场所设立在居住社区或社区附近，29.25%的家长希望能在单位内设立托育机构，或者在单位附近接受托育服务，9.43%的家长希望托育机构能建在自己上下班的路上。只有6.96%的家长表示对托育服务的可获得性表示不在意（见图2）。

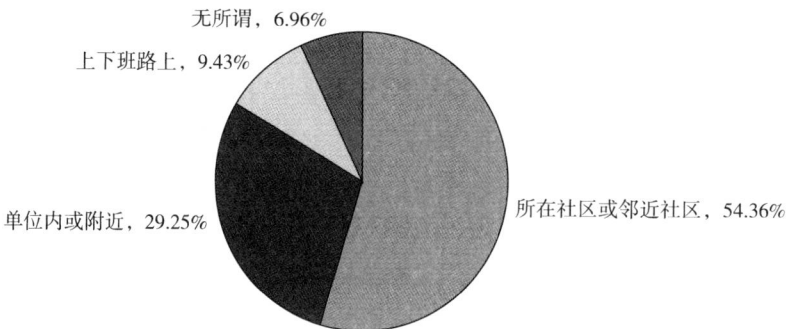

图2 河南省托育服务的可获得性

3. 理想的送托年龄在 1.5 ~ 3 岁

从调查数据发现，0 ~ 3 岁婴幼儿家长在送托年龄的选择上，78.32% 的家长倾向于 2 岁后将孩子送托，11.85% 的家长表示 1.5 ~ 2 岁是较适合的送托年龄，表示 1.5 岁以下适合送托的比例仅为 9.83%。综合以上调研信息，家长普遍认同适合入托的年龄在 1.5 ~ 3 岁。

4. 全日制托育最受婴幼儿家庭的青睐

调研中发现，托育机构根据送托时长，将托育服务分为全日制托、半日托、一周寄宿制和临时托四种类型。而对于 0 ~ 3 岁婴幼儿家长来说，全日托最受家长们的青睐，占比 61.11%，23.42% 的家庭选择半日托的类型，选择临时托和寄宿制的家庭分别占 10.15% 和 5.32%（见图 3）。

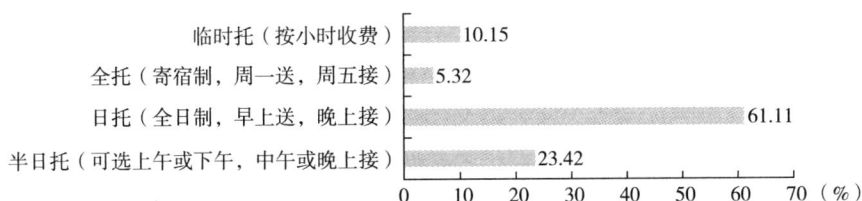

图 3 河南省婴幼儿托育服务形式需求

5. 婴幼儿家长的托育服务内容需求丰富

结合问卷调查数据及访谈结果分析，婴幼儿家长在早期教育与智力开发、规则意识与习惯培养、同龄人陪伴成长、日常照料及延时托育服务等内容方面有较强烈的托育需求。首先，婴幼儿家长对托育机构的需求不再是简单日常照料的需求，更加强调对 0 ~ 3 岁婴幼儿早期教育及能力的开发和关注；其次，家长们更加重视朋辈群体对孩子成长路上的陪伴作用（见图 4）。

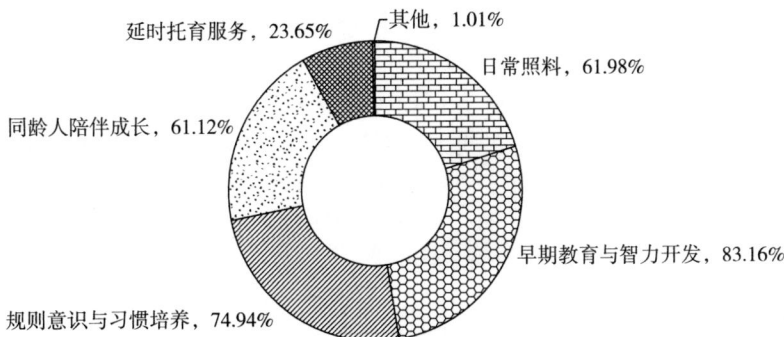

图 4 河南省托育服务内容需求

6. 家长更关注教师资质、教学设施及办学资质三大机构设置

在实地调研"托育机构哪些因素比较重要"的问题时，绝大部分婴幼儿家长将教师资质、硬件设施（教学设备、环境卫生等）、办学资质（是否获得托育资质）列为最重要的三大机构设置。家长们普遍认为良好的师资条件、优美的托育环境以及办学资质是合格托育机构的必备条件和要求（见图5）。

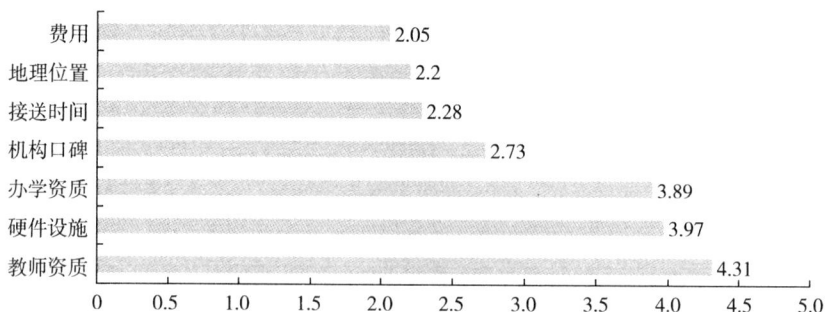

图5 托育机构设置需求

（二）托育服务机构的供给现状①

1. 托育机构供给少，婴幼儿入托率低

目前，我国托育服务机构供给严重短缺，0~3岁婴幼儿入托率仅为4%，远远低于一些发达国家50%的比例。数据显示，截至2019年底，河南省0~3岁婴幼儿照护服务机构照护0~3岁婴幼儿人数44164人，其中，31~36月的28412人，25~30月的9004人，18~24月的4006人、18个月以下的2742人，以18个月以上婴幼儿为主；占城市（常住）婴幼儿人数的2.14%，占城市户籍婴幼儿人数的3.37%。河南省0~3岁婴幼儿入托率为1.11%，比全国平均水平低近3个百分点。

2. 幼儿园托班居多，民办机构占主导

河南省0~3岁婴幼儿照护服务机构以幼儿园托班为主，托育服务机构和早教机构托班为辅。据统计，婴幼儿照护服务机构中托育服务机构161家，占13.04%；托儿所63家，占5.1%；幼儿园托班860家，占69.64%；早教机构托班151家，占12.23%。婴幼儿照护服务机构中86.72%为民办机构，公办托育服务机构164家，占13.28%，以民办机构为主（见图6）。

---

① 数据来自河南省卫生健康委员会。

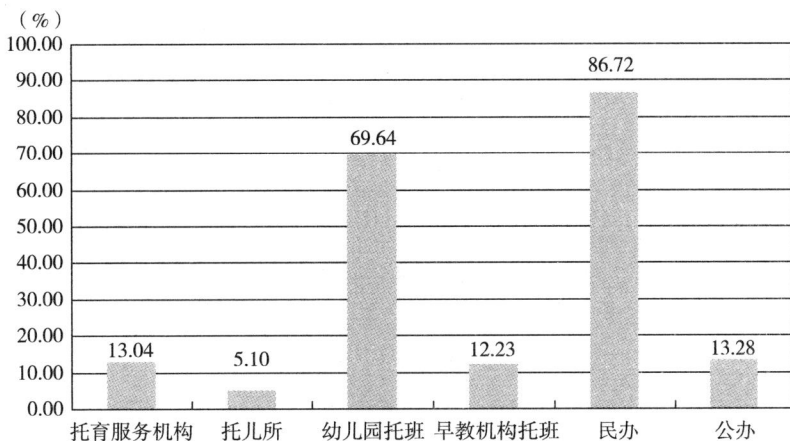

图6 河南省0~3岁婴幼儿照护服务机构情况

3. 照护服务多样化，五种模式最常见

婴幼儿照护服务再次回归大众视野的时间虽然短暂，但是也产生了一些可以推广的经营模式。在目前的实践中，河南省0~3岁婴幼儿托育服务的供给模式主要有园中园托育、单位托育、社区托育、早教托育、家庭式托育五种（见图7）。

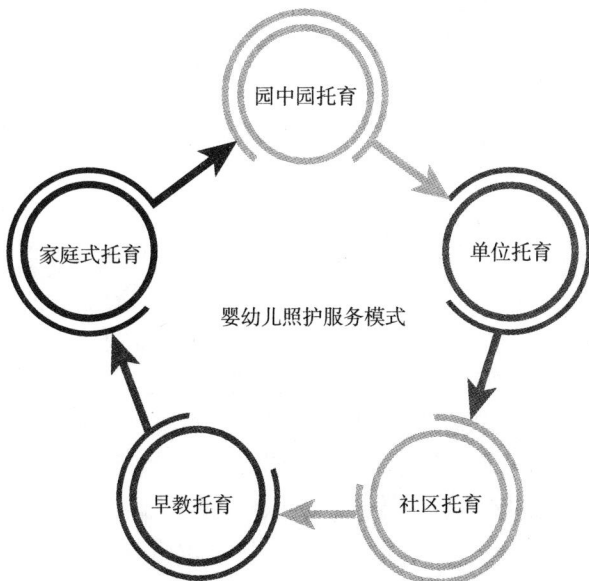

图7 河南省0~3岁婴幼儿照护服务模式

（1）园中园托育。园中园托育是指在幼儿园中增设托育服务，学员年龄段由3~6岁拓宽至0~6岁。园中园托育也是当前市场上较为常见的婴幼儿照护服务模式。在幼儿园原有基础上开展婴幼儿照护服务，许多软硬件设施的共享，在一定程度上可减少托育开办成本，具有可行性。婴幼儿可由托育无缝过渡到学龄前教育，一次性解决孩子入园不适和家长的择园问题。但是园中园的婴幼儿照护服务对幼儿园的场地、师资都有不同的要求，许多已开办的成熟幼儿园不太容易进行转型。相对而言，园中园托育更适合新开办的托育和学龄前教育一体化的幼儿园。

（2）单位托育。企事业单位托育是指在企事业单位内部开设托育服务机构，主要面向单位职工提供0~3岁婴幼儿照护服务。单位托育既可以是企事业单位自己开办，也可以引进市场托育服务机构进行合作开办。它是单位为内部职工提供的一种福利性服务，托费较低，用以满足职工上班期间婴幼儿照护需求。由于开设在单位内部，也为哺乳妈妈和婴幼儿的接送提供了便利。但是单位托育需要企事业单位有一定面积的场地和不小的资金投入，对于大部分单位来说，实现托育都存在不小的困难。

（3）社区托育。社区托育是指在社区附近开办托育服务机构，为周边的社区居民提供婴幼儿照护服务。社区托育是目前主要推广的一种普惠式托育模式。社区托育可依托社区的党群服务中心设立，打造社区多样化、一体化的社区服务。社区托育最大的优势就是离家近，方便家长接送，是许多家长的托育首选。但是现在的社区托育并未普及，各社区呈现托育的不均衡发展，许多社区附近托育市场仍然是一片空白。

（4）早教托育。早教托育是指由早教中心转型的托育服务机构，或者是托育、早教一体化的机构。早教托育的优势在于其生源的一致性，同样是面向0~3岁的婴幼儿。托育、早教一体化的机构采取工作日经营托育、周末运营早教的混合模式，避免了场地、设备设施的闲置。但是早教与托育存在质的区别，早教重"教"而托育重"育"，二者的师资要求也不同，一周七天的运营对企业的人力资本同样是个挑战，所以早教中心转型做托育也并非易事。

（5）家庭式托育。家庭式托育是指通过租住民宅或利用自有住房承接小规模的婴幼儿照护服务。家庭式托育形式灵活，主要是以养育为主，接送时间相对自由，适合工作时间不固定的父母。但家庭式托育基本是由私人开办，缺少正规的经营手续，婴幼儿的安全存在隐患，难以规范统一管理。

在以上五种托育模式中，家长可根据实际情况选择托育形式，比如全日托、半日托、计时托、临时托等。五种托育模式各有利弊，需要进一步完善、规范。

(三) 婴幼儿照护服务供需不匹配

相较于旺盛的婴幼儿照护服务的市场需求,河南省现有的托育服务供给严重不足,社会托育服务能力亟待加强。从数量上来看,托育机构严重匮乏,根本不足以满足家长的需求。据2016年对郑州市600多位婴幼儿母亲进行婴幼儿照护需求问卷调查的数据显示,33.3%的家长有入托需求,而调研样本中实际的入托率为5.55%。若按33.3%的入托需求测算,2020年仅城市就有60万婴幼儿需要入托①。婴幼儿入托需求量远远大于实际入托量,托育机构承载能力有限,婴幼儿照护服务供需严重不匹配。从服务内容来看,家长普遍认为托育机构更应当关注早期教育与智力开发、规则意识与习惯培养等方面,但并非所有的机构都能提供这些服务,所以存在家庭对托育需求多元化与托育机构单一化的矛盾。

四、河南省0～3岁婴幼儿照护服务发展面临的困境

(一) 行业标准缺失,照护监管缺位

对于0～3岁婴幼儿照护服务,河南省目前仅仅出台了促进和推动其发展的实施指导意见,缺少统一的机构设置标准和管理规范,市场上还未形成业内普遍认可的保育和教学模式,托育机构缺少正确积极的引导,导致行业乱象频发、服务不规范。由于我国尚未明确0～3岁婴幼儿照护服务机构主管部门,也没有将其纳入政府公共服务体系,相关法律法规不完善,托育服务难以得到有效的监督。在实际调研走访中,多家机构表示在日常运营中曾受到多个部门的检查和管理,包括市场监管部门、教育部门、卫健委、民政部门、街道办事处、派出所、社区服务站等,出现了"大家都在管,但谁都不管"的怪象。

(二) 托育供给不足,机构开办困难

面对社会对托育服务的强烈需求,托育机构供给明显不足,这与托育机构的开办手续复杂密切相关。由于0～3岁婴幼儿照护服务的特殊性,涉及保育、安全、教育、卫生、消防、饮食、心理、物价等诸多方面,所以在办理相关手续时,需要跑遍工商、民政、教育、卫生、住建、物价、消防、街道和社区等单位

---

① 资料来源:《〈河南省人民政府办公厅关于促进3岁以下婴幼儿照护服务发展的指导意见〉政策解读》,https://www.henan.gov.cn/2020/04-10/1316334.html。

和部门。此外，由于缺乏法律、政策等顶层设计和各部门的联席会议或办公制度，办理手续复杂，耗费时间长，创立非常困难。托育机构在创办过程中经常会遇到备案无门、消防验收环节难审核、食品经营许可证不好办等问题，导致机构无法取得正规经营证照和备案，影响正常工作的开展。

（三）运营成本高昂，发展资金短缺

在实际调研中发现，托育机构发展水平参差不齐，运营成本太高，许多机构入不敷出，无法实现盈利。在场地方面，无论是购买还是租赁，托育机构都需要投入高昂的场地使用费用。在安全方面，婴幼儿照护服务行业的特殊性质对室内装修材料的环保性能、消防安全、食品安全、设施设备安全等都提出了更高的要求。在生源方面，0~3岁的婴幼儿语言和运动能力发育不完全，个体存在较大的差异性，许多家庭会因为孩子年龄小、对机构不放心、家庭收入不足以支撑托费等放弃入托，生源不够稳定。在资金方面，婴幼儿照护服务行业在前期房租、设备等基础设施方面投资高，加上人员工资逐年攀升，政府扶持力度不够，导致托育机构资金短缺，限制了其服务能力提升和进一步发展壮大。

（四）专业人才匮乏，教师流失严重

我国目前尚没有关于0~3岁婴幼儿照护服务师资的职业资格证书，没有颁布专门的师资要求与标准，没有统一的培训与考核，也没有专门的学校和专业培养托育师资，导致专业教师十分匮乏，难以满足行业要求和市场需求。在师资准入方面，虽然托育行业对从业人员的专业性较幼教要求更高，但由于缺少培训机制，大部分教师是从幼教经短期培训而来，人员素质及专业性普遍不高。在师资提升方面，托育机构几乎都没有编制，缺少托育教师的专业职称评价体系和专业教师职业生涯规划，晋升渠道不明确，教师发展空间有限，再加上工资低、工作时间长和工作压力大，导致从业人员职业忠诚度不高，流失严重。

（五）缺少交流平台，信息共享不畅

河南省的0~3岁婴幼儿照护服务重启时间虽然不长，但是也涌现出一批正在市场化运营、前景较好的托育机构，他们较为成熟的运营模式、发展理念、教师培养等方面经验都可大力推广，以供其他同行机构学习借鉴。但整个婴幼儿照护服务行业尚没有一个统一规范的交流平台，托育机构之间缺乏交流，导致信息、资源不能有效传递和共享。尤其是对于生存困难的托育机构和想进入婴幼儿照护服务行业的个人或企业来说，建立这样的平台更是十分必要。

五、政策建议

0 ~ 3 岁婴幼儿照护不仅仅是家家户户的需求和责任，也赖于政府和社会的支持鼓励和监督。加强 0 ~ 3 岁婴幼儿照护服务，已经不再是个人的事情，全社会应举全力共同促进照护服务的有效实施，为落实"全面放开二孩政策"保驾护航。

（一）政府层面

1. 立足有效需求，出台标准化托育服务政策法规

随着托育服务需求呼声的日益高涨，托育机构的安全性、环境状况以及师资队伍的专业性都备受婴幼儿家长的关心和关注。当前，河南省还暂未明确出台有关 0 ~ 3 岁婴幼儿托育服务的标准化政策法规，如何把控托育机构的安全风险，托育机构的准入标准是什么，如何有效地监督托育机构的运营发展，都是影响婴幼儿家庭托育需求实现的阻碍因素。作为政府部门，应立足婴幼儿家庭的有效需求，因地制宜地出台托育服务行业准入机制及监管实施条例，细化托育机构选址、卫生、安全、监管等工作，明确责任主体作用，群策群力，在政策法规上规范托育机构管理，共同促进河南省托育事业的发展。

2. 大力发展普惠性托育服务机构

当前托育机构的供给和托育服务需求之间存在较大的缺口，供给满足不了婴幼儿家庭的需求。加之托育机构发展的良莠不齐以及昂贵的托育费用，使得很多婴幼儿家庭对托育机构望而却步。想入托，但入托难是当前婴幼儿家长面临的重大难题。调研发现，0 ~ 3 岁婴幼儿家长普遍希望政府可以成立公办的普惠性托育机构，一方面，可以减轻婴幼儿家长的经济压力；另一方面，公办托育机构拥有完善的机构设备以及专业的师资队伍，这让不少家长减少了担忧，从而更加放心。政府作为普惠性托育机构的主要推动力量，应加大扶持力度，支持建设一批普惠性托育服务机构，从而减轻婴幼儿家庭的照护负担。

（二）社会层面

1. 多方并举，多渠道鼓励社会力量开办托育服务

0 ~ 3 岁婴幼儿照护服务关系民生，且托育服务需求呼声较高，这为开办托育服务机构打开市场很有助力作用。在市场化的浪潮下，社会力量是发展的中坚

力量，鼓励社会力量开办托育机构，一方面，可以减轻政府的财政压力；另一方面，可以刺激市场的活力，培育出更符合婴幼儿家庭需求的托育服务。此外，社会力量主体多样，这就决定了能够提供托育服务主体的多元化。因此，动员社会多方并举，鼓励支持社区、民办非企业单位兴办托育服务机构，鼓励事业单位、大型企业依托单位开展托育服务，为职工提供福利，增强职工的便利感和幸福感。

2. 强化师资队伍建设，提升托育机构教育质量

对从事托育服务行业的教师来说，要严格其资格准入机制，强调执证上岗的重要性，着力培育出一批专门面向 0~3 岁婴幼儿的专业能力强、资格过硬的托育师资队伍。同时要加强托育机构教师上岗前的培训，确保机构的托育教育质量。在课程设置上，要开发覆盖 0~3 岁婴幼儿生长全周期的早教课程；要强化托育教师的职业道德素养，制定托育服务行业从业资格人员的道德准则。

（三）家庭层面

要转变传统育儿观念，树立科学育儿观。调研发现，越来越多的婴幼儿家长开始注重 0~3 岁时期对孩子能力和习惯的开发和培养。婴幼儿家长已经不再满足于祖辈的帮忙照料，自己主动学习科学的喂养方式和婴幼儿膳食营养搭配。积极带领孩子参加早教课程，在注重婴幼儿身体发育的基础上，更加关心孩子的心理健康发展。立足家庭，婴幼儿家长应该摒弃或转变传统育儿观念，通过阅读书籍、参加知识讲座等方式提高自身育儿观念，加强婴幼儿与同伴的交流、玩耍，促进婴幼儿的健康成长。

参考文献

［1］李雨霏，马文舒，王玲艳. 1949 年以来中国 0~3 岁托育服务机构发展变迁论析［J］. 教育发展研究，2019，39（24）：68 - 74.

［2］李沛霖，王晖，丁小平，傅晓红，刘鸿雁. 对发达地区 0—3 岁儿童托育服务市场的调查与思考——以南京市为例［J］. 南方人口，2017（02）：71 - 80.

［3］黄快生. 我国 0~3 岁城镇托幼服务事业发展提升与规范运行研究［J］. 湖南社会科学，2019（03）：156 - 163.

［4］王晖. 3 岁以下婴幼儿托育需求亟需重视［J］. 人口与计划生育，2016（11）：22.

［5］蒋永萍. 0~3 岁儿童养育公共服务与政策支持探析［N］. 中国人口报，2017 - 01 - 23（003）.

［6］石智雷，刘思辰. 我国城镇 3 岁以下婴幼儿机构照护供需状况研究［J］. 人口与社会，2019，35（05）57 - 70.

13. 河南省医养结合可持续发展的问题与对策研究

李文姣*

摘　要: 实施医养结合是完善河南省养老服务体系的重要举措,河南省立足省情全面推进医养结合,取得了创新性的实践探索,构建了医养结合制度体系,建立了多元化的资金筹措机制,推动了医疗资源和养老服务双向结合。但是河南省当前医养结合的可持续发展面临着诸多困境。为了化解这些困境要着力加强顶层设计使政策逐步规范化、医养结合必须明确"医"与"养"的边界、整合并充分利用现有的资源、积极扶持老年医学发展、加快长期护理保险的试点和推广、构建信息化平台开展智慧养老以推动河南省医养结合的可持续发展。

关键词: 医养结合　可持续发展　养老服务

医养结合是指以医疗为基础,以养老为核心,医疗资源与养老资源的合理配置,其中,"医"是指老年人的医疗健康保健服务,包括医疗诊治、健康检查、疾病诊疗、健康咨询、康复训练、姑息治疗、安宁疗护和临终关怀等;"养"是指为老年人提供生活照料、家政服务、康复护理和精神慰藉等方面的服务,医养结合能够实现社会资源的最大化利用。党的十九届五中全会将积极应对人口老龄化第一次提升至国家战略,《中共中央关于制定国民经济和社会发展第十四个五年规划和二〇三五年远景目标的建议》提出要构建居家社区机构相协调、医养康养相结合的养老服务体系。2019 年 10 月国家卫生健康委出台《关于深入推进医养结合发展的若干意见》中提出了强化医疗卫生与养老服务衔接、推进医养结合机构"放管服"改革,完善养老服务体系,更好满足老年人健康养老服务需求。2019 年 12 月国家卫生健康委印发《医养结合机构服务指南(试行)》,对医养结合机构的基本要求、服务内容、服务流程做出了明确规定,该指南遵循全面性、

---

* 李文姣,中共河南省委党校副教授。

准确性、时效性和实用性的原则，对提高医养结合机构的服务质量，规范服务内容具有实践操作性。

一、河南省医养结合的实践与成效

自 2016 年郑州市、洛阳市和濮阳市入选国家级医养结合试点城市，河南省在医养结合方面已经进行了四年多的探索实践，在此期间河南省医养结合在制度体系建设、完善资金投入机制和推动医疗与养老服务双向结合方面都取得了长足的发展。

（一）河南省人口老龄化与医养结合实践

河南省是人口大省，2019 年全省 60 岁及以上人口 1623 万人，占常住人口的 16.84%；65 岁及以上人口 1076 万人，占常住人口的 11.16%；80 岁及以上人口 170 万人，占常住人口的 1.76%，老年人口基数大，应对人口老龄化任务重，老年人健康养老服务需求日益增加。

在党中央的部署之下，近年来河南省委、省政府立足本省现实，全面推进"医养结合"发展。截至 2020 年 6 月 30 日，全省共有医养结合机构 306 家，其中，既有民政部门备案又有卫生健康部门备案或行政许可的两证齐全的医养结合机构 216 家。在两证齐全医养结合机构中，属于医办养的 143 家，属于养办医的 73 家。在 306 家医养结合机构中，公立机构 115 家，非公立机构 191 家；政府办机构 110 家，社会办机构 54 家，个人办机构 142 家；纳入医保定点的有 244 家，未纳入医保的有 62 家。2019 年 12 月，商丘市卫健委、兰考县卫健委、郑州市爱馨阳光城等 8 家机构入选全国医养结合典型经验；2020 年 8 月，河南省扶沟老年康复护理院、河南省郑州二七爱馨医院、河南省郑州市第九人民医院等 6 家机构入选全国首批老龄健康医养结合远程协同服务试点。

（二）构建了医养结合制度体系

从 2016 年开始进行医养结合试点以来，河南省通过规划先行、法规引领、政策保障构建了医养结合制度体系，打造了河南省医养结合良性发展的基础。

1. 规划先行，精准施策

2017 年 12 月，河南省出台了《河南省"十三五"养老服务体系建设规划》（以下简称《规划》），提出河南省将深入推进医养结合改革试点工作。该《规划》为河南省进行医养结合试点设置了目标,要求 2020 年基本建立符合河南省实际的医养结合体制机制和政策法规体系,医疗卫生和养老服务资源实现有序共享,覆盖城乡、规模适宜、功能合理、综合连续、高效便捷的医养结合服务网络基本形成。同时,为了完善医养结合服务,《规划》还要求护理型床位占养老床位的比例达到 30% ~40% 。要求基层医疗卫生机构要为高龄失智失能老年人,提供定期体检、上门巡诊、上门护理和家庭病床等服务,并将符合条件的医疗护理费用纳入医疗保险基金支付范围。基层医疗卫生机构还应为辖区内老年人提供健康管理服务。为让老人接受更好的医养结合服务,《规划》与相继发布的六个养老方面的省级地方标准形成了相互衔接、互为支撑的医养结合服务政策体系。

2. 法规引领,规范发展

2019 年 1 月 1 日正式施行的《河南省老年人权益保障条例》明确规定县级以上人民政府应当合理布局、统筹养老服务与医疗服务资源;卫生健康、民政、人力资源社会保障等部门应当促进医养结合,支持医疗机构依托自身优势兴办养老机构,支持有条件的养老机构依法设置医疗机构;每个省辖市、县(市、区)至少建立一所医养结合的养老机构。该条例将河南省医养结合纳入法制化、规范化的发展轨道。

3. 政策保障,落实细则

在 2016 年制定实施《关于推进医疗卫生与养老服务相结合的实施意见》和 2017 年印发《"健康中原 2030" 规划纲要》的基础上,河南省医养结合的政策在保障方面不断进行新的尝试和探索。

2020 年 7 月,河南省《关于深化医养结合促进健康养老发展的意见》(以下简称《意见》)提出 4 个方面 23 项政策措施。在加快健康养老服务设施建设方面提出 "六个支持":支持养老机构设立医疗机构、支持医疗机构设立养老机构、支持居家社区养老服务设施建设、支持老年医疗服务设施建设、支持医养联合体建设和支持社区医养结合服务中心建设。同时《意见》也为河南省未来医养结合的发展方向提出了指导目标,到 2022 年和 2030 年,二级以上综合医院设置老年医学科比例分别达到 50% 以上及 90% 以上,到 2022 年,三级中医医院设置康复科比例达到 100% 。完善医养结合服务机制方面,《意见》提出要完善 "六个机制",分别是签约服务机制、医疗巡诊服务机制、医养转诊服务机制、老年人便利就医服务机制、远程诊疗服务机制和医养结合服务联合监管机制。并且提出到 2022 年,养老机构以不同形式为入住老人提供医疗卫生服务的比例、医疗机构为老年人提供挂号就医等便利服务绿色通道的比例均达到 100% 。在提升健康养老服务能力方面,《意见》提出 "五项措施":强化家庭医生签约服务、推进居家健康养老服务、开展老年心理健康服务、加强中医药健康养老服务和壮大医养结合服务队伍。

（三）建立了多元化的资金筹措机制

1. 加大政府对医养结合的财政投入

虽然目前河南省的省级财政没有医养结合专项投入，且省级福利彩票公益金也没有用于支持开展医养结合服务的资金，但是政府通过政府购买服务和对养老床位进行补贴的形式支持医养结合服务的开展。2018 年 9 月，《河南省政府购买养老服务实施办法（试行）》在医养结合方面提出为居家和社区养老的老年人购买助餐、助浴、助洁、助急、助医、护理、社区日间照料、老年文体活动、老年教育以及养老服务网络的运维服务等；为机构养老的"三无"老年人、计划生育特殊家庭老年人、低收入老年人、经济困难的失能半失能老年人购买机构供养、康复、护理服务等。

2. 构建多元化的资金引导投入机制

医养结合养老模式具有养老事业和养老产业的双重属性，这就意味着医养结合不能完全由政府出资支持，需要构建多元化的资金引导投入机制。2019 年 12 月，河南省财政厅、民政厅、人社厅联合印发《关于财政支持城镇社区养老服务体系建设发展的实施意见》，提出构建多元化的资金引导投入机制以支持养老服务机构运营。在调研过程中也发现，有的公办养老院采取公建民营的形式，由国有企业或上市公司投资建设医养结合机构，加强医养结合服务的养老产业属性。比如，光大实业集团旗下光大国投产业基金投资 1.2 亿元为河南省老年公寓二期项目带来建设资金，在养老院中建立了护理院，提高了该机构的医养结合服务水平。

3. 借力金融支持医养结合服务发展

2018 年 4 月，河南省发改委印发《关于开发性金融支持健康养老产业转型发展的通知》，明确了医养结合为开发性金融支持健康养老产业转型发展的 6 大重点领域之一。2019 年 12 月，河南省财政厅、民政厅、人社厅联合印发《关于财政支持城镇社区养老服务体系建设发展的实施意见》，鼓励拓展养老服务融资渠道，根据情况不同，由省级财政运用省级金融业发展专项奖补资金，为养老服务机构提供不同力度的补助。

（四）推动了医疗资源和养老服务双向结合

近年来，河南省大力支持医养结合发展，促进了全省医养结合机构快速崛起。2020 年 7 月，河南省制定《关于深化医养结合促进健康养老发展的意见》指出，以医为核心，推动医疗卫生资源向家庭、社区、养老机构流动延伸。这主要包括两个方面的服务，一是医养签约服务。支持医院和养老院基于合同协作、互惠互利的原则，明确双方的责任和义务，明确合作内容、方式和费用，展开形式多样的签约合作，以拓展养老照护服务功能，提升医疗服务能力。同时也鼓励养老院通过签约将本院的医疗卫生服务以外包或委托经营的方式交给医院，由医院全权负责。二是健康管理服务。首先，完善老年人便利就医服务机制。完善和落实老年人医疗、养老优待政策措施，积极创建老年友善医疗卫生机构。其次，完善医疗巡诊服务机制。基层医疗卫生机构结合家庭医生签约服务，按照"定期＋按需"的原则，为辖区内未设立医疗机构的养老机构开展上门巡诊服务，为入住老年人提供常见病、多发病、慢性病的诊治、合理用药指导和老年人健康管理等服务。养老机构为上门巡诊医务人员提供必要的工作场所。最后，完善远程诊疗服务机制。推进面向医养结合机构的远程医疗建设，鼓励有条件的医院为养老院提供远程诊疗服务，鼓励有条件的养老院设立远程诊疗站点，加入河南省远程医疗平台。医养双向延伸能够充分利用现有医疗资源转型开展多种形式的养老服务。鼓励闲置的医院转型为护理院，开展为老康复护理服务；鼓励医疗卫生机构直接运营养老机构，打通医养之间的隔阂阻碍。

二、河南省医养结合可持续发展面临的困境

（一）医院内设养老机构面临的困境

一直以来医院由卫生部门主管，养老机构由民政部门主管，医养结合机构作为新生事物，受到卫生部门和民政部门双头管理，政策协同难度较高。医院内设养老机构面临诸多困境，例如，老年人在医院看病可以使用医保，但医院内设养老机构却不在医保范围内；民政部门为养老院提供床位补贴，但医院的养老床位却不能享受民政补贴。同时医院成立养老机构需要经过民政部门的资质审批，还要在编办变更登记事项和经营服务范围，才能开展养老服务，其难度比民营养老院大很多。

盈利导向降低了医院开展医养结合的积极性。医院开展医养结合服务面临投资大、风险大、收益小的弊端，对三级公立医院是"得不偿失"的。一张医疗床位每年平均可以为医院创收近百万元，但改办养老机构，同样的床位每年创收不到 10 万元，医疗床位和养老床位之间的收入相差 10 倍之多，导致很多三级甲等医院对开设养老机构的积极性不高。

医养结合服务缺乏严格的行业标准，诸多现实问题的解决遭遇瓶颈。比如，医院开办的养老机构如何提供标准化的养老服务？如何避免医院进行过度医疗？医院开展养老服务的收费标准如何确定？医养结合的服务水平如何评估？住院老人多为失智失能的老人，在养老区发生的意外不在医疗事故强制责任险的保险范围内，需要医院自身承担风险责任，诸如此类的风险会引发更大的行业风险。

在医院内设的养老机构里，老年人生病需要在"住院区"和"养老区"之间频繁转换床位。有的医疗结构为了控制生病老人的疾病传染，将养老区和住院区分开，老年人一旦生病住院，按目前政策需要从"养老区"搬到"住院区"进行治疗，痊愈后再搬回"养老区"。在这一过程中会出现两个问题，一是老年人在两个区域来回周转，住院期间离开熟悉的养老环境和护理人员对其身心健康产生负面影响，不利于疾病的康复，也没有达到医养结合应该做到的一张床位能享受医疗和养老两项服务的目的。二是老年人住院期间的养老床位虽然闲置，但为了保留养老床位，很多家庭在老年人住院期间除了需要支付病床费还需继续支付养老的床位费，这无疑加重了家庭的经济负担。医疗机构内设养老机构如果能做到老年人生病不需要转换床位，那才是真正的医养结合。

（二）养老院开设医疗机构面临的困境

养老院开设医疗机构同样面临不能持续性发展的困境。

第一，医疗成本和养老服务需求之间不匹配。养老院开设医疗机构的标准和成本相对较高，很多中小型养老院根本负担不起医疗设施的巨大投入，同时长期聘用专业的医生护士对于养老院也是一项经济压力。一些社会办的小型医养结合机构退而求其次，仅在机构内建设医疗门诊，但是医疗设施相对简陋，医护人员不足，导致很难满足高龄失智失能老年人对高质量医疗服务的需求。

第二，养老院申请医保定点困难。目前河南省纳入医保定点的医养结合机构占所有机构的2/3，其中大多为医院内设养老机构的医养结合机构，而养老院申请医保定点的困难比较大。政策规定投资新建的医养结合机构需在一年之后才能申请办理医保定点，而审批下来往往时间更久。养老院提供的医疗服务不能纳入医保定点范围已经严重增加了养老院的运营成本，在调研中发现，有的养老院开设的医疗机构在亏本运营，每月的收入仅能维持医护人员的日常工资，这对养老院的发展是一种制约。

第三，部分养老院违规操作，医疗保险基金"套保"风险较大。政策对养老机构申请医保定点严格管理是必须的。在医养结合模式实践探索的前期，部分已纳入医保定点的养老机构存在较为严重的医疗保险基金套保现象。通过把"养老床位"变为"医疗床位"，用医疗保险基金支付养老床位费；将属于养老服务的康复护理改为医疗诊治服务，用医疗保险基金报销相关费用；将老年人养生保健类的处方开成医药处方等多种非法手段套取医疗保险基金。部分医养结合机构变相套保的行为不仅侵蚀了医疗保险基金，加大了政府医疗保险基金"穿底"的风险，而且伤害了公众利益，损害了医养结合机构的信誉，加大了医养结合服务可持续发展的难度。

（三）医院与养老院合作面临的困境

医院与养老院分属两个完全独立的经济主体，在合作过程中不可避免地存在利益冲突。在调研过程中了解到，2016 年和 2017 年河南省医养结合试点初期，多家医院和养老院签订了合作协议，医院在养老院建立门诊和病房，提供基础的医疗支持。但随着时间的推移，合约到期后医院和养老院纷纷不再续约，医院整体撤出养老院，终止了医疗服务合作。养老院则或独立开设医院，或停止提供医养结合服务。如何支持医院与养老院的合作持续发展也是未来政策需要完善的关键之处。

（四）医院与社区合作面临的困境

社区面对的养老服务群体接触面最广、群众受益最大，社区开展医养结合服务一般采取社区养老照料中心与社区卫生服务中心合作（政府鼓励二者比邻建设），医院外派医护人员长期进驻社区医院或定期巡诊这两种方式，但在实践中也同样存在困境。首先，关于收费的问题。医护人员对社区老人提供的相关医疗服务还未被医保完全覆盖，社区医院开设老年医学科或老年护理床位难以享受民政部门的相关政策补贴，因此收费问题需要进一步妥善解决。其次，社区提供医养结合服务主要针对居家养老的老年人，通常需要医护人员提供上门巡诊服务，可是医护人员进入到居民家中后，个人的人身安全问题尚未出台完善的保障措施。最后，针对医护人员在实施医疗救助过程中发生医疗事故，还没有建立相应的保险制度。

三、河南省推进医养结合可持续发展的对策建议

（一）加强顶层设计使政策逐步规范化

医养结合的政策发展经历了三个阶段，2013～2015 年是由国务院主导进行

顶层设计阶段，明确了医养结合的重要性和大方针；2015～2016 年是由民政部、卫健委主导的任务规划阶段，明确了双方的监管职责和具体方向；2017 年至今由卫健委主导的细则落实阶段，为医养结合的推进和试点工作提出明确任务。对政策进行梳理后，研究认为从政策层面保障医养结合的可持续发展可以从以下三个方面着手。

一是完善顶层设计。医养结合需要顶层设计，并非只是兴建或改造几所养老机构，而是应该将各种举措贯彻于整个养老服务体系建设，真正实现医疗与养老两大资源高效结合。医养结合涉及民政、卫生健康、社会保障和老龄办四个主要部门，养老机构由民政部门审批和管理，医疗机构由卫生健康委员会认定和管理，医疗保险由医保部门管理，社区居家养老服务由老龄办组织实施。因此，应统筹民政、卫健委、社保和老龄办等部门对医养结合的管理政策，明确医院和养老院在医养结合模式中的定位和职责，同时打破行业壁垒，鼓励医院与养老院建立协同合作机制。

二是支持二级医院开展医养结合。我国医疗资源结构性不均衡的现象长期存在，三级医院人满为患，而很多二级医院和一级基层医院却面临医疗资源和病床闲置的问题。因此，加强政策支持和扶植力度，鼓励二级医院转型，利用闲置资源开办老年医学科，将空闲的医疗床位转变为养老床位，积极发展医养结合。这样既能盘活现有资源为医院创收，又能为群众提供医养结合服务。

三是完善医养结合行业标准的制定。医养结合的行业标准事关医疗资源合理规范的使用、养老服务的规范化以及相应服务评价的标准化。在医养结合试水初期，医养不分导致医疗保险基金被套用，这主要归因于行业标准不够规范。只有制定出完备的行业标准，才能有利于培育医养结合行业良性发展的环境。同时，制定医养结合的行业标准还需要因地制宜，由于经济社会发展不平衡，医疗资源的地区间差异较大，人民群众对医养结合服务的需求也不尽相同，制定医养结合行业标准应结合地区的现实情况，避免"一刀切"。

（二）医养结合必须明确"医"与"养"的边界

医养结合的本质是医疗和养老在服务层面的结合，但医养结合不是医养"融合"，过度的融合势必导致医护不分。前文提到的医疗保险基金被套用就是"医"与"养"不分引发的风险，造成医疗资源的浪费和医疗保险基金的乱用，因此，医养结合的可持续发展必须建立在明确"医"与"养"的边界上。

医养结合的关键在于清晰地界定"医"与"养"的服务边界。老年人在生病前、诊疗中、康复中、康复后每个阶段需要的服务项目和提供服务的机构是不同的，厘清医疗护理和养老照护的服务边界是非常有必要的。在医养结合服务模式中应该严格按照评估指标，清晰地界定"医"与"养"的服务边界，分阶段逐级提供配套医养服务，医归医，养归养，保证每一项服务指标和补贴标准划分得清清楚楚。因此，需要在医院、护理院、养老院、社区和家庭等不同类型的医养结合机构中建立层次分明的服务体系。

医养结合的核心是厘清"医"与"养"的支付边界。医疗保险基金只能用于支付在基本医疗保障范围的疾病诊疗、护理、康复等医疗卫生费用，不能用来支付与养老服务相关的生活照料费用。同时，厘清"医"与"养"的支付边界要将符合条件的医养结合机构中的医疗服务按规定纳入城乡居民基本医疗保险定点范围，采取按疾病诊断分组、按病种、按床位复合的医保支付方式。而医疗康复项目则需要按规定逐步纳入基本医疗保险支付范围。

（三）现有资源的整合与充分利用

实现医养结合的可持续发展，必须要重视对现有资源的整合与充分利用，包括医疗资源、人力资源和硬件设施三个方面。

首先，医疗资源的整合包括医院之间、养老院与医院之间以及医院与社区之间的资源整合。第一，医院之间的资源可以通过将同一个区域内的医疗资源整合在一起，比如，由一个区域内的三级医院与二级医院、社区医院、村医院组成一个医疗联合体；县域医疗服务机构可以建立"医共体"；专科医院之间通过建立专科联盟等方式实现医疗资源的整合与利用。第二，养老院与医院之间的医疗资源的整合可以通过两种方式进行：一是在养老院中设立具备基础医疗条件的医疗机构，可与二级、三级医院签约，严格按照医疗卫生机构的出入院标准，建立双向转诊机制；二是鼓励养老院与周边的康复医院、护理院、安宁疗护中心等医疗机构对接，建立协同合作机制，为老年人提供系统完善的医养结合服务。第三，"十三五"期间，国家政策支持和财政投入重点向居家养老和社区养老倾斜，通过医院、社区卫生服务中心、社区养老照料中心、居家康护共同形成一个闭环式服务体系，将医疗卫生服务延伸到社区和家庭。尽可能达到医疗和养老的无缝衔接，让老年人接受医疗服务更便捷，打通医养结合服务的"最后一公里"，最终实现便民、利民、惠民。

其次，医养结合养老模式中人力资源的整合可以通过两种方式实现：一是实施医师执业地点区域注册制度，支持鼓励在职医务人员、退休医务人员和职业院校护理专业毕业生到医养结合机构执业。二是鼓励社会组织、社工组织、志愿服务组织与医养结合机构结对开展服务。同时鼓励医疗机构、养老机构及其他专业机构为上述群团组织成员、家政服务从业人员提供专业的老年人照护和急救知识培训，提高他们的服务能力和服务水平。

最后，在硬件设施方面，根据政策规定，在不改变规划条件的前提下，允许盘活利用城镇现有空闲商业用房、厂房、校舍、办公用房、培训设施及其他设施提供医养结合服务。采取公建民营、民办公助也是整合硬件设施的重要方式，鼓励地方结合实际制定多种优惠支持政策，支持社会力量利用现有的硬件设施为老年人提供多层次、多样化的医养结合服务。

（四）积极扶持老年医学发展

2019 年 11 月，国家卫生健康委会同国家发改委、教育部等八部门联合印发的《关于建立完善老年健康服务体系的指导意见》指出，到 2022 年，二级及以上综合性医院设立老年医学科的比例达到 50%；80% 以上的综合性医院、康复医院、护理院和基层医疗卫生机构成为老年友善医疗卫生机构；基层医疗卫生机构护理床位占比达到 30%。鉴于上述文件对未来两年的规划和目标设定，本研究认为二级及以上综合性医院设立老年医学科是非常必要且是必须的，因为老年疾病是多病共患的，如果不设立老年医学科，老年人在综合性医院看病需要挂好几个科室的号，看好几位医生才能完成，这给老年人就医带来了极大的困扰。但是在老年医学科就能够实现在一个科室问诊所有的疾病。此外，老年医学和普通医学有着本质的区别。普通医学关注疾病的诊断，尤其是疑难杂症的鉴别诊断，而老年人患病大多为高血压、高血糖、心脑血管疾病等，疾病诊断难度不高，但需要关注日常的保养和治疗。老年疾病预防重于治疗，应鼓励老年人锻炼身体达到身体健康。老年医学通过综合管理、系统治疗开展老年人中期照顾、长期照护、临终关怀等，让老年人老有尊严，是医养结合持续发展的重要支撑。

（五）加快长期护理保险的试点和推广

2016 年 6 月，国家提出开展长期护理保险制度试点工作的原则性要求，2020 年 9 月开封市成为河南省唯一纳入长期护理保险国家试点的城市。长期护理保险是为被保险人在年老患病丧失日常生活自理能力时提供护理保障和经济补偿的保险制度，减轻照护高龄失智失能老人的家庭经济负担，是医养结合养老模式的有益补充。该保险以互助共济方式筹集资金，当前试点城市的实施政策规定，初始阶段从单位和个人缴纳的职工基本医疗保险费中以工资总额为基数按比例划出。从横向上看，河南省 60 岁及以上人口 1623 万人，90% 的老人为家庭养老，7% 的老人从社区接受养老服务，3% 的老人为机构养老，长期护理保险就是为那些需要在机构养老的 3% 的高龄失能失智老年人量身打造的。从纵向上看，每个人的一生也有 9073（即 90% 家庭养老，7% 社区养老，3% 机构养老），每个人在晚年的时候都有可能会进入机构养老，需要用到长期护理保险。建立长期护理保险是事关每一个人的重要举措，加快长期护理保险的试点和推广有助于医养结合的可持续发展。

（六）构建信息化平台开展智慧养老

构建信息化平台发展智慧健康养老产业是未来医养结合可持续发展的动力。2020 年，国家开展了首批老龄健康医养结合远程协同服务试点，河南省有 6 家机构入选。医养结合远程协同服务同样是信息化平台在实践中的应用，在线上为有医疗需求的老年人看病问诊，为患有慢性病需要长期服药的老年人开药并通过同城快递及时将药物送到病人手中，让老年人看病更便捷。医养结合远程协同服务能够增加医院与养老院、社区和家庭之间的协同性，医院可实时为养老院和社区提供医疗支持，实现医养结合在机构、社区、家庭范围内的全面覆盖。

四、未来展望

随着我国老龄化程度逐步加深，高龄失能失智老人、失独老人、空巢老人日益增多，他们迫切需要综合协同、价格适宜、服务完善的医养结合服务。医养结合以"医"为基础，以"养"为核心，利用"医"的科学性提高"养"的专业性，破解传统养老服务模式的难点痛点，切实提高养老服务质量，提升养老服务品质。在未来实践推广过程中，需进一步明确医养结合服务领域医院、养老院和社区的职责及定位，完善政府扶持、财政补贴、税收减免等政策，在医养结合模式可持续发展方面不断实践，探索创新。让医养结合养老服务模式有效实现养老和就医的无缝对接，让老年人从"老有所依"到"老有所医"。

参考文献

[1] 封铁英，南妍. 医养结合养老模式实践逻辑与路径再选择——基于全国养老服务业典型案例的分析 [J]. 公共管理学报，2020（03）：119 – 125 + 173.

[2] 马岚. 江苏"医养结合"新进展与对策研究 [M] //王庆五，刘旺洪. 2017 年江苏社会发展分析与展望. 北京：社会科学文献出版社，2017.

[3] 刘庆斌. 医养结合：可持续养老之路 [J]. 中国社会保障，2018（11）：73 – 75.

[4] 吴宏洛. 论医疗保险制度设计对失能老人的救助功能——基于医养结合长期照护模式的考察 [J]. 福建师范大学学报（哲学社会科学版），2014（02）：23 – 29.

14. 河南省养老照护资源现状及优化研究

周　爽[*]

摘　要： 本报告利用 2018 年"中国老年健康影响因素跟踪调查（简称'中国老年健康调查'（CLHLS））"数据，系统分析了河南省老年群体内部的异质性、老年人对不同层次养老照护服务的需求以及不同照料资源在老年人照料中的供给情况，通过对比照护服务需求和供给，分析了老年人的照料满足度，最后从照护需求的视角出发，提出了养老照护资源的优化建议。研究发现，第一，河南省老年人口中，女性比例高于男性，丧偶老年人和农村老年人口占主体，三成以上老人处于失能、半失能状态。第二，虽然家庭照护是河南省老年人的主要养老资源，但是老年人对社会化养老服务需求较高，且呈现多样化特征。第三，家庭照护支持力不足，社区养老服务的整体满足度低下，社会化养老服务发挥作用有限。由此提出建议，制定和完善家庭养老支持制度，提升老年人照护满意度。引导和支持社会力量开展居家养老服务，提升社会化服务效能。引入社会力量，加强社区养老机构运营能力。

关键词： 养老资源　社会化养老服务　家庭照护

随着老龄化趋势的不断增强，在高龄化、空巢老龄化、少子老龄化、失能老龄化多重叠加的社会背景下，家庭养老功能不断弱化，社会化养老已经成为"银发"时代的必然趋势（穆光宗，2018）。中国老年健康影响因素跟踪调查（CLHLS）数据显示，河南省 60 岁及以上老年人口中，90 岁及以上人群占 40.2%；空巢老人占 16.9%；失能老人占 13.2%；半失能老人占 18.5%。81.8% 的老人与家人住在一起，54.7% 的老人由子女照料。55.9% 的老人表示家庭照料不能满足基本需求。在沉重的照料压力面前，小家庭的力量十分微弱。子

---

[*] 周爽，郑州工程技术学院讲师，研究方向为人口学、社会学。

女在父母心中是精神和心理依赖，但在照料上已经难以为继。在河南省老年群体的高龄化趋势下，一部分高龄老人的照料者也已经迈入老年阶段，身心承受着较大压力，相应地，这部分高龄老人的养老服务品质也因此面临挑战。此外，在照料者中，独生子女深陷"4－2－1"抑或"4－2－2"家庭代际结构，照顾孩子、工作、家务已经让独生子女夫妻分身乏术，更不要说面对两个以上的高龄、失能、半失能老人了。照护压力问题已经不是单纯的小家庭问题，更是普遍的社会问题（乔晓春，2020）。

为积极应对老龄化带来的照护需求挑战，河南省加快推进养老服务发展，出台了《河南省积极应对人口老龄化实施方案》，提出健全多层次养老服务体系，注重依靠市场机制满足多样化需求，提升养老服务信息化水平。截至2019年底，全省实现各类养老服务设施1.4万个。其中，敬老院1924家，养老机构1390家，城市老年人日间照料中心2494个，农村互助养老设施8000多个①。

在各类养老服务机构、设施不断完善的同时，也存在一些不足。例如，服务体系建设、财政补贴和优惠的评价对象并不是以老年人为中心，而是以机构、设施为中心。养老服务标准存在不完善、不统一、不完整的情况。

根据第六次全国人口普查数据显示，河南省自2000年起，已经步入老龄化社会。截至2019年底，河南省60岁以上老年人口达1623万人，占常住人口的16.8%。其中，65岁以上老年人口1076万人，占常住人口的11.2%②。

同时，河南省人口的出生率、死亡率、自然增长率相关数据显示（见表1），相比死亡率下降推动的顶部老龄化效应，生育率下降推动的底部老龄化作用更大，这意味着以往生育率的大幅度下降，将带来未来老龄化速度的大幅度上升，养老需求也将持续扩大，老年群体的异质性分析和需求评估是养老服务资源的合理分配和养老服务质量的基础和重要依据。只有优化养老照护资源，才能确保老人养老品质。

表1　河南省人口的出生率、死亡率和自然增长率　　　　单位：‰

指标 ＼ 年份	2012年	2013年	2014年	2015年	2016年	2017年	2018年
人口出生率	11.9	12.3	12.8	12.7	13.3	13.0	11.7
人口死亡率	6.7	6.8	7.0	7.1	7.1	7.0	6.8
人口自然增长率	5.2	5.5	5.8	5.7	6.2	6.0	4.9

数据来源：国家统计局。

---

① 数据来源：《养老内参》，http://k.sina.com.cn/article_5617251953_14ed07671019017mbb.html。
② 数据来源：河南省民政厅网站。

本报告将分别从老年群体的异质性、养老需求、目前的养老资源分布和不足，对河南省老年人的养老资源的满足度进行阐述。

一、河南省老年群体的异质性

根据老年群体异质性理论，老年群体内部存在很大的差异性（杜鹏等，2016）。从生命历程来看，老年人在步入老年（60 岁）到离世，会经历从能够自理到逐渐失能甚至失智的过程。在这个过程中，不同阶段会对应不同的生活自理能力和健康状况的老年人，分别是自理、介助、介护和临终关怀老人。

从老年人群的人口学特征来看，老年群体包括男性老年人和女性老年人；初老年人、老年人和高龄老人；已婚老年人、未婚老年人、离婚老年人和丧偶老年人；居住地在城镇的老年人和居住在农村的老年人。

根据老年群体分类理论，不同群体的老年人的需求呈现多元化趋势，应该采取不同的养老模式和养老策略。对于健康老人，核心问题在于体现老年人价值。帮助和促进老年人积极适应退休生活，转变社会角色，增加社会参与度，发挥自身余热，实现老有所为、老有所乐和老有所成；对于高龄、失能、失智、空巢老人，核心问题在于维护老年人尊严，需要通过医养结合、养老保障维护老年人生命历程中"最后的尊严"，实现老有所依、老有所医、老有所养、老有善终（穆光宗，2017）。

（一）老年人口以 90 岁及以上超高龄老年人为主，且女性超高龄老年人比例高于男性

河南省老年群体内部存在明显的性别年龄分化。从性别角度看，总体上河南省老年群体中，女性比重（54.5%）高于男性（45.5%）。从各年龄来看，女性老年人在 90 岁及以上的比重（68.4%）显著高于男性（31.6%）。而在 60 岁及以上的其他组均低于男性（见表 2）。

从年龄角度看，河南省老年群体的年龄集中在 90 岁及以上人群（40.2%），其次是 80 ~ 89 岁人群（26.5%），第三位是 70 ~ 79 岁人群（25.4%），最后是 60 ~ 69 岁人群（7.9%）。

可见，河南省的老年人口以超高龄老人为主，60 ~ 89 岁的男性老年人比重高于女性老年人，超高龄老年人中女性老年人是主体。

表2　河南省老年群体的性别年龄结构　　　　　　　　　单位：%

年龄组	男性	女性	合计
60～69 岁	57.8	42.2	7.9
70～79 岁	57.2	42.8	25.4
80～89 岁	51.0	49.0	26.5
90 岁及以上	31.6	68.4	40.2
小计	45.5	54.5	100.0

数据来源：2018 年中国老年健康调查。

（二）居住在乡村的老年人远超居住在城镇的老年人

从河南省老年人口的现居住地来看（见图1），城乡分布呈现显著差异性。56.3% 的老年人口居住在农村，36.8% 的老年人居住在镇，仅有 6.9% 的老年人居住在城市。这与河南省老年人口中农村户籍的比重非常高有很大关系①。

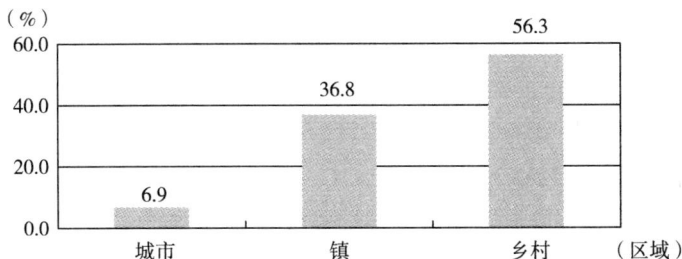

图1　河南省老年群体的现居住地类型分布

数据来源：2018 年中国老年健康调查。

（三）丧偶老年人近六成，远高于有伴侣的老年人

从河南省老年群体的婚姻状况来看（见表3），老年人群中丧偶老年人占主体，达 59.3%，其次是已婚并与配偶住在一起的老年人（39.3%），这两种老年人占据全部老年群体的 98.6%，基本概括了处于不同婚姻状况的老年人。而且，结合老年人的性别年龄结构可以发现，丧偶的老年人多为女性老年人。

① 数据来源：历年《中国统计年鉴》。

表3　河南省老年群体的婚姻状况　　　　　　　　　　单位：%

婚姻状况	比例
已婚并与配偶住在一起	39.3
已婚但不与配偶住在一起	0.6
离婚	0.1
丧偶	59.3
从未结过婚	0.7

数据来源：2018 年中国老年健康调查。

（四）六成以上老年人口未接受过教育

从老年群体的受教育程度来看（见图2），61.5%的老年人未念过书，27%的老年人上过小学，仅8.3%的老年人上过初中，3.2%的老年人表示上过高中。

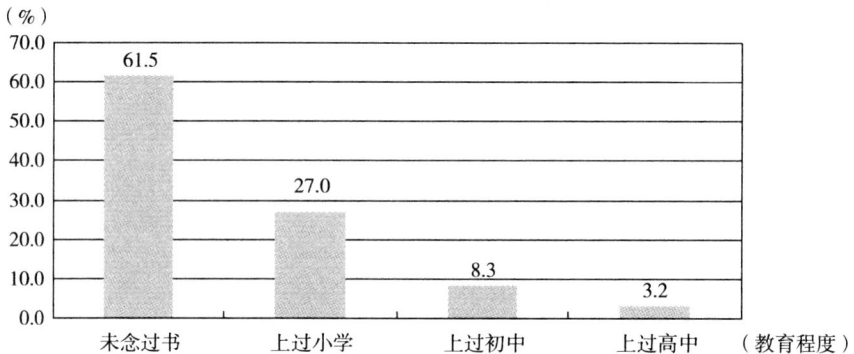

图2　河南省老年人的受教育程度

数据来源：2018 年中国老年健康调查。

（五）老年人口的主体是农民

从河南省老年群体退休前从事的职业来看（见表4），八成以上的老年人为农民（80.7%），而一般职员/服务人员/工人、从事家务劳动者、专业技术人员/医生/教师的老年人比重相对较小，分别占5.4%、4.6%和4.0%。行政管理、自由职业者、军人等职业比重也不高。

表4　河南省老年群体退休前从事的职业　　　　　单位：%

职业	比例
农民	80.7
一般职员/服务人员/工人	5.4
家务劳动	4.6
专业技术人员/医生/教师	4.0
行政管理	1.5
自由职业者	1.3
军人	1.2
其他	1.0
无业人员	0.4

数据来源：2018 年中国老年健康调查。

（六）老年人的日常活动受健康状况的影响而呈现出一定差异性

从老年人的日常活动受限情况来看，68.3% 的老年人表示日常生活活动没有因为健康方面的问题受限，18.5% 的老年人表示自己的日常生活活动因为健康问题在一定程度受限，13.2% 的老年人表示日常生活活动因健康问题受很大限制。由此可以看出，68.3% 的老年人生活可以自理，18.5% 的老年人存在部分失能问题，13.2% 的老年人生活不能自理，处于失能状态。

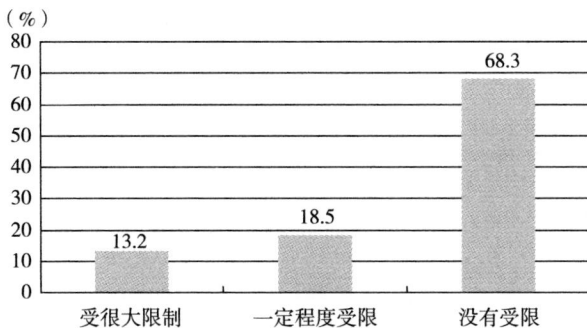

图3　河南省老年人日常生活活动受限情况

数据来源：2018 年中国老年健康调查。

二、河南省老年群体养老需求的多元化

老年人从步入老年（60岁）到离世，生命历程会经历从能够自理到逐渐失能其至失智的过程。根据这一过程中不同阶段的老年人的生活自理能力和健康状况，养老需求分别是自理、介助、介护和临终关怀。马斯洛需求层次理论精辟地概括了人们的五个层次的需求，老年人口的需求同样具备这些特征。不同生活自理能力和健康状况的老年人，对养老服务的需求也不同。

（一）老年人的居住意愿分布呈现两极分化

从老年人希望的居住方式分布来看（见表5），受传统养老观念影响，42.8%的老年人更希望与子女一起居住；如果独居的话，希望子女最好住在附近，这部分老年人占全部人群的35.8%；仅11.4%的老年人表示希望独居，子女住不住附近无所谓；选择居住在敬老院、老年公寓或福利院的老年人最少，仅占0.9%。

表5　河南省老年人的居住方式分布及原因　　　　　　　单位：%

	类型	比例
希望的居住方式	独居，子女在不在附近无所谓	11.4
	独居，子女最好住在附近	35.8
	与子女一起居住	42.8
	敬老院、老年公寓或福利院	0.9
	不知道	9.1
当前居住方式	与家人同住	81.8
	独居	17.3
	在养老机构居住	0.9
独居原因	没有子女或者子女无法在身边照顾	14.3
	不想麻烦子女	79.1
	其他	6.6

数据来源：2018年中国老年健康调查。

本报告发现，希望与子女同住的老年人（42.8%）几乎与希望独居

（47.2%）的老年人占比接近，那么居住意愿与实际居住情况是否一致呢？本报告将通过相关数据检查二者是否存在异同。

（二）老年人目前的居住方式以与家人同住为主

实际情况是，81.8%的老人表示目前与家人同住；仅17.3%的老年人是独居状况；另有0.9%的老年人在养老机构居住。如果分析老年人选择独居的原因，会发现接近八成的老年人表示"不想麻烦子女"，14.3%的老年人表示"没有子女或者子女无法在身边照顾"。可见，尽管有一部分老年人希望独居，但是受"养儿防老"的传统观念影响，如果不是出于体谅子女生活压力，或不得已的缘由，老年人通常会选择与子女同住（见表5）。

（三）老年人的健康状况不佳，慢性病患病率较高

从老年人常见慢性非传染病患病率指标来看（见表6），河南省老年群体的高血压、糖尿病、心脏病、中风及脑血管疾病患病率较高，而且在一定程度上影响了老年人的生活。这充分说明了河南省老年人，尤其是超高龄老人更多属于依赖型群体，决定了其对照料服务的需求强度较高。

表6　河南省老年人慢性病患病率、服药情况和对生活影响情况　　单位：%

高血压	患病率	68.6	褥疮	患病率	9.1
	是否服药	58.5		是否服药	1.5
	是否影响日常生活	47.3		是否影响日常生活	5.8
糖尿病	患病率	26.7	关节炎	患病率	19.7
	是否服药	16.4		是否服药	9.8
	是否影响日常生活	17.1		是否影响日常生活	21.9
心脏病	患病率	48.4	痴呆	患病率	13.8
	是否服药	36.3		是否服药	1.4
	是否影响日常生活	36.7		是否影响日常生活	17.0
中风及脑血管疾病	患病率	45.4	癫痫	患病率	7.7
	是否服药	35.1		是否服药	0.4
	是否影响日常生活	36.8		是否影响日常生活	4.6
支气管炎、肺气肿、哮喘病或肺炎	患病率	30.0	胆囊炎或胆石症	患病率	13.4
	是否服药	20.4		是否服药	3.6
	是否影响日常生活	26.9		是否影响日常生活	8.0

续表

肺结核	患病率	7.0	血脂异常	患病率	18.1
	是否服药	1.2		是否服药	9.1
	是否影响日常生活	5.1		是否影响日常生活	5.8
白内障	患病率	35.6	风湿或类风湿	患病率	9.0
	是否服药	10.9		是否服药	3.4
	是否影响日常生活	30.0		是否影响日常生活	5.6
青光眼	患病率	10.9	慢性肾炎	患病率	5.8
	是否服药	1.5		是否服药	0.8
	是否影响日常生活	9.1		是否影响日常生活	4.3
癌症	患病率	6.6	乳腺增生	患病率	5.2
	是否服药	1.6		是否服药	0.5
	是否影响日常生活	11.6		是否影响日常生活	4.7
前列腺疾病	患病率	14.5	子宫肌瘤	患病率	5.0
	是否服药	5.9		是否服药	0
	是否影响日常生活	14.6		是否影响日常生活	—
胃肠溃疡	患病率	14.7	前列腺增生	患病率	15.1
	是否服药	7.9		是否服药	4.9
	是否影响日常生活	11.8		是否影响日常生活	15.1
帕金森氏病	患病率	7.3	肝炎	患病率	4.7
	是否服药	1.2		是否服药	0.4
	是否影响日常生活	6.2		是否影响日常生活	4.3

数据来源：2018年中国老年健康调查。

（四）老年人的养老服务需求呈现多样化特征

表7呈现了河南省老年人的生活自理能力、养老服务需求构成以及对社会服务的需求分布。数据显示，河南省老年人在日常生活活动中，存在不同程度的活动能力受限情况。在遇到的日常生活困难方面，59%的老年人表示无法乘坐公共交通工具；58.4%的老年人表示不能连续走1000米路；55.7%的老年人表示不能提5千克的重物；分别有41.5%和41.4%的老年人表示不能独立做饭和洗衣；38%的老年人表示不能独自外出购物。这也从侧面反映了老年群体的相关照料需求。

在日间照料需求方面，需要助浴的老年人比例最高，达32%，其次是辅助上厕所（15.7%）和穿衣（15.6%）；随后是市内活动需要他人的帮助（13.6%）；吃饭时需要提供帮助的老年人占比最低（11.1%）。

在社区服务需求方面，老年人对社区养老服务需求呈现出多样化特征，涉及日常生活类、医疗保健类、精神慰藉类和文化娱乐类四个方面。在日常生活类方面，55.7%的老年人希望社区提供起居照料，51.1%的老年人希望提供日常购物服务，58.4%的老年人希望提供法律援助；在医疗保健类方面，近九成的老年人希望社区提供上门看病、送药服务，80.8%的老年人希望提供保健知识；在精神慰藉类方面，有63.6%的老年人希望提供精神慰藉、聊天解闷服务；在文化娱乐类方面，63.8%的老年人希望社区组织社会、娱乐活动。

表7　河南省老年人的养老服务需求分布　　　　　　单位：%

日常生活困难	不能独自外出购物	38.0
	不能独立做饭	41.5
	不能独立洗衣	41.4
	不能连续走 1000 米路	58.4
	不能提重物（5 千克）	55.7
	不能乘坐公共交通工具	59.0
日间照料需求	助浴	32.0
	穿衣	15.6
	上厕所	15.7
	室内活动	13.6
	吃饭	11.1
社会服务需求	起居照料	55.7
	上门看病、送药	89.1
	精神慰藉、聊天解闷	63.6
	日常购物	51.1
	组织社会和娱乐活动	63.8
	提供法律援助	58.4
	提供保健知识	80.8
	处理家庭邻里纠纷	65.9

数据来源：2018 年中国老年健康调查。

从老年群体的精神诉求情况来看（见表8），"养儿防老"的观念已经深入老年人的内心，女儿通常不是他们聊天、说心事和解决问题的对象。数据显示，河南省老年人的主要聊天对象是他们的配偶（33.5%）和儿子（35.4%）；如果有心事或者想法时，也会最先向儿子（44.3%）和配偶（24.3%）诉说；如果遇到问题和困难，儿子（58.7%）将会是他们的首选，其次是配偶（24.3%）。

表8　河南省老年人的精神诉求对象　　　　　　　　　单位：%

主要聊天对象	比例	最先向谁说心事	比例	最先找谁解决问题和困难	比例
配偶	33.5	配偶	33.2	配偶	24.3
儿子	35.4	儿子	44.3	儿子	58.7
女儿	9.3	女儿	12.4	女儿	10.7
儿媳	2.9	儿媳	2.4	儿媳	1.8
孙子女或其配偶	1.3	孙子女或其配偶	1.1	孙子女或其配偶	0.8
其他亲属	1.1	其他亲属	1.4	其他亲属	1.4
朋友/邻居	11.2	朋友/邻居	2.2	朋友/邻居	0.3
社会工作者	0.1	社会工作者	0.2	社会工作者	0.3
保姆	0.4	保姆	0.3	保姆	0.1
无人聊天	3.7	无人聊天	2.5	无人聊天	1.7

数据来源：2018年中国老年健康调查。

三、老年群体照护模式的单一化

目前河南省老年群体的照料资源依然主要集中在家庭内部，以血缘、姻缘为基础，社会化照料与其他亲戚、友邻居于次要位置。但家庭照料存在支撑能力脆弱和不足的问题。

表9具体呈现了河南省老年群体日常生活照料资源的分布和构成。数据显示，总体上河南省老年群体的家庭照料资源主要由子女、儿媳、配偶、孙代和社会化照料构成，还存在一定比例的老年人无人照护。

第一，由儿子提供照料服务的老年人占比最高，达40.9%。这与传统孝道文化有很大关系。在"养儿防老"的传统观念影响下，老年人更希望由自己的儿子照顾自己。由女儿和儿媳提供日常照料的老年人占比位居其后，分别占13.8%和11.4%。第二，由配偶提供照料的老人比重占9.2%。配偶是老年人最亲近的情感慰藉和照料主体，但是由于河南省超高龄老人比重较高，高丧偶率和带病率使配偶在老年人照料中身心均承受着巨大压力，发挥的作用有限。第三，孙子女一代提供的照料老人比重在所有近亲中最少，仅占 2.2%，照料作用不明显。可能是因为家庭结构的变迁，以及居住模式分散化所致。第四，社会化照料作用发挥有限。由保姆和社会服务提供日常照料的老人比重仅占 2.4%。第五，值得关注的是，河南省有相当高比例的老年人（14.7%）处于无人照料状态，随着他们的年龄和身体健康状况的恶化，他们的日常生活自理能力将面临极大挑战，陷入支持缺失的生活困境。

表 9　河南省老年群体的日常生活照料资源分布和构成　　单位：%

照料资源类别	城镇	乡村	比例
配偶	8.1	10.2	9.2
儿子	41.9	40.0	40.9
儿媳	8.1	14.3	11.4
女儿	15.7	12.2	13.8
女婿	0.5	0.4	0.4
儿子和女儿	3.8	2.4	3.1
孙子女	2.9	1.6	2.2
其他亲属朋友	1.4	0.8	1.1
朋友邻里	1.4	—	0.7
社会服务	1.0	0.8	0.9
保姆	2.9	0.4	1.5
无人照护	12.4	16.7	14.7

数据来源：2018 年中国老年健康调查。

从城乡差异来看，河南省城镇和乡村老年群体的照料资源分布呈现一定差异性。虽然不管在城镇还是在乡村，儿子都是主要照料者，占四成左右比例，但是城镇的老年人照料资源分布相对更分散，儿子、女儿、配偶、儿媳、孙子女、保姆和社会服务构成了主要照料者群体。女儿、孙子女、保姆和社会服务作为主要照料者的比例明显高于农村。这一方面与城镇照料资源更丰富有关；另一方面反映了城镇老年人的养老观念更开放积极，女儿承担着更多的照料责任。观察乡村老年人照料资源分布可以发现，作为主要照料者的人群集中度很高，主要是儿子（40%）、儿媳（14.3%）、女儿（12.2%）和配偶（10.2%），共占全部家庭照料资源的 76.7%。主要依靠保姆和社会资源照护的老年人仅占 1.2%，家庭资源占据河南省老年人照料资源的支撑和主体部分。不管在城镇还是乡村，河南省的社会化服务作用发挥极其有限，存在较高比例的老人无人照护。说明河南省社会化养老服务体系建设相对比较滞后，核心家庭成员承担的照护压力和负担比较沉重。图4呈现的老年人主要照料者在照料过程中的表现，也从侧面反映了家庭照料提供者的照护压力。10.1%的照护提供者虽然愿意提供老人日常生活照护，但是存在力不从心的问题。

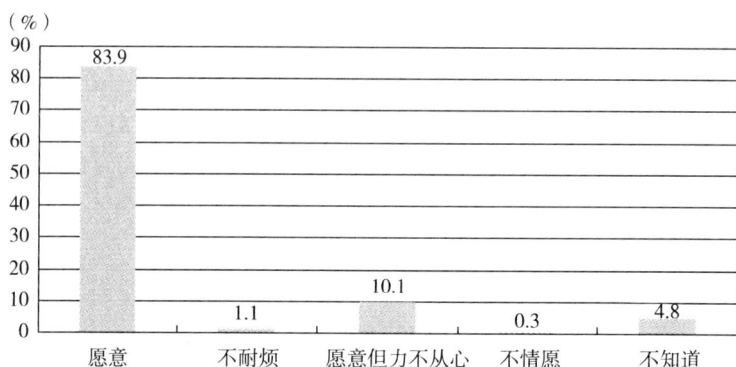

图4　河南省老年人主要照料者照料意愿分布

数据来源：2018年中国老年健康调查。

从生活来源分布来看（见图5），总体上子女是河南省老年人生活来源的主要提供者，共占52.6%，排名第2位和第3位的是当地政府或社团（17.0%）和自己劳动或工作（13.2%）。

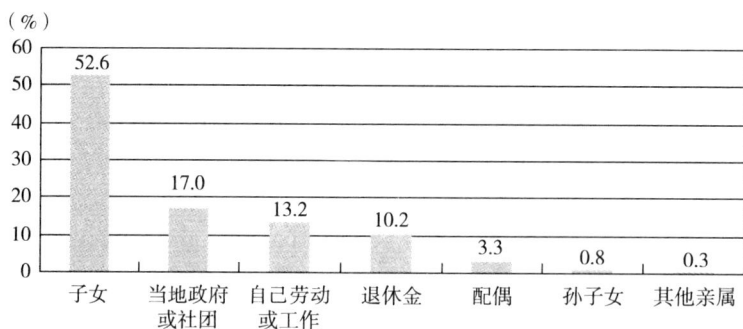

图5　河南省老年人生活来源分布

数据来源：2018年中国老年健康调查。

表 10 展示了河南省老年人所在社区提供的社会服务分布情况。数据显示，整体上社会服务供给率低下，未发挥应有效力。在日常生活类方面，仅 2.6% 的老年人表示自己生活的社区提供起居照料服务，6% 的老年人表示社区提供日常购物服务，5.9% 的老年人表示社区提供法律援助服务，41.3% 的老年人表示社区会提供保健知识宣传和讲解服务，18% 的老年人表示社区提供处理家庭邻里纠纷服务；在医疗保健类方面，42.1% 的老年人表示社区提供上门看病、送药服务；在精神慰藉类方面，5.4% 的老年人表示社区提供精神慰藉、聊天解闷服务；在文化娱乐类方面，8.6% 的老年人表示社区会组织社会和娱乐活动。

表 10　河南省老年人所在社区提供的社会服务分布情况　　　单位：%

社会服务类型	有	没有
起居照料	2.6	95.4
上门看病、送药	42.1	57.9
精神慰藉、聊天解闷	5.4	94.6
日常购物	6.0	94.0
组织社会和娱乐活动	8.6	91.4
提供法律援助	5.9	94.1
提供保健知识	41.3	58.7
处理家庭邻里纠纷	18.0	82.0

数据来源：2018 年中国老年健康调查。

四、老年人的照料需求满足度低

老年人的照料服务需求是多层次的，这里按照程度可以分为五级：第一个层次是基本生理需求，包括吃饭、上厕所、洗澡、室内正常活动等；第二个层次是日常生活帮助需求，包括购物、做饭、洗衣、辅助出行等；第三个层次是医疗服务需求，包括体检、诊疗、护理、康复等；第四个层次是精神慰藉需求，包括关怀访视、生活陪伴、心理咨询、不良情绪干预等；第五个层次是社会交往需求，包括文化娱乐、人际交往等；最高的层次是自我价值实现需求（李伟，2012）。

通过对比河南省老年群体多样化的养老服务需求和养老资源分布可以发现，在基本生理需求方面，洗澡需要帮助的老年人比例相对较高，达 38%，而社区服务中并未提及相关服务。基于大部分老年人处于居家养老模式，可以推测老年人的助浴需求在很大程度上并不能得到满足；在日常生活帮助需求方面，社区提供的服务满足度均不超过10%，社会化服务作用的发挥极其有限，但是50%～80%以上的老年人表示对相关服务有需求意愿，可见社区养老需求并未受到重视；在医疗服务需求方面，呼声最高的是上门看病、送药和提供保健知识，这两项服务也是社区服务供给率最高的两项内容，但是供给率明显低于需求率，可见社会化医疗服务需求的满足度并不高；在精神慰藉需求方面，老年人的相关需求同样远高于服务供给，老年人的聊天、谈心事和解决问题的对象主要是儿子和配偶，女儿并不是他们的情感依赖主体；最后，虽然老年群体对社会交往需求不及上述几项需求，但是这也从侧面反映了目前河南省老年人需求的多样化特征，值得我们重新审视社区养老服务内容供给的层次性和多样性。

五、优化养老资源配置，加快养老服务事业发展

根据以上河南省老年人养老服务需求、养老照护资源和满足度情况，本报告提出以下政策建议。

（一）制定和完善家庭养老支持制度，提升老年人照护满意度

河南省老年人口八成以上在农村养老，"养儿防老"观念深深地扎根于老年人的内心，居家养老被认为是儿女孝顺、家庭和睦的重要体现，因此家庭养老是河南省老年人养老服务的重要组成部分，政府有必要支持和鼓励家庭实施适老化环境改造，增加无障碍设施建设，提升老年人的居住环境，鼓励家庭成员与老年人同住或就近居住，提升河南省老年人的照护满意度（侯冰，2018）。

（二）引导和支持社会力量开展居家养老服务，提升社会化服务效能

通过对老年群体的细分，基于普惠型和特惠型老年群体的养老服务需求，提高居家养老服务的有效供给，发挥市场在资源配置中的决定性作用，建立健全居家服务网络和服务人员队伍，完善和细化服务项目和内容，加快居家养老服务信息化建设，创新服务模式。提高社区在健康管理、预防保健、康复护理等方面的服务能力，鼓励医疗机构提供居家护理服务（王琼，2016）。

（三）引入社会力量加强社区养老机构运营能力

政府应依托财政支持和购买服务，鼓励社会力量参与养老，持续增加公共投

入，鼓励社会资本参与居家、社区、机构养老服务，为老年人提供生活照料、医疗康复、家政服务、精神慰藉、居家无障碍设施改造、紧急呼叫、安全援助和老年餐桌等多方面服务（童星，2015）。

鼓励社会资本以独资、承包、合资、合作、联营等方式，兴建老年公寓、老年养护院、社区老年人日间照料中心、农村互助幸福院、敬老院等养老机构或服务设施。鼓励民办养老机构接收安置政府供养对象，政府按照规定标准拨付相关生活、医疗、照料等费用（赵超和杨玉良，2020；耿耘等，2020）。

鼓励社会资本参与发展老年营养保健、医疗康复、饮食服装、休闲旅游、文化传媒等养老产业，积极开发老年保健、老年照护、老年康复辅具、老年宜居社区等产品。

参考文献

[1] 乔晓春. 如何满足未满足的养老需求——兼论养老服务体系建设 [J]. 社会政策研究，2020（01）：19 – 36.

[2] 杜鹏，孙鹃娟，张文娟，王雪辉. 中国老年人的养老需求及家庭和社会养老资源现状——基于2014年中国老年社会追踪调查的分析 [J]. 人口研究，2016，40（06）：49 – 61.

[3] 穆光宗. 整合照料资源才能确保失能老人的养老品质 [N]. 中国社会报，2017 – 12 – 11（003）.

[4] 李伟. 农村社会养老服务需求现状及对策的实证研究 [J]. 社会保障研究，2012（02）：29 – 35.

[5] 侯冰. 城市老年人社区居家养老服务需求层次及其满足策略研究 [D]. 华东师范大学博士学位论文，2018.

[6] 王琼. 城市社区居家养老服务需求及其影响因素——基于全国性的城市老年人口调查数据 [J]. 人口研究，2016，40（01）：98 – 112.

[7] 童星. 发展社区居家养老服务以应对老龄化 [J]. 探索与争鸣，2015（08）：69 – 72.

[8] 赵超，杨玉良. 老龄化视角下城乡社会化养老服务体系的构建——以P市以例[J]. 农家参谋，2020（19）：186 – 187.

[9] 耿耘，马超英，王兴，徐艺菁. 构建社会化养老服务体系的研究 [J]. 教育教学论坛，2020（37）：110 – 111.